ŒUVRES CHOISIES
DE MILTON

COMUS. — L'ALLEGRO. — IL PENSEROSO.
SAMSON AGONISTES. — LYCIDAS. — SONNETS.
POÉSIES LATINES.

TRADUCTION NOUVELLE
AVEC LE TEXTE EN REGARD

PARIS
LIBRAIRIE DE CHARLES GOSSELIN,
9, RUE SAINT-GERMAIN-DES-PRÉS.

1839

ŒUVRES CHOISIES

DE MILTON

Imprimerie de H Fournier et Comp., rue de Seine, 14.

ŒUVRES CHOISIES
DE MILTON

COMUS. — L'ALLEGRO. — IL PENSEROSO.
SAMSON AGONISTES. — LYCIDAS. — SONNETS.
POÉSIES LATINES.

TRADUCTION NOUVELLE
AVEC LE TEXTE EN REGARD

PARIS

CHARLES GOSSELIN, ÉDITEUR
9, RUE SAINT-GERMAIN-DES-PRÉS

1839

Lorsque Dupré de Saint-Maur publiait en 1729 la première traduction du *Paradis Perdu* qui eût paru en France, et qui ouvrit à son auteur les portes de l'Académie, le timide apologiste du poëte anglais invitait le lecteur à se méfier d'un éloge exagéré et à ne point chercher à comparer l'aveugle Milton et l'aveugle Homère.

Un siècle à peine s'est écoulé ; Milton a pris la place que lui assignait son génie. Plus heureux que d'autres poëtes étrangers, il a vu la popularité de ses triomphes assurée par le talent des plus illustres écrivains de toutes les époques.

Cependant un seul de ses poëmes avait excité le

a

zèle des traducteurs, soit qu'à l'égard des autres peu
de succès eût couronné des essais faits sans exactitude et sans soin, soit qu'on n'appréciât encore la
poésie de Milton que par les éloges du prosateur Addisson. Quand Samuel Simmons publia en 1667 *le
Paradis Perdu*, le poëte avait près de soixante ans.
Avant qu'il traçât, dans sa triste nuit, le brillant tableau des délices d'Éden, il avait écrit *Comus* que
Wakefield proclame le plus noble effort qu'ait jamais
tenté l'imagination, l'*Allegro* et le *Penseroso* qui servirent de modèle à l'école poétique de Gray et de
Collins, et *Lycidas*, touchante élégie consacrée à la
mémoire d'un ami. A la même date que *le Paradis
Perdu*, vient se placer *Samson Agonistes*, imitation sublime de la tragédie antique où la Muse, sa divine
patrone, permit à son cœur souffrant de s'abandonner
aux tristes pensées qu'il confiait à la céleste Uranie et
de raconter ses propres douleurs en nous montrant
Samson captif chez ses ennemis.

Lors même que ces divers poëmes ne mériteraient
pas de partager l'admiration que nous accordons à la
première épopée des temps modernes, il est un genre
d'intérêt qui ne saurait leur manquer. C'est dans ses
écrits que le poëte, véritable poëme lui-même, pour
parler comme Milton, laisse les plus belles traces de
son passage ici-bas, celles qui appartiennent à la pensée et que le temps n'efface point; c'est là peut-être
qu'il faudrait chercher l'explication de ces changements mystérieux et incompréhensibles qui conduisirent Milton des fêtes du cardinal Barberini au camp

des Puritains, de la cour du comte de Bridgewater au sombre conseil de Cromwell.

Une épître latine écrite en 1627, nous montre Milton plein d'une imagination riante. Il vante les pompes du théâtre et la beauté des filles de l'Angleterre. Bientôt après, probablement à Horton vers 1632, il compose l'*Allegro* et le *Penseroso*. Dans ce dernier poëme, il paraît imiter le *Traité de la Mélancolie* de Burton, ou plutôt un hymne inséré dans l'une des pièces de Beaumont et Fletcher, auteurs célèbres alors et qui n'étaient peut-être pas indignes de naître dans le même siècle que Shakspeare :

« Loin d'ici, vains plaisirs! la Mélancolie seule est
« pleine de charmes. Nous aimons les fontaines et les
« prairies solitaires et les promenades au clair de lune
« quand tous les oiseaux se cachent, si ce n'est le
« hibou. Le son de la cloche nous plaît à minuit. Rien
« n'est plus doux que l'aimable Mélancolie. »

Le *Penseroso* de Milton est plus gracieux et plus tendre. Les oiseaux de la nuit ne font pas entendre leurs cris funestes, et Philomèle charme le règne des ombres de ses accents mélodieux. Ce n'est pas une divinité infernale, amie d'Hécate, qu'il invoque, mais la Contemplation, ange qui porte l'esprit de l'homme sur ses ailes éclatantes jusqu'au trône de la Divinité et guide à travers l'espace le char éclatant du génie. Dans l'*Allegro,* il ne célèbre que la grâce aimable et les chastes plaisirs. Triste et plein de ses graves méditations, il va errer sous la voûte inclinée du cloître ; il chante ses brillants vitraux, ses épais piliers, ses brillantes cérémonies. Il est probable, a dit Warton, que Milton, élevé à l'ombre des cloîtres de l'ancienne église de Saint-Paul, retraçait dans le *Penseroso*, les impressions de sa jeunesse. Mais, avant de se retirer dans sa haute tour solitaire où il nous montre sa lampe à minuit, il allait au théâtre applaudir Ben-Jonson et Shakspeare.

Lorsque Milton naquit, le 9 décembre 1608, Shakspeare n'avait pas quitté le théâtre du Globe. Le bruit des applaudissements qui accueillirent *la Tempête*, *Henry VIII* et *Othello* put parvenir jusqu'à son berceau. Milton avait près de huit ans quand Shakspeare mourut : le sacerdoce du génie ne devait pas s'interrompre.

En 1632 une nouvelle édition des œuvres de Shakspeare fut publiée, et ce fut Milton que le libraire chargea, suivant l'usage de ce temps, de tracer sur le premier feuillet du recueil, l'éloge de cet admirable poëte dramatique, William Shakspeare, *the admirable dramatick poet William Shakspeare*, sublime association où le génie réunissait le nom d'un jeune homme obscur à celui du célèbre barde de Stratford-sur-l'Avon.

Il serait intéressant de rechercher quelle fut l'influence de Shakspeare sur Milton. Tous deux eurent une imagination brillante et féconde ; tous deux prêtèrent à leur langage l'ornement d'une riche poésie. Milton est plus sublime ; Shakspeare plus profond. Milton a fait parler Dieu et les anges, et le langage qu'il leur a donné a quelque chose de véritablement supérieur à la nature humaine. La pensée de Shakspeare ne s'élançait pas jusqu'aux sommets des cieux, mais elle pénétrait plus avant dans le cœur de l'homme. Tous deux ont retracé les afflictions de l'humanité, mais Shakspeare nous attendrit davantage ; car la douleur demande plus au cœur qu'à l'imagination.

Dans l'une des plus belles scènes de *Richard III*, Shakspeare nous montre la duchesse d'York mêlant ses pleurs à ceux de lady Elisabeth Rivers, veuve d'Edouard IV, et des enfants de Clarence. « Pleurons, pleurons, s'écrie Elisabeth, pleurons sur mon époux, sur mon cher lord Edouard ! » Les enfants de Clarence lui répondent : « Pleurons sur notre père, sur notre cher lord Clarence ! » et la duchesse d'York ajoute en unissant toutes ses plaintes dans son cœur déchiré : « Pleurons sur Edouard et sur Clarence ! pleurons sur tous deux qui furent mes enfants ! »

Constance de Bretagne, privée de son fils, vient, dans *le Roi Jean*, le redemander à Philippe-Auguste qui l'a livré au tyran anglais :

CONSTANCE.

Mort, être aimable, si digne d'être aimé ; lève-toi de ta couche du milieu de la nuit éternelle, toi que la prospérité hait et redoute ; viens, et je baiserai ton squelette difforme ; viens, toi qui consoles les malheureux, et je croirai, en te voyant, que tu me souries.

PHILIPPE-AUGUSTE.

Vous êtes folle, Madame.

CONSTANCE.

Je ne suis pas folle ; ces cheveux que ma main arrache sont les miens, mon nom est Constance ; je fus la femme de Geoffroy. Le jeune Arthur est mon fils, mon fils que j'ai perdu! Je ne suis pas folle. Plût au ciel que je le fusse! s'il en était ainsi, j'oublierais mon fils... Depuis les jours d'Adam, jamais il n'y avait eu un aussi bel enfant, pauvre fleur qui va se faner ! Les douleurs flétriront ses joues riantes, et ses yeux deviendront creux comme ceux d'une ombre. Pâle et hideux de maigreur, il mourra, et c'est ainsi qu'il se présentera devant Dieu ; et quand nous nous rencontrerons dans le palais des cieux, moi, sa mère, je ne le reconnaîtrai pas !

Jamais la douleur n'eut des accents plus sublimes que ces deux cris de mère. Ils ne se retrouvent pas dans Milton. A l'époque où il imitait Shakspeare, il était jeune et recherchait surtout les triomphes de l'imagination. Il préférait ses comédies à ses drames, et imitait *la Tempête* dans *Comus*, intermède dramatique qui fut représenté en 1634.

Milton avait en 1631 composé une épitaphe pour la marquise de Winchester, dont le neveu fut lord Rivers. Il appartenait à cette maison chantée par Milton de se mêler au triste récit des infortunes de Richard Savage. Vers 1633, il écrivit l'*Arcades* pour la comtesse de Derby. Milton devait trouver un double charme dans l'accueil d'une famille qui était distinguée par sa puissance et portait le même nom que l'auteur de la *Reine des Fées*. Il est probable que les principaux rôles furent remplis par les parents de la comtesse de Derby, et notamment par les enfants de son gendre, lord John Egerton, comte de Bridgewater.

Les intermèdes dramatiques connus sous le nom de *masques* étaient des représentations allégoriques semblables à celles dont les historiens des banquets des ducs de Bourgogne, Olivier de la Marche et Mathieu de Coussy, nous ont laissé de si longues descriptions, et dont Louis XIV ressuscita les traditions dans les fêtes de Versailles. Jacques Ier multiplia ces divertissements à sa cour. Dès 1594, au baptême de son fils aîné, Henri, qui, plus heureux que son frère, mourut jeune et oublié, plusieurs divinités allégoriques parurent sur un char traîné par un More : on avait voulu y atteler un lion apprivoisé ; mais on craignit la terreur d'un prince pédant et timide. Les *masques* furent fréquents sous le règne d'Elisabeth et sous celui de Charles Ier. Henriette de France porta le goût des plaisirs à la cour d'Angleterre, et les divertissements devinrent plus pompeux et plus splendides. Vers la Toussaint 1633, un *masque* fut représenté à l'occasion du retour de Charles Ier d'Ecosse. La cour se rendit au palais de *Whitehall*, de fatale mémoire, et là, Charles Ier, assis peut-être à cette même fenêtre qui s'ouvrit quinze ans plus tard sous des draperies de deuil pour le laisser monter à l'échafaud, put voir défiler un magnifique cortége où les seigneurs de la cour parurent à pied, à cheval ou sur des chars. D'autres seigneurs étaient déguisés en mendiants et suivis de bouffons qui imitaient le sifflement et le ramage des oiseaux. Une réunion d'augures et de prêtres du paganisme fermait la marche. Le roi laissa des marques généreuses de sa satisfaction. Les auteurs de la musique reçurent deux mille livres sterling ; le costume des seigneurs en coûta dix mille, somme énorme pour cette époque (1).

Au théâtre du Globe ou à Blackfriars, le théâtre était étroit et sombre, et un pavillon avec la devise bien connue : *Totus mundus agit histrionem*, annonçait l'arène où Shakspeare, Ben-Jonson, Beaumont et Fletcher, se disputaient les applaudissements d'un bruyant auditoire. Sur la scène, de jeunes seigneurs, mêlés aux comédiens, étalaient leurs chaînes de Savoie, leurs chapeaux de Naples, leurs épées de Milan et leurs manteaux de Gênes ornés de boutons de Flandre (2) : on consultait l'almanach pour faire descendre le clair de lune sur le tombeau de Ninus, et souvent un acteur couvert de plâtre et de chaux figurait, en entr'ouvrant ses doigts, le mur ruiné et lézardé qui séparait Pyrame de Thisbé (3).

A la cour, tout changeait, et un luxe royal assurait le succès des *masques* que composaient Ben-Jonson, Beaumont ou Shakspeare. Henry Lawes unissait au charme des vers les sons harmonieux de sa musique; Inigo Jones prêtait le concours de son talent. Whitelocke et le chancelier Bacon écrivaient le prologue : le philosophe marchait l'égal du poëte.

Henriette elle-même, se préoccupant peu de l'ave-

(1) Burney *History of Music*, v. III.
(2) Beaumont et Fletcher.
(3) Shakspeare, *Midsummer's night dream*.

nir qui lui destinait le nom de reine malheureuse, se plaisait à remplir un rôle dans ces *masques*, et en 1630 nous remarquons parmi les noms des dames qui parurent avec elle dans *Chloridia*, masque de Ben-Jonson, celui de lady Pénélope Egerton. En 1633, peu après l'*Arcades*, une autre fille du comte de Bridgewater, lady Alice Egerton, figura dans la représentation du *Cœlum Britannicum*, masque de Carew.

Le comte de Bridgewater, créé lord président du pays de Galles, chargea Milton de composer un masque. Le sujet que le poëte choisit fut la lutte du vice et de la vertu, le triomphe d'une jeune fille sur les ruses d'un enchanteur. Oldys rapporte que les deux fils de lord Egerton s'égarèrent en traversant la forêt d'Haywood, et qu'ils se trouvèrent un instant séparés de leur sœur. Cette aventure donna lieu au poëme qui ne fut représenté que deux ans plus tard, le 29 septembre 1634. D'Israëli (1) raconte que ce fut à l'occasion de l'avénement de Charles Ier au titre honorifique de prince de Galles. Rien n'annonce que cette assertion soit fondée.

Milton, en écrivant *Comus*, se souvenait du IIIe chant du poëme de Spenser, où le poëte, avant de chanter la belle Una poursuivie par les ruses d'Archimage, s'écrie : « Il n'y a rien sous la voûte du ciel qui excite plus la compassion de l'âme que les malheurs de la Beauté victime des embûches de l'Envie ou des rigueurs de la Fortune. »

---

(1) *Curiosities of litterature*, III, p. 31.

La *Fidèle Bergère* de Fletcher présente quelques rapports avec *Comus*. Milton a cité Beaumont et Fletcher parmi les poëtes qu'il préférait, et on ne peut point douter qu'il n'ait emprunté quelque chose de son plan à la *Faithful Shepherdess*.

Un satyre bienfaisant est chargé par Pan de veiller sur les bois. Il explique en ces mots sa mission :

« Tandis que la lune règne dans les cieux et que les
« étoiles, de leur pâle lumière, éclaircissent les om-
« bres de la nuit, Pan m'ordonne de parcourir ce bo-
« cage. Mais je passe à ma tâche. Je dois m'arrêter ici
« pour voir si quelque mortel s'égare, trompé et dé-
« tourné de sa voie par la clarté perfide d'une flamme
« brillante. »

Cependant un berger à l'âme vile et corrompue, épris d'Amaryllis dont il sert la jalousie par des ruses coupables et d'affreux enchantements, se prépare à perdre une jeune fille innocente et belle. Amorette s'est égarée dans le bocage. Comme la jeune dame dans le poëme de *Comus*, elle s'adresse à lui et lui demande s'il n'a pas vu son amant égaré :

AMORETTE.

Qui est là ? Est-ce toi, Périgot ?

LE BERGER.

Vierge charmante !

AMORETTE.

Malheur à moi ! ce n'est pas lui.

LE BERGER.

Mais je puis vous parler de celui que vous cherchez :

il s'était assis sous un arbre; il l'appelait et disait :
« Amorette, où restes-tu si longtemps? »

AMORETTE.

Je te remercie, bon berger. Que Pan récompense ta courtoisie !

Le perfide berger, comme Comus, voit réussir ses astucieux efforts; mais la divinité d'une fontaine voisine est invoquée et son intervention délivre l'infortunée Amorette :

« Pourquoi vois-je mes ondes s'arrêter? Si tu es une
« vierge pure, je puis t'aider en ce moment. Qu'une
« goutte d'eau tombée de mon humide chevelure gué-
« risse tes maux ! Ne redoute pas la main qui vient te
« secourir; je suis la divinité de cette fontaine; près
« d'ici mes flots limpides vont former une rivière et
« coulent dans les prairies où l'humide osier se plaît
« sur leurs bords. »

Amorette remercie la divinité des eaux :

« Puissent, pour tes bienfaits, tes ondes ne jamais
« voir aucun arbre, déraciné par les vents sur ta rive,
« souiller leur cristal et arrêter leur cours ! »

A la fin, le satyre annonce son départ comme le génie protecteur : « Où porterai-je mes pas? M'éleve-
« rai-je dans les airs ou irai-je me reposer dans la lune?»

Tout ceci se retrouve dans Milton, mais le langage n'est plus le même; une pensée nouvelle a fait oublier l'imitation d'une pensée plus ancienne : le poëme de Milton rappelle l'ébauche de Fletcher comme les statues de Phidias ressemblent au marbre brut et grossier dont son ciseau les fit sortir vivantes et tout armées.

Le satyre est devenu un génie envoyé par Jupiter qui le charge de descendre du seuil de l'Olympe pour protéger les voyageurs dont le cœur est juste. Le berger coupable de Fletcher se nomme Comus, redoutable enchanteur né de Bacchus et de Circé, dont le caractère fournit au poëte toutes les grâces de la mythologie grecque et toutes les richesses de cette autre mythologie des magiciens et des sorciers, consacrée dans les légendes populaires. La jeune dame est ravissante et pure comme Miranda ou Ophélie : quoique plus jeune que la compagne d'Adam, mère des hommes, elle nous annonce Ève chaste et belle, Ève avant sa chute, telle que Milton la créa d'inspiration et de souvenir. Quand la baguette de Comus a enchaîné ses membres délicats sur un siége enchanté, Thyrsis invoque toutes les divinités des mers; et, dans sa poétique énumération, il n'oublie pas sur le rivage de l'Italie le tombeau de la syrène à l'ombre duquel s'éleva le berceau du Tasse. La déesse qui sauve la jeune dame est la nymphe de la Savern, Sabrina, dont il avait déjà célébré les malheurs dans l'un des plus touchants épisodes de son Histoire d'Angleterre :

« Brutus bâtit Troja Nova, aujourd'hui Londres. Après
« sa mort, ses trois fils se partagèrent son royaume.
« Locrine eut la Logrie, Camber le pays de Galles ou
« Cambrie, Albanact, l'Albanie ou Ecosse... Humber,
« roi des Huns, aborda en Ecosse, et, après avoir tué
« le roi, contraignit ses sujets à se retirer dans la Lo-

« grie, mais Locrine et son frère se réunirent pour
« marcher contre Humber, qui fut vaincu et se noya
« dans une rivière qui a conservé son nom. Parmi les
« dépouilles dont on s'empara dans son camp et sur sa
« flotte, se trouvaient plusieurs jeunes vierges, et
« entre autres Estrildis, fille d'un roi de Germanie,
« qu'Humber avait fait captive en ravageant les rivages
« de la mer. Quoique Locrine fût fiancé à la fille de
« Corinéus, il voulut s'unir à elle. Cependant, redou-
« tant les menaces et la puissance de Corinéus, il con-
« sentit à épouser sa fille Guendolen, mais il aimait
« secrètement Estrildis. Souvent, sous le prétexte de
« sacrifices domestiques, il se retirait dans des souter-
« rains ignorés, et ce fut ainsi que pendant sept ans
« il entretint avec elle un commerce mystérieux : une
« fille, nommée Sabra, en fut le fruit. Lorsque la mort
« de Corinéus vint mettre un terme à ses craintes, ne
« se contentant plus de cette union clandestine, il ré-
« pudia Guendolen, et fit monter Estrildis sur son
« trône. Guendolen furieuse se rend dans le Cornwall
« où Madan, le fils qu'elle avait eu de Locrine, avait
« été élevé jusque là par Corinéus, son grand-père.
« Formant une armée des amis et des sujets de son
« père, elle livre bataille à son époux près de la rivière
« Sture : Locrine, percé d'une flèche, y finit ses jours.
« Cela ne suffit pas au courroux de Guendolen, car
« elle fait précipiter dans une rivière Estrildis et sa
« fille Sabra, et pour laisser un monument de sa ven-
« geance, elle ordonne que la rivière porte désormais
« le nom de la jeune fille. Ce nom, par la suite des

« temps, fut changé en celui de Sabrina ou Savern. »

Sir Egerton Brydges a fait remarquer, dans son excellente édition des *OEuvres poétiques de Milton*, que *Comus* présentait un autre genre de beautés que le *Paradis perdu*. On sent que ces vers si doux et si harmonieux ont été écrits à l'aurore de la jeunesse, au sein du bonheur et de l'espérance. Johnson lui-même n'a pu se défendre de reconnaître la verve et l'imagination du poëte : « Il est peu d'ouvrages plus poétiques que
« Comus, a-t-il dit, les allusions, les images, les épi-
« thètes descriptives prêtent à chaque phrase leurs
« splendides ornements, et les vers méritent toute
« l'admiration qu'on leur accorde. »

Lycidas fut imprimé à Cambridge en 1638. Cette belle élégie rappelle la mort d'un des amis du poëte. Edward King périt dans la mer d'Irlande, le 10 août 1637. Le bâtiment qui le portait sombra, quoique le temps fût calme et serein. Ce poëme, consacré au souvenir d'un jeune homme de vingt-cinq ans par un si illustre ami, présente quelque chose de touchant. Milton y laissa quelques-uns de ses vers les plus sublimes, mais il les entoura d'allusions obscures dirigées contre les chefs du clergé. Les censeurs de l'université de Cambridge ne les remarquèrent point, et ces attaques par lesquelles Milton préludait à une controverse qui devait remplir une si grande partie de sa vie passèrent inaperçues. Plus tard, on crut y retrouver une prophétie, touchant la mort de l'archevêque Laud.

Peu après, il partit pour l'Italie, vit à Paris Grotius, auteur d'une tragédie sur Adam, visita Galilée à Florence, et arriva à Rome ; après deux mois de séjour, il continua son voyage, et se rendit à pied à Naples. Un moine l'accompagnait : c'était peut-être un de ces pauvres religieux du couvent de Saint-Onuphre qui avaient vu le Tasse se retirer près d'eux et s'écrier : Mes frères, je viens mourir avec vous. Ce moine put montrer à Milton, entre Mola et Fondi, le lieu où l'auteur de *la Jérusalem* avait vu les farouches brigands de Marco Sciarra s'incliner à son nom, et lui servir d'escorte. Il put raconter au premier poëte de l'Angleterre les malheurs du premier poëte de l'Italie, et quand ils arrivèrent à Naples, ce fut ce pauvre pèlerin qui présenta à Manso, marquis de Villa, ami et confident du Tasse, un voyageur inconnu dont le nom devait atteindre à une semblable immortalité.

Une belle épître latine adressée à Manso nous découvre pour la première fois le dessein de Milton d'écrire un poëme épique. Cette grande pensée, qu'il réalisa vingt ans plus tard, se présenta à lui sur ce rivage chéri des Muses, qu'avait chanté Homère, où repose Virgile, où naquit le Tasse.

Quand il revint en Angleterre, en 1639, les troubles du Covenant avaient commencé en Ecosse, et déjà en Angleterre une sourde agitation annonçait les tempêtes qui se préparaient. L'*Epitaphium Damonis*, poëme élégiaque en l'honneur de Charles Deodati, fut composé vers 1640. L'année suivante, il semble renoncer à la poésie pour se livrer aux controverses religieuses, soit que ses conférences théologiques avec Jean Deodati à Genève eussent dirigé ses goûts vers un autre genre d'études, soit que son puissant génie, habitué aux triomphes de l'Italie, sentît le besoin de fixer l'attention publique. En 1641 il publia quatre traités : *Of Reformation touching Church Discipline, of Prelatical Episcopacy, the Reason of Church Government, Animadversions upon the Remonstrant's Defence against Smectymnuus.*

Son premier ouvrage contient une admirable prière :

« O toi qui vis retiré dans ta lumière et dans ta gloire,
« père des anges et des hommes, et toi, roi tout-puis-
« sant, rédempteur de l'humanité dont tu daignas
« emprunter l'apparence, et toi, Esprit-Saint qui nous
« éclaires, la joie et la consolation de toutes les choses
« créées, divine Trinité, conserve à l'Angleterre et aux
« îles qui, telles que ses filles, se groupent autour
« d'elle, la protection qui l'a élevée si haut. Que dans
« nos actions de grâce nous puissions rappeler le jour
« où, jusqu'aux glaces de Thulé, les mers du Nord se
« couvrirent des débris de l'armada espagnole. Que
« nos ennemis se rassemblent et qu'ils soient dispersés ;
« qu'ils se rangent en bataille et qu'ils soient anéantis,
« car tu es avec nous. Alors, au milieu des hymnes et
« des alleluia des saints, on entendra peut-être une
« voix s'élever dans des cantiques solennels pour
« chanter et célébrer ta divine miséricorde et tes ad-
« mirables desseins. »

Dans son traité du *Gouvernement de l'Eglise*, il explique les motifs qui l'ont engagé à sacrifier les plus hautes espérances à ce qui lui semblait un devoir impérieux :

« Je veux conserver comme mon meilleur trésor et

« la consolation de ma vieillesse, cette honnête liberté
« de mon langage, toutes les fois qu'elle pourra servir
« des intérêts aussi précieux que ceux de l'Eglise, car
« si l'Eglise était soumise à une dure oppression, et si
« Dieu m'avait donné le pouvoir de combattre un si
« horrible attentat, ou bien si je la voyais arriver à des
« jours meilleurs, sans y avoir contribué des faibles ta-
« lents que Dieu m'a prêtés, je sens combien de repro-
« ches intérieurs pèseraient sur le reste de ma vie. Tu
« as le zèle et l'intelligence d'un homme pour orner ou
« embellir un sujet frivole; mais, quand on agitait la
« cause de Dieu et de son Eglise pour la défense de
« laquelle tu as reçu la parole, Dieu écouta s'il pouvait
« entendre ta voix parmi celles de ses zélés serviteurs;
« et tu restas muet... Je ne suis guidé ni par l'envie
« ni par la haine, mais par l'impulsion de ma con-
« science; qu'on ne m'accuse donc plus de m'être
« laissé égarer par la vanité qui me porte à discuter
« avec des hommes d'une grande considération, tandis
« que je ne suis qu'à la fleur de la jeunesse.

« Si je ne songeais qu'à moi, j'aurais certainement
« choisi un sujet de nature à être accueilli avec faveur,
« et tel que j'aurais pu l'étudier à loisir, et l'entourer
« du charme des gracieux ornements de l'art; enfin, je
« ne choisirais pas cette manière d'écrire dans laquelle
« je me reconnais inférieur à moi-même, et où je n'ai,
« si je puis m'exprimer ainsi, que l'usage de ma main
« gauche. Quoiqu'un poëte ravi dans les hautes régions
« de son imagination puisse, sans faire d'apologie,
« parler plus longuement de lui que je n'ai l'intention

« de le faire, je dois cependant, réduit au froid élément
« de la prose, m'en excuser auprès de mes lecteurs. Je
« dois leur dire que lorsque j'eus passé mes premières
« années à étudier les langues et les sciences conve-
« nables à mon âge, on reconnut par certains signes
« que mon style avait en lui, que, soit en prose, soit
« en vers, mais surtout en vers, il était destiné à vivre.
« Plus tard, dans les académies d'Italie où je fus admis,
« remarquant que des bagatelles, que j'avais composées
« à l'âge de vingt ans ou environ, recevaient un ac-
« cueil que je n'osais pas espérer, et que d'autres pièces
« faites à la hâte méritaient des éloges écrits, honneur
« que les Italiens n'accordent que rarement à ceux qui
« sont nés de l'autre côté des Alpes, je commençai à
« ajouter foi à leurs paroles et à celles de mes amis, et
« à croire que je pourrais peut-être arriver, par le tra-
« vail et de longues études que je considère comme
« mon lot dans cette vie, à laisser à la postérité quelque
« chose qu'elle ne voudrait pas laisser mourir.

« Je fus rempli de cette pensée et de cette autre que,
« si je pouvais être assuré de voir mes écrits durer trois
« vies d'homme et au-delà, rien ne pouvait m'être plus
« cher que la gloire de Dieu en illustrant et en in-
« struisant ma patrie. Je compris qu'il me serait diffi-
« cile d'atteindre au second rang parmi les poëtes
« latins. Par une détermination semblable à celle que
« prit Arioste, malgré les conseils de Bembo, je réso-
« lus donc d'employer tout le talent et tout l'art que je
« possédais à embellir la langue de ma patrie, non que
« je me proposasse pour but d'élégantes périodes,

« laborieuse futilité, mais afin de répandre et de pro-
« pager parmi mes concitoyens, dans l'idiome national,
« les choses les plus utiles et les meilleures. Ce que les
« esprits les plus élevés et les plus nobles d'Athènes,
« de Rome et de l'Italie moderne avaient fait pour leur
« pays, je voulais le tenter pour le mien, dans la pro-
« portion de mes forces, mais aussi avec cet avantage
« nouveau et supérieur d'être chrétien, m'inquiétant
« peu d'être connu au dehors, quoique j'eusse pu y
« prétendre, mais regardant les îles britanniques
« comme mon univers.

« Je paraîtrais trop diffus si je révélais ici ce que
« l'esprit tranquille peut se proposer à lui-même, dans
« les vastes champs de son imagination, quoique ce
« soient les plus hautes espérances et les plus auda-
« cieuses tentatives. Ce n'est point le moment d'expli-
« quer si je devais suivre cette forme épique dont deux
« poëmes d'Homère et les deux autres poëmes de Vir-
« gile et du Tasse, et le livre de Job, œuvre moins
« étendue, nous présentent l'exemple, me conformer
« strictement aux règles d'Aristote, ou bien, imiter la
« nature qui, pour ceux qui apprécient l'art, ne le
« contrarie pas, mais l'embellit, et enfin quel monarque
« ou quel chevalier aurait pu être choisi pour offrir en
« lui le modèle d'un héros chrétien. De même que le
« Tasse laissa décider par un prince d'Italie quel sujet
« il chanterait, ou l'expédition de Godefroy contre les
« infidèles, ou celle de Bélisaire contre les Goths, ou
« celle de Charlemagne contre les Lombards, il ne
« serait peut-être pas trop téméraire, avec un zèle et un

« goût pareils, si l'on peut se confier à l'inspiration
« de la nature et au secours de l'art, et s'il n'y a rien
« de contraire dans notre climat et les destinées de ce
« siècle, de laisser faire le même choix dans nos an-
« ciennes annales, à moins que ces compositions dra-
« matiques dans lesquelles triomphent Sophoclé et
« Euripide ne paraissent plus utiles et plus instruc-
« tives pour une nation.

« Ces talents, partout où on les trouve, sont un don
« de Dieu, rarement remarqués, il est vrai, mais
« cependant accordés à quelques-uns chez chaque
« peuple : ils peuvent répandre et faire fructifier dans
« une grande nation les semences de la vertu et
« de la morale, et calmer les passions et les agita-
« tions de l'âme ; ou bien, ils sont destinés à célébrer
« dans des hymnes sublimes et glorieux le trône et
« l'éclat de la toute-puissance de Dieu, ce qu'il fait et
« ce qu'il laisse faire dans son Eglise par les conseils
« supérieurs de sa Providence, à chanter les agonies
« triomphantes des martyrs et des saints, les exploits
« et les triomphes des nations justes et pieuses que
« leur foi porte à combattre les ennemis du Christ, ou
« à déplorer les erreurs des royaumes et des Etats qui
« oublient la justice et le culte de Dieu.

« J'ai dû sacrifier à d'impérieux motifs ce que j'avais
« à dire et ces grands desseins qui ne m'ont pas quitté
« depuis que je me suis senti capable de faire quelque
« chose pour mon pays ; mais je ne crois pas devoir
« rougir d'avouer au lecteur que, d'ici à quelques an-
« nées, je pourrai peut-être m'acquitter envers lui de

« ce que je lui dois ; car ce n'est pas un ouvrage qui
« peut naître de la chaleur de la jeunesse ou des va-
« peurs du vin. Il ne suffit pas d'invoquer la déesse
« Mémoire, et les Syrènes ses filles : il faut de saintes
« prières à l'Esprit Éternel qui envoie à ceux qu'il
« favorise le feu sacré de son autel pour toucher et
« purifier leurs lèvres..... J'espère ainsi faire com-
« prendre combien il m'a coûté de renoncer à d'aussi
« grandes espérances, et d'abandonner une vie tran-
« quille et solitaire pour m'embarquer sur une mer
« orageuse de querelles et de disputes violentes. »

Cette mer orageuse porta Milton jusqu'au pied de l'échafaud de Charles Ier où sa grande renommée servit d'apologiste au bourreau masqué de Whitehall.

Pendant vingt ans Milton repoussa la muse, et à peine quelques sonnets vinrent-ils rappeler qu'il avait été poëte avant de devenir le secrétaire de Cromwell. On le vit sacrifier à son zèle religieux l'intérêt de sa gloire et l'affection de ses amis. Le comte de Bridgewater, pour qui il avait composé *Comus*, écrivait sur la première page de la *Défense du peuple anglais* : Liber igne, autor furca, dignissimi. Le marquis de Winchester, dont la douleur avait eu pour interprète Milton âgé de dix-huit ans, avait soutenu, dans son château de Basing, un siége de deux ans, et les républicains durent en raser les murailles, car ils retrouvaient sur chaque pierre sa courageuse devise : *Aymez Loyauté*. La fête de Noël, qu'il avait célébrée dans ses premiers chants, avait été abolie. Le 24 décembre 1652, le Parlement ajourna la discussion sur la marine pour s'occuper d'une pétition qui s'appuyait sur trois versets de saint Paul pour attaquer la solennité de Noël; elle fut accueillie, et, en conséquence, le Parlement résolut de siéger le jour suivant. Tandis que Suzanna Hall, la fille chérie de Shakspeare, suivait la reine Henriette, Milton se préparait à poursuivre Charles de son violent langage jusque dans le silence de son tombeau.

Charles Ier aimait à protéger les lettres : il avait étudié avec soin les principaux écrivains latins et anglais. Virgile avait même encore pour lui cette autorité qui, au moyen-âge, faisait chercher dans ses vers des présages pour l'avenir. Antoine Van Dalen a consacré plusieurs pages de son traité *De Oraculis*, aux sorts virgiliens (*sortes Virgilianæ*). Un jour que Charles Ier et lord Falkland s'étaient rendus à la bibliothèque bodléienne, ils consultèrent l'*Énéide*. Le volume s'ouvrit au ive livre pour le monarque, et au xie pour son fidèle et malheureux ami; les vers du ive livre étaient ceux-ci :

> Poursuivi par le fer d'un peuple furieux,
> Et des bras de son fils éloigné par les dieux,
> Qu'il contemple des siens les tristes funérailles !
> Qu'une perfide paix succédant aux batailles
> Vienne enfin l'entraîner loin des combats sanglants;
> Qu'il se livre lui-même et meure avant le temps !
> Qu'il perde en un seul jour le sceptre et la lumière;
> Que le souffle des vents disperse sa poussière !

Voici ceux qui concernaient Falkland :

> Était-ce là, Pallas, l'espérance si chère

Dont tu flattais le cœur de ton malheureux père ?
Ah ! je n'ignorais pas combien d'un noble cœur
Une lutte nouvelle excite la fureur :
De nos trop longs malheurs, ta fin infortunée
Doit marquer, ô mon fils, la première journée.

Falkland mourut à la bataille de Newbury où sept frères du nom de Byron combattirent avec lui. Charles Ier captif demandait à Shakspeare des consolations contre les douleurs que lui avait annoncées Virgile. Milton osa lui reprocher ce noble compagnon d'infortune, *the closest companion of these his solitudes William Shakspeare.*

Milton, qui avait attaqué Charles Ier avec fureur, ne loua pas servilement Cromwell. Ses éloges sont plus nobles que ceux de Louis de Gand de Brachey, qui appuya en 1656 sur treize similitudes son parallèle de l'olivier et d'Olivier Cromwell. Ses travaux politiques ruinèrent sa santé. Il était devenu totalement aveugle, et, dans une lettre du 28 septembre 1654, adressée à l'Athénien Philara, il se compare au devin Phinée.

Cinq ans s'écoulèrent, et Cromwell mourut le 3 septembre 1659, jour anniversaire de sa naissance et des trois grandes batailles de Marston-Moor, de Worcester et de Dunbar, rapprochement remarquable que l'histoire n'a présenté que trois fois pour les trois plus grands génies du drame moderne, de la monarchie absolue et de la dictature populaire, Shakspeare, Charles-Quint et Cromwell. Milton fut excepté par le Parlement de l'amnistie accordée par Charles II ; mais il fut sauvé par Guillaume Davenant qui, arrêté en 1650 comme chargé d'une mission secrète par la veuve de Charles Ier, lui avait dû sa délivrance. Richardson tenait cette anecdote de Pope à qui le comédien Bettewton, ami de Davenant, l'avait confiée. Guillaume Davenant était né dans une famille pauvre à Oxford. Anobli par les Stuarts, il oublia que sa mère était l'hôtesse de l'auberge de la Couronne où Shakspeare s'arrêtait en allant de Stratford à Londres. S'il faut ajouter foi à une anecdote rapportée par quelques biographes, Shakspeare aima la belle hôtesse, et ce poëte Davenant qui, royaliste ardent, sauva le républicain Milton, était un enfant ignoré de Shakspeare. La Muse défendit son fils !

En 1667, le *Paradis perdu* vit le jour.

En 1671, Milton publia le *Paradis reconquis* et *Samson Agonistes*.

Le *Paradis reconquis* est une admirable continuation du *Paradis perdu*, mais on y regrette l'absence d'Ève. De là la monotonie et la stérilité de l'œuvre du poëte. Cependant on y trouve d'admirables épisodes. Satan, offrant au Christ les empires du monde, le place sur un rocher pour le tenter. De là il lui montre toute la terre et il ajoute :

« Reconnais dans cette cité la grande et glorieuse
« Rome, reine de la terre, célèbre au loin et enrichie
« des dépouilles des nations. Là se trouve le Capitole,
« sa puissante citadelle qui élève sa tête orgueilleuse
« sur le roc Tarpéien ; là est le mont Palatin, le palais
« impérial à la vaste enceinte, aux hautes murailles,

« ouvrage admirable des plus illustres architectes, qui
« étale au loin ses créneaux dorés, ses tours, ses ter-
« rasses et ses éclatantes pyramides au milieu d'un
« grand nombre de pompeux édifices semblables à la
« demeure des dieux, où le ciseau d'artistes fameux a
« sculpté le cèdre, le marbre, l'or ou l'ivoire. Tourne
« maintenant tes regards vers les portes et vois cette
« foule qui se presse pour entrer ou pour sortir, ces
« préteurs et ces proconsuls revêtus des insignes de
« leur dignité, ces licteurs avec leurs baguettes,
« marques de leur autorité, ces légions et ces cohortes,
« et ces ambassadeurs des pays éloignés : ceux-ci
« accourent des extrémités des frontières méridionales,
« de Syène et de Méroé, l'île du Nil ou du royaume de
« Bocchus et des rivages du Pont-Euxin ou de la riche
« Chersonèse et de Taprobane, l'île la plus reculée
« des Indes, hommes dont de blancs turbans de soie
« encadrent les visages brunis; ceux-là viennent de la
« Gaule, de Gades ou de la Bretagne : voilà les Ger-
« mains, les Scythes et les Sarmates qui habitent au
« nord par-delà le Danube, jusqu'aux mers de la Tau-
« ride. Toutes les nations obéissent aujourd'hui à
« Rome, au grand empereur de Rome dont tu peux
« justement préférer au sceptre des Parthes le vaste
« empire supérieur par l'étendue de son territoire,
« ses richesses et sa puissance, la politesse des mœurs,
« les arts et les armes, et son antique renommée. Ces
« deux trônes exceptés, les autres méritent à peine tes
« regards, divisés entre de faibles princes trop éloi-
« gnés. En te montrant ceux-ci, je t'ai montré tous

« les royaumes du monde et toute leur gloire. Cet
« empereur n'a point de fils et est déjà vieux, vieux et
« débauché, il a quitté Rome pour Caprée, île peu
« vaste, mais sûre, sur le rivage de la Campanie, afin
« d'y satisfaire ses horribles passions, laissant à un vil
« favori tous les soins publics et cependant se méfiant
« de lui, haï de tous et lui-même plein de haine.
« Renverse ce monstre du trône et, montant à sa
« place, délivre un peuple vainqueur du joug de
« l'esclavage.

« Le fils de Dieu, plein de calme, lui répondit : Cette
« grandeur et cet éclatant tableau de la corruption
« cachée sous le nom de magnificence ne séduit point
« mon regard et bien moins mon esprit. Tu aurais pu
« me montrer leurs somptueuses orgies et leurs splen-
« dides banquets, leurs tables de citronnier ou de
« marbre de Numidie, leurs vins de Setia, de Calès,
« de Falerne, de Chio ou de Crète, leurs coupes d'or,
« de myrrhe et de cristal ; tu aurais pu me les mon-
« trer à moi, qui ai soif et faim. Tu m'as fait voir ces
« ambassades des nations voisines et éloignées : quel
« honneur y a-t-il à écouter tant de vains compliments
« et de mensonges, flatteries étrangères? Tu as parlé
« ensuite de l'empereur qu'il serait si facile et si glo-
« rieux de renverser; je repousserais, dis-tu, un monstre
« brutal : que serait-ce si je repoussais en même temps
« le démon qui, le premier, l'a rendu tel? Laisse sa
« conscience le tourmenter. Je n'ai point été envoyé
« à cause de lui, ni pour délivrer son peuple autre-
« fois victorieux, aujourd'hui vil et méprisable, jus-

« tement asservi, qui jadis, équitable, généreux et
« modéré, sut conquérir, mais qui gouverne mal les
« nations soumises à son joug. Il pille les provinces
« qu'épuisent ses débauches et son avidité ; il fut d'a-
« bord ambitieux du triomphe, cette insultante vanité,
« puis il s'accoutuma à répandre le sang des bêtes
« sauvages et celui de l'homme, plus avide à mesure
« que ses richesses le corrompent. Qui voudrait cher-
« cher à délivrer ce peuple avili de la servitude qu'il
« fait peser sur lui-même?

« Satan lui répondit : Tu sembles préférer la médi-
« tation et les discussions sérieuses à une couronne
« mortelle. Sois donc fameux par ta sagesse et qu'elle
« embrasse toute la terre. Toute science n'est point
« renfermée dans la loi de Moïse, le Pentateuque ou
« ce qu'ont écrit les prophètes. Les Gentils aussi ont
« appris, ont écrit, ont frappé notre admiration, diri-
« gés par les lumières de la nature. Tu veux les gou-
« verner par la persuasion : étranger à leur science,
« comment pourrais-tu discuter avec eux? comment
« pourrais-tu réfuter leurs paroles idolâtres, leurs
« traditions et leurs paradoxes? L'erreur cède surtout
« à ses propres armes. Avant que nous quittions ce
« roc élevé, tourne tes regards vers l'Orient. Là, sur
« le rivage Egéen, s'élève une cité aux nobles édifices;
« l'air y est pur et le sol fertile; c'est Athènes, l'œil
« de la Grèce, où tant d'esprits fameux reçurent la vie
« ou l'hospitalité dans ses douces retraites, dans ses
« murailles ou ses faubourgs, dans ses célèbres pro-
« menades et sous ses ombrages. Voilà le bois d'oliviers
« d'Academus, la retraite de Platon où l'oiseau de l'At-

« tique fait vibrer, pendant l'été, les légères cadences
« de son ramage. Voilà l'Hymette, colline fleurie où le
« bourdonnement des actives abeilles invite aux graves
« méditations. Là, l'Ilissus roule ses flots qui mur-
« murent. Dans l'enceinte de ces murs remarque
« l'école des anciens sages, l'école de celui qui apprit
« au grand Alexandre à soumettre le monde : là est le
« Lycée; plus loin est Stoa ornée de peintures. C'est
« là que tu pourras apprendre le pouvoir secret de
« l'harmonie qui réside dans la voix ou dans le style ;
« tu entendras des vers au rhythme inégal, des invoca-
« tions éoliennes et des odes doriennes, et ce poëme
« plus ancien que chanta sur un ton plus élevé Mele-
« sigénès aveugle et connu de là sous le nom d'Homère,
« ouvrage que révendiqua Phébus lui-même ; tu
« connaîtras tout ce que des tragédies sublimes et
« graves nous ont appris dans les chœurs ou par le
« vers iambique où elles nous enseignent le mieux les
« préceptes de la morale, qui s'offrent gracieusement
« à nous dans des sentences concises, tandis qu'elles
« s'occupent du destin, de la fortune et de l'incerti-
« tude de la vie humaine et décrivent avec art les
« grandes actions et les grandes passions. Va trouver
« ensuite les célèbres orateurs, ces orateurs d'autrefois
« dont l'irrésistible éloquence gouvernait à son gré
« cette fière démocratie, appelait les peuples aux
« armes et tonnait sur la Grèce contre le trône de
« Philippe ou d'Artaxerce. Ouvre aussi ton oreille à
« la sage philosophie qui descendit du ciel sous
« l'humble toit de Socrate. Voilà la demeure de celui
« que l'oracle bien inspiré nomma le plus sage des

« hommes et dont la bouche répandait des flots de
« miel qui arrosèrent toutes les écoles philosophiques,
« anciennes ou modernes. Cette science te rendra en
« toi-même un véritable roi.

« Le Sauveur répliqua avec tranquillité : Celui qui
« reçoit la lumière d'en haut, de la source de la lumière,
« n'a pas besoin d'autre science. Le plus sage des
« philosophes avouait que tout ce qu'il savait, c'est
« qu'il ne savait rien ; ceux-ci s'égarèrent dans de
« vaines chimères ; ceux-là doutèrent de tout ; d'autres
« placèrent le bonheur dans la vertu, mais dans la
« vertu jointe aux richesses et à une vie longue ;
« d'autres n'apprécièrent que le repos et les jouis-
« sances matérielles : les stoïciens enfin donnèrent le
« nom de vertu à leur orgueil philosophique. Ils s'at-
« tribuent à eux-mêmes toute gloire et aucune à Dieu ;
« ils osent même le blasphémer en le connaissant sous
« le nom de la fortune et du destin, comme s'il restait
« étranger aux choses terrestres. Si je voulais réjouir
« mes loisirs par l'harmonie ou la poésie, Israël ne
« m'offrirait-il pas ces consolations ? Notre loi et notre
« histoire ont leurs hymnes et leurs psaumes. Les
« chants et la harpe des Hébreux charmèrent dans
« Babylone l'oreille du vainqueur. Les poëmes de la
« Grèce, aux pompeuses épithètes, composés pour de
« viles divinités, sont inférieurs aux cantiques de Sion
« consacrés à Dieu et aux hommes qui lui ressemblent.
« Oseras-tu comparer ces orateurs à nos prophètes
« instruits par Dieu lui-même ? Leurs écrits et notre
« loi peuvent mieux former un roi. »

Milton avait nourri, dès sa jeunesse, le dessein de

composer des tragédies, et une note manuscrite des sujets qu'il se proposait de traiter a été conservée au collége de la Trinité, à Cambridge. La première tragédie dont il nous reste trois ébauches développées est intitulée *le Paradis Perdu*. Elle lui avait probablement été inspirée par Dubartas qui avait aussi célébré les fortunés bocages d'Éden,

Où notre aïeul avait, ô mystères étranges !
Dieu pour entre-parleur, pour ministres les anges.

Parmi les autres tragédies bibliques annoncées, on remarque *le Déluge, Abraham en Egypte, Dina, Josué, Gédéon, Lot, Saül, David, Athalie* et *Samson*. Les tragédies anglaises sont au nombre de trente-huit. Quelques-uns de ces sujets auraient offert au poëte l'occasion d'étaler la vigueur et la richesse de son imagination. Dans *Macbeth*, il aurait placé un chef-d'œuvre nouveau à côté du chef-d'œuvre de Shakspeare. Le massacre des Bretons, par Hengist dans les plaines de Salisbury pouvait présenter à sa muse de magnifiques tableaux. La destruction des prêtres idolâtres de Bangor méritait d'être chantée par Milton comme celle des bardes gallois le fut par Gray, le plus illustre de ses disciples. La bataille d'Hastings devait être le sujet d'une autre tragédie. Sa pensée eût donné un nouvel éclat à cette lutte terrible qu'il a retracée dans son histoire d'Angleterre. Il appartenait à Milton de nous montrer l'intrépide Harold dont la belle Edith au Cou de Cygne, put seule reconnaître le cadavre mutilé, et le prudent Guillaume dont les soldats entonnèrent le célèbre hymne de Roland qu'on retrouve

en 1356 à la bataille de Poitiers ; si la fortune le trahit, la gloire du moins lui resta fidèle. Milton voulait aussi représenter Alfred s'introduisant dans le camp des Danois, sous le costume d'un ménestrel, et, dans une note jointe à l'indication de ses sujets dramatiques, il ajoutait : « On pourrait peut-être trouver la matière
« d'un poëme héroïque dans le règne d'Alfred, no-
« tamment dans ce qui se rapporte à son départ
« d'Edelingsey pour attaquer les Danois. »

De tous ces sujets, Milton n'en traita qu'un seul, *Samson*. Il laissa *Athalie* à Racine, qui, cette même année 1671, écrivit *Bajazet*. Comme l'auteur d'*Esther* et d'*Athalie*, il introduisit des chœurs dans sa tragédie pour qu'ils célébrassent les louanges de Dieu.

Une jeune Israélite s'écrie au second acte d'*Esther* :

Dieu d'Israël, dissipe enfin cette ombre :
Des larmes de tes saints, quand seras-tu touché ?

Milton avait dit dans *Samson* :

« Dieu de nos pères, pourquoi repousses-tu ceux que tu as élus et excellemment ornés de tes bienfaits ? Tu les livres à la captivité, à l'épée de leurs ennemis ou à la vengeance des tribunaux iniques, ou bien tu les dégrades par les infirmités et la pauvreté. » Milton unissait à la poésie des traditions bibliques ses propres souvenirs ; pauvre et infirme, il avait vu, le 14 juin 1662, la tête d'Henri Vane tomber sous la hache du bourreau. Lambert et Martin gémissaient dans les fers. Ces allusions, qui se retrouvent presqu'à chaque vers, donnent au poëme un nouvel intérêt et une nouvelle grandeur, et quand Samson répond à ses amis qui le consolent : « Mes pensées m'annoncent que mes yeux ne connaîtront plus la lumière et que cette autre lumière, celle de la vie, ne me sera pas longtemps conservée, mais que toutes deux feront bientôt place à une double obscurité, » nous ne pouvons oublier que Milton annonçait en ces vers sa fin prochaine. La muse qu'il avait longtemps dédaignée reçut son dernier souffle et rendit les ténèbres du poëte plus éclatantes que le feu du soleil, mais les souvenirs de son zèle républicain se perdirent dans sa famille, car son frère Christophe Milton fut créé chevalier par Jacques II, et son neveu Edouard Philips composa pour le même prince une ode sur la cérémonie de son couronnement.

Samson Agonistes, sublime création du génie souffrant et malheureux, fut le dernier soupir que sa harpe rendit sous sa main glacée. Le poëme est simple et noble ; mais on sent que le soleil qui l'éclaire n'est plus celui du printemps qui prêta à *Comus* ses riantes couleurs ; ses rayons plus pâles annoncent l'automne et glissent sur un feuillage prêt à jaunir et à se dessécher.

Après avoir occupé si longtemps le lecteur de l'œuvre du poëte, il devient inutile de l'entretenir de celle du traducteur. Elle sera jugée assez bonne si elle présente un reflet, quelque faible qu'il soit, du texte qui l'accompagne ; ses défauts seront pardonnés si elle réussit à appeler l'attention de ceux qui apprécient et comprennent la littérature anglaise, sur une sublime poésie qui sera, dans tous les siècles, l'un de ses plus beaux titres à l'admiration de la postérité.

COMUS.

THE PERSONS.

THE ATTENDANT SPIRIT, afterwards in the hab of THYRSIS.
COMUS WITH HIS CREW.
THE LADY.
FIRST BROTHER.
SECOND BROTHER.
SABRINA THE NYMPH.

The chief persons, who presented were

THE LORD BRACKLEY.
MR. THOMAS EGERTON, his brother.
THE LADY ALICE EGERTON.

PERSONNAGES.

LE GÉNIE PROTECTEUR qui paraît ensuite sous le costume de THYRSIS.
COMUS ET SA TROUPE.
LA JEUNE DAME,
LE FRÈRE AÎNÉ.
LE PLUS JEUNE FRÈRE.
LA NYMPHE SABRINA.

Les principaux rôles furent remplis par

LORD BRACKLEY.
MR. THOMAS ÉGERTON, son frère.
LADY ALICE ÉGERTON.

COMUS.

THE FIRST SCENE DISCOVERS A WILD WOOD.

THE ATTENDANT SPIRIT descends or enters.

Before the starry threshold of Jove's court
My mansion is, where those immortal shapes
Of bright aerial spirits live inspher'd
In regions mild of calm and serene air,
Above the smoke and stir of this dim spot,
Which men call Earth, and, with low-thoughted care
Confin'd and pester'd in this pin-fold here,
Strive to keep up a frail and feverish being,
Unmindful of the crown that virtue gives,
After this mortal change, to her true servants
Amongst the enthroned gods on sainted seats.

COMUS.

LA PREMIÈRE SCÈNE DÉCOUVRE UNE FORÊT SAUVAGE.

LE GÉNIE PROTECTEUR, entrant ou descendant du ciel.

Ma demeure est devant le seuil étoilé de la cour de Jupiter, là où les formes immortelles des esprits éclatants des cieux habitent dans les douces régions d'un air calme et serein au-dessus de la fumée et du tumulte de ce lieu ténébreux que les hommes nomment la terre, où, préoccupés de soins matériels, renfermés et pressés dans son enceinte, ils s'efforcent de conserver une existence faible et maladive, oubliant la couronne que la vertu donne après cette vie mortelle à ses fidèles serviteurs au milieu des dieux

Yet some there be that by due steps aspire
To lay their just hands on that golden key
That opes the palace of Eternity:
To such my errand is; and, but for such,
I would not soil these pure ambrosial weeds
With the rank vapours of this sin-worn mould.

But to my task. Neptune, besides the sway
Of every salt flood and each ebbing stream,
Took in by lot 'twixt high and nether Jove
Imperial rule of all the sea-girt isles,
That like to rich and various gems inlay
The unadorned bosom of the deep:
Which he, to grace his tributary gods,
By course commits to several government,
And gives them leave to wear their sapphire crowns,
And wield their little tridents: but this isle,
The greatest and the best of all the Main,
He quarters to his blue-hair'd Deities;
And all this tract that fronts the falling sun
A noble peer of mickle trust and power
Has in his charge, with temper'd awe to guide
An old and haughty nation, proud in arms:
Where his fair offspring, nurs'd in princely lore,
Are coming to attend their father's State,
And new-intrusted sceptre: but their way

qui règnent sur les trônes célestes. Cependant il en est quelques-uns qui aspirent, par une conduite irréprochable, à placer leurs équitables mains sur la clef d'or qui ouvre le palais de l'Éternité. C'est à ceux-là que s'adresse mon message, c'est pour ceux-là seuls que j'ai consenti à souiller mes purs vêtements parfumés d'ambroisie des vapeurs fétides de ce monde corrompu.

Mais je passe à ma tâche. Neptune, outre son pouvoir sur chaque flot salé et chaque courant soumis au reflux, reçut de plus, par la faveur du sort qui le préféra au Jupiter céleste et au Jupiter infernal, l'empire suprême de toutes les îles baignées par la mer, qui, telles que des pierres précieuses, parent de leur éclat varié le sein sévère de l'Océan. Désirant favoriser les dieux qui lui paient tribut, il leur en confie tour à tour le gouvernement, et leur permet d'y porter des couronnes de saphir et d'y élever leurs modestes tridents. Mais il abandonna aux déités à la verte chevelure cette île, la plus vaste et la plus puissante de toutes les mers. Un noble pair distingué par son autorité et sa fidélité commande à tout ce pays qui fait face au couchant, et dirige par une crainte respectueuse une antique et orgueilleuse nation fière à la guerre. Ses beaux enfants, instruits avec autant de soin que des princes [1],

Lies through the perplex'd paths of this drear wood,
The nodding horror of whose shady brows
Threats the forlorn and wand'ring passenger;
And here their tender age might suffer peril,
But that by quick command from sov'reign Jove
I was dispatch'd for their defence and guard;
And listen why; for I will tell ye now
What never yet was heard in tale or song
From old or modern bard in hall or bower.

Bacchus, that first from out the purple grape
Crush'd the sweet poison of misused wine,
After the Tuscan mariners transform'd,
Coasting the Tyrrhene shore, as the winds listed,
On Circe's island fell. (Who knows not Circe,
The daughter of the Sun, whose charmed cup
Whoever tasted lost his upright shape,
And downward fell into a groveling swine?)
This nymph that gaz'd upon his clust'ring locks
With ivy berries wreath'd, and his blithe youth,
Had by him, ere he parted thence, a son
Much like his father, but his mother more,
Whom therefore she brought up, and Comus nam'd:
Who, ripe and frolic of his full grown age,
Roving the Celtic and Iberian fields,

arrivent pour se réunir à la cour de leur père élevé depuis peu à ces hautes fonctions; mais ils doivent suivre les sentiers sinueux de ce bois lugubre dont les voûtes épaisses, aux ombrages frémissants, effraient les pas incertains du voyageur égaré, et ici leur jeunesse aurait pu être exposée à des dangers; mais le tout-puissant Jupiter, par un ordre rapide, m'a envoyé pour les défendre et les protéger. Écoutez-en le motif; car je vais vous apprendre ce que jamais barde ancien ou moderne n'avait répété dans ses vers, ni dans ses récits, à l'ombre des bois ou dans le palais des grands.

Bacchus, qui ravit le premier à la grappe empourprée le doux poison du vin dont on abuse, suivait le rivage toscan, après avoir métamorphosé les matelots de Tyrrhène[2], quand, errant au gré des vents, il aborda dans l'île de Circé. (Qui ne connaît Circé, la fille du Soleil, dont la coupe enchantée enlevait à quiconque y portait ses lèvres sa forme extérieure pour le transformer en un vil pourceau?) Cette nymphe, éprise de son épaisse chevelure entremêlée aux fruits du lierre, et de sa jeunesse enjouée, eut de lui, avant son départ, un fils qui ressemblait beaucoup à son père, mais encore plus à sa mère. Elle l'éleva et l'appela Comus. Celui-ci, plein d'une gaieté capricieuse, ayant atteint l'âge mûr, parcourut

At last betakes him to this ominous wood,
And, in thick shelter of black shades imbower'd,
Excels his mother at her mighty art,
Offering to every weary traveller
His orient liquor in a crystal glass
To quench the drought of Phœbus, which as they taste
(For most do taste through fond intemperate thirst)
Soon as the potion works, their human count'nance,
Th' express resemblance of the gods, is chang'd
Into some brutish form of wolf, or bear,
Or ounce, or tiger, hog, or bearded goat,
All other parts remaining as they were;
And they, so perfect is their misery,
Not once perceive their foul disfigurement,
But boast themselves more comely than before,
And all their friends and native home forget,
To roll with pleasure in a sensual sty.
Therefore, when any favour'd of high Jove
Chances to pass through this advent'rous glade,
Swift as the sparkle of a glancing star
I shoot from heav'n, to give him safe convoy,
As now I do.—But first I must put off
These my sky-robes spun out of Iris' woof,
And take the weeds and likeness of a swain
That to the service of this house belongs,
Who, with his soft pipe, and smooth-ditty'd song,
Well knows to still the wild winds when they roar,
And hush the waving woods; nor of less faith,

d'abord les champs de la Celtique et de l'Ibérie, et finit par chercher un asile dans ce bois sinistre où, sous le dôme impénétrable de ces noirs ombrages, il surpasse l'art puissant de sa mère, offrant à chaque voyageur fatigué sa liqueur brillante dans une coupe de cristal pour rafraîchir ses lèvres désséchées par Phébus. Quand on en goûte (et la plupart en goûtent dans leur soif immodérée), aussitôt que le poison travaille, leur figure humaine, l'exacte image des dieux, se change en quelque forme brutale de loup ou d'ours, d'once ou de tigre, de pourceau ou de bouc barbu. Pour le reste, ils demeurent dans leur ancien état; et tel est l'excès de leur misère, que, loin de s'apercevoir de cette hideuse transformation, ils se vantent d'avoir plus de charmes qu'auparavant, et oublient leurs amis et leur toit natal pour se rassasier de plaisirs dans une vile sensualité[3]. C'est pourquoi, lorsqu'une personne favorisée du puissant Jupiter se trouve exposée à traverser ces bocages dangereux, aussi rapide que l'étincelle d'une étoile qui passe et disparaît, je m'élance du ciel pour la protéger, comme je le fais maintenant. Mais il faut que d'abord je quitte cette robe céleste tissée par Iris pour prendre le costume et l'apparence d'un berger appartenant au service de la maison, qui sait par les sons de son doux chalumeau et ses chants harmonieux

And in this office of his mountain watch,
Likeliest, and nearest to the present aid
Of this occasion.   But I hear the tread
Of hateful steps; I must be viewless now.

COMUS enters with a charming rod in one hand, his glass in the other; with him a rout of Monsters, headed like sundry sorts of wild beasts, but otherwise like men and women, their apparel glistering; they come in making a riotous and unruly noise with torches in their hands.

COMUS.

The star that bids the shepherd fold
Now the top of heav'n doth hold;
And the gilded car of day
His glowing axle doth allay
In the steep Atlantic stream;
And the slope Sun his upward beam
Shoots against the dusky pole,
Pacing toward the other goal
Of his chamber in the east.
Meanwhile welcome joy and feast,
Midnight shout and revelry,
Tipsy dance and jollity!
Braid your locks with rosy twine,

apaiser les vents farouches quand ils mugissent, et rendre la paix aux bois agités. Je ne serai pas moins fidèle, et je veillerai comme lui au haut de la montagne, ce qui convient le mieux et me permet le plus prompt secours en cette occasion. Mais j'entends le bruit de pas abhorrés. Je dois maintenant devenir invisible.

COMUS entre tenant une baguette enchantée d'une main et sa coupe de l'autre; à sa suite marche une troupe de monstres dont la figure rappelle différentes espèces d'animaux sauvages, semblables du reste à des hommes et à des femmes; ils sont vêtus d'habits éclatants, portent des torches, et arrivent en faisant un bruit confus et tumultueux.

COMUS.

L'étoile qui marque l'heure du retour du troupeau à la bergerie occupe le sommet des cieux, et le char éclatant du jour rafraîchit ses roues brûlantes dans les flots de l'Atlantique, le soleil incliné lance son dernier rayon sur le pôle obscurci et se dirige vers les portes opposées qu'a son séjour dans l'orient; que la joie et l'orgie, les chœurs nocturnes et les voluptueux plaisirs, la danse aux pas chancelants et la gaieté folâtre soient les bien-venus à cette heure. Que vos cheveux se couronnent de guirlandes de roses, et distillent goutte à goutte les parfums et le vin. L'Austérité et la Sagesse pleine de scrupules ont

Dropping odours, dropping wine.
Rigour now is gone to bed,
And advice with scrup'lous head.
Strict age and sour severity,
With their grave saws, in slumber lie.
We, that are of purer fire,
Imitate the starry quire,
Who, in their nightly watchful spheres,
Lead in swift round the months and years.
The sounds and seas, with all their finny drove,
Now to the moon in wav'ring morris move;
And on the tawny sands and shelves
Trip the pert fairies and the dapper elves.
By dimpled brook and fountain brim,
The wood-nymphs, deck'd with daisies trim,
Their merry wakes and pastimes keep.
What hath night to do with sleep?
Night hath better sweets to prove,
Venus now wakes, and wakens Love.
Come, let us our rites begin,
'Tis only day-light that makes sin,
Which these dun shades will ne'er report.
Hail, goddess of nocturnal sport,
Dark-veil'd Cotytto! t'whom the secret flame
Of midnight torches burns; mysterious dame,
That ne'er art call'd, but when the dragon womb
Of Stygian darkness spets her thickest gloom,
And makes one blot of all the air:

cherché le repos, la Vieillesse rigide et la rude Sévérité avec leurs graves sentences sont appesanties par le sommeil. Nous qui sommes d'un feu plus pur, imitons la milice étoilée qui, précipitant ses sphères nocturnes, entraîne rapidement avec elle les mois et les années. Les golfes et les mers, avec toutes leurs peuplades écaillées, s'agitent maintenant autour de la lune avec un mouvement harmonieux. Déjà sur le sable doré et sur les plages, folâtrent les Fées enjouées et les Elfs agiles. Les nymphes des bois couronnées d'élégantes marguerites se livrent à leurs plaisirs et aux joies de la veillée près des ruisseaux qui bouillonnent et au bord des fontaines. Que fait le sommeil à la nuit? Des délices plus chères attendent le retour des ombres. Vénus veille alors et éveille l'Amour. Venez, que nos cérémonies commencent; la lumière du jour fait seule la faute. Ici elle reste à jamais cachée sous ces épais ombrages. Salut, reine des plaisirs nocturnes, Cottyto [4], aux sombres voiles, toi, en l'honneur de qui s'élève la flamme secrète des torches de la nuit; déesse mystérieuse qui n'es invoquée que lorsque l'obscurité Stygienne vomit de ses noires entrailles ses ombres les plus épaisses et confond tout le ciel dans les ténèbres; arrête les roues de ton char d'ébène où tu es assise avec Hécate et protége-nous, prêtres dévoués de ton culte, jusqu'à ce que tous tes mys-

Stay thy cloudy ebon chair
Wherein thou rid'st with Hecat', and befriend
Us thy vow'd priests till utmost end
Of all thy dues be done, and none left out,
Ere the blabbing eastern scout,
The nice Morn, on th' Indian steep
From her cabin'd loop-hole peep,
And to the tell-tale sun descry
Our conceal'd solemnity.
Come, knit hands, and beat the ground
In a light fantastic round!

THE MEASURE.

COMUS.

Break off, break off, I feel the different pace
Of some chaste footing near about this ground.
Run to your shrouds within these brakes and trees;
Our number may affright: some virgin sure
(For so I can distinguish by mine art)
Benighted in these woods. Now to my charms,
And to my wily trains; I shall ere long
Be well stock'd with as fair a herd as graz'd
About my mother Circe. Thus I hurl
My dazzling spells into the spungy air
Of pow'r to cheat the eye with blear illusion,
And give it false presentments, lest the place
And my quaint habits breed astonishment,

tères sans exception aient été accomplis, avant que l'indiscret espion de l'orient, la chaste Aurore, vienne poindre sur les gouffres de l'Inde, du fond de sa retraite mystérieuse, et montre au soleil qui découvre tout, nos secrètes cérémonies. Venez, joignez les mains et faites retentir le sol de vos danses légères et fantastiques.

DANSES.

COMUS.

Arrêtez, arrêtez! je reconnais la démarche différente de quelque pas chaste non loin d'ici : retournez à vos retraites au milieu de ces buissons et de ces arbres. Notre nombre pourrait effrayer. Quelque vierge, à coup sûr (car je puis la distinguer, grâce à mon art), s'est égarée dans ces bois. Il est temps d'avoir recours à mes enchantements et à mes ruses pleines d'artifice. Je posséderai bientôt un troupeau aussi beau que celui qui paissait autour de ma mère Circé; c'est pourquoi je remplis l'air vaporeux de mes charmes éblouissants qui ont le pouvoir d'égarer la vue dans une trompeuse illusion et de donner de

And put the damsel to suspicious flight,
Which must not be, for that's against my course:
I, under fair pretence of friendly ends,
And well-plac'd words of glozing courtesy
Baited with reasons not unplausible,
Wind me into the easy-hearted man,
And hug him into snares.   When once her eye
Hath met the virtue of this magic dust,
I shall appear some harmless villager,
Whom thrift keeps up about his country-gear.
But here she comes; I fairly step aside,
And hearken, if I may, her business here.

The Lady enters.

THE LADY.

This way the noise was, if mine ear be true,
My best guide now; methought was it the sound,
Of riot and ill-manag'd merriment,
Such as the jocund flute, or gamesome pipe
Stirs up among the loose unletter'd hinds,
When for their teeming flocks and granges full,
In wanton dance they praise the bounteous Pan,
And thank the Gods amiss.   I should be loth
To meet the rudeness and swill'd insolence
Of such late wassailers; yet, oh ! where else

fausses notions, de peur que mon aspect et mon costume éclatant ne la plongent dans l'étonnement et que la crainte ne fasse fuir la jeune demoiselle, ce que je dois éviter, car cela contrarierait mes desseins. Sous le but apparent d'être utile et par des phrases adroites remplies d'une politesse insidieuse qui séduisent par des raisons spécieuses, je sais m'insinuer dans le cœur de l'homme crédule pour l'entraîner dans mes embûches. Dès que son œil aura éprouvé la vertu de cette poudre magique, je lui paraîtrai quelque bon villageois que le travail retient éveillé près de sa métairie. Mais la voici. Je me hâte de m'écarter pour entendre, si je le puis, ce qui l'amène ici.

<small>La jeune dame entre.</small>

LA JEUNE DAME.

C'est de ce côté que venait le bruit, si je dois en croire mon oreille, mon meilleur guide aujourd'hui. Il me semblait que c'était le son du désordre et de la joie effrénée; telle que la flûte enjouée ou le gai chalumeau la fait naître parmi les laboureurs ignorants et corrompus, quand, dans leur danse désordonnée, ils célèbrent Pan, et remercient d'une manière coupable les dieux qui ont fécondé leurs troupeaux et rempli leurs granges. Je crains de rencontrer la rudesse et la

Shall I inform my unacquainted feet
In the blind mazes of this tangled wood?
My brothers, when they saw me wearied out
With this long way, resolving here to lodge
Under the spreading favour of these pines,
Stepp'd, as they said, to the next thicket side
To bring me berries, or such cooling fruit
As the kind hospitable woods provide.
They left me then when the grey-hooded Ev'n,
Like a sad votarist in palmer's weed,
Rose from the hindmost wheels of Phœbus' wain.
But where they are, and why they came not back,
Is now the labour of my thoughts. 'Tis likeliest
They had engag'd their wand'ring steps too far;
And envious Darkness, ere they could return,
Had stole them from me: else, O thievish Night,
Why shouldst thou, but for some felonious end,
In thy dark lantern thus close up the stars
That Nature hung in heav'n, and fill'd their lamps
With everlasting oil to give due light
To the misled and lonely traveller?
This in the place, as well as I may guess,
Whence even now the tumult of loud mirth
Was rife, and perfect in my list'ning ear;
Yet nought but single darkness do I find.
What might this be? A thousand fantasies
Begin to throng into my memory,
Of calling shapes, and beck'ning shadows dire,

grossière insolence de ces hommes qui s'enivrent à cette heure. Cependant, hélas! dans quel autre endroit éclairerai-je mes pas étrangers au labyrinthe obscur de cette épaisse forêt. Mes frères, quand ils me virent épuisée par cette longue marche, se décidant à s'arrêter sous l'ombrage propice de ces pins, allèrent, comme ils me le dirent, aux buissons voisins pour m'apporter des baies sauvages ou quelques fruits rafraîchissants, tels qu'en offre la douce hospitalité des bois. Ils me quittèrent alors que le Soir coiffé de gris, tel qu'un triste voyageur en habit de pèlerin, s'élevait derrière les roues du char de Phébus. Mais découvrir où ils sont et pourquoi ils ne retournent point est maintenant le travail de mes pensées. Le plus probable est que leurs pas errants se sont engagés trop loin, et que les ténèbres jalouses m'ont dérobé mes frères avant qu'ils aient pu revenir. Pourquoi, ô Nuit qui protéges les larcins, si ce n'est dans un but coupable, as-tu caché sous tes voiles obscurs les étoiles que la Nature a suspendues dans le ciel et dont elle a rempli les lampes d'une huile inépuisable, afin qu'elles éclairassent les pas solitaires du voyageur égaré? Ceci est l'endroit, aussi bien que je puis le supposer, d'où il y a un moment encore, j'entendais retentir dans mon oreille attentive le bruyant tumulte de la joie, et cependant je ne trouve ici que les

And airy tongues that syllable men's names
On sands, and shores, and desert wildernesses.
These thoughts may startle well, but not astound
The virtuous mind that ever walks attended
By a strong siding champion, Conscience.—
O welcome pure-ey'd Faith white-handed Hope,
Thou hov'ring Angel girt with golden wings,
And thou, unblemish'd form of Chastity!
I see ye visibly, and now believe
That He, the Supreme Good, t'whom all things ill
Are but as slavish officers of vengeance,
Would send a glist'ring guardian, if need were,
To keep my life and honour unassail'd.
Was I deceiv'd, or did a sable cloud
Turn forth her silver lining on the night?
I did not err; there does a sable cloud
Turn forth her silver lining on the night,
And casts a gleam over this tufted grove:
I cannot hallow to my brothers, but
Such noise as I can make to be heard farthest
I'll venture, for my new enliven'd spirits
Prompt me; and they perhaps are not far off.

seules ténèbres. Que peut être ceci? Ma mémoire se remplit de mille vagues souvenirs d'ombres qui appellent, d'apparences affreuses qui font des signes, de voix aériennes qui épellent des noms d'homme aux déserts, sur les rivages, dans des solitudes abandonnées [5]. Ces pensées peuvent surprendre, mais non pas confondre l'esprit vertueux qui marche toujours gardé par un robuste champion qui le protége, la Conscience. O toi qui es toujours bien-venue, Foi aux yeux purs, Espérance aux mains blanches, ange qui planes ceint d'ailes d'or, et toi Chasteté, vision sans souillure, je vous aperçois visiblement et je crois maintenant que LUI, le Dieu suprême pour qui toutes les choses mauvaises ne sont que de serviles instruments de vengeance, enverrait un protecteur éclatant, s'il en était besoin, pour conserver à l'abri de toute atteinte ma vie et mon honneur. Me suis-je trompée? un nuage ténébreux n'a-t-il pas laissé briller sur la nuit un reflet argenté? Je ne me trompais pas : un nuage ténébreux a laissé briller sur la nuit un reflet argenté qui éclaire ce bois touffu : je ne puis pas appeler mes frères; mais j'essaierai de faire autant de bruit que je le puis, afin d'être entendue de plus loin; mes esprits, qu'un nouvel espoir ranime, m'y poussent, et ils ne sont peut-être pas loin.

SONG.

Sweet Echo, sweetest nymph, that liv'st unseen,
    Within thy airy shell,
  By slow Meander's margent green,
And in the violet-embroider'd vale,
    Where the love-lorn nightingale
Nightly to thee her sad song mourneth well,
Canst thou not tell me of a gentle pair
    That likest thy Narcissus are!
    Oh! if thou have
  Hid them in some flow'ry cave,
    Tell me but where,
  Sweet Queen of parly, daughter of the sphere!
So may'st thou be translated to the skies,
And give resounding grace to all heaven's harmonies.

Enter Comus.

COMUS.

Can any mortal mixture of earth's mould
Breathe such divine enchanting ravishment?
Sure something holy lodges in that breast,
And with these raptures moves the vocal air
To testify his hidden residence.
How sweetly did they float upon the wings
Of silence, through the empty-vaulted night,
At every fall smoothing the raven down

INVOCATION LYRIQUE.

Douce Écho[6], la plus douce des nymphes, toi qui vis inaperçue dans ta conque aérienne près des bords verdoyants du lent Méandre et dans la vallée tapissée de violettes, où le rossignol, privé de sa compagne, gémit, pendant la nuit, le chant plaintif qu'il t'adresse, ne peux-tu pas me parler de deux êtres aimables, très-pareils à Narcisse ton amant? Ah! si tu les as cachés dans quelque grotte fleurie, dis-moi où elle se trouve, douce reine de la parole, fille de la Sphère, et puisses-tu être transportée dans le firmament et prêter les attraits de ta voix résonnante à toutes les harmonies célestes.

Comus paraît.

COMUS.

Une créature mortelle, aux formes humaines, peut-elle inspirer un ravissement si divin et si enchanteur? Quelque chose de saint, sans doute, habite dans ce cœur et fait tressaillir les airs de ces doux concerts pour attester son existence cachée! Comme sa voix glissait doucement sur les ailes du silence à travers les voûtes vides de la nuit, caressant de chacune de ses cadences le

Of darkness till it smil'd! I have oft heard
My mother Circe with the Sirens three,
Amidst the flow'ry-kirtled Naiads,
Culling their potent herbs and baleful drugs,
Who, as they sung, would take the prison'd soul,
And lap it in Elysium; Scylla wept,
And chid her barking waves into attention
And fell Charybdis murmur'd soft applause:
Yet they in pleasing slumber lull'd the sense,
And in sweet madness robb'd it of itself;
But such a sacred and home-felt delight,
Such sober certainty of waking bliss,
I never heard till now. I'll speak to her,
And she shall be my queen. Hail, foreign wonder!
Whom certain these rough shades did never breed,
Unless the goddess that in rural shrine
Dwellst here with Pan. or Sylvan, by blest song
Forbidding every bleak unkindly fog
To touch the prosperous growth of this tall wood.

THE LADY.

Nay, gentle shepherd; ill is lost that praise
That is address'd to unattending ears;
Not any boast of skill but extreme shift
How to regain my sever'd company
Compell'd me to awake the courteous Echo

duvet du corbeau des ténèbres jusqu'à le faire sourire. Souvent quand ma mère Circé cherchait avec les trois sirènes, au milieu des Naïades couronnées de fleurs, ses herbes puissantes et ses sucs funestes, je les ai vues captiver l'âme par leurs chants et la plonger dans l'Élysée. Scylla pleurait et, avide d'écouter, commandait le silence à ses vagues bruyantes. La féroce Charybde murmurait de doux applaudissements 7; elles berçaient les sens dans un doux sommeil et privaient l'homme de la connaissance de lui-même dans un riant délire; mais je n'avais jamais entendu des sons aussi délicieux donner intérieurement à l'âme une si douce certitude du bonheur qui l'attend; je veux lui adresser la parole : elle sera ma reine. Salut, prodige des rives étrangères, toi qu'à coup sûr ces sauvages forêts ne virent jamais naître, à moins que tu ne sois la déesse qui habite dans cet asile champêtre avec Pan et Sylvain, et défend par ses chants harmonieux aux brouillards glacés de s'arrêter sur la riche verdure de ces altières forêts.

LA JEUNE DAME.

Bon berger, ce sont des louanges perdues que celles qui s'adressent à une oreille qui les fuit. Ce n'est point la vanité, mais un dernier effort pour retrouver mes compagnons égarés, qui m'a fait essayer d'éveiller la douce nymphe Echo,

To give me answer from her mossy couch.

COMUS.

What chance, good lady, hath bereft you thus?

THE LADY.

Dim darkness, and this leafy labyrinth.

COMUS.

Could that divide you from near ushering guides?

THE LADY.

They left me weary on a grassy turf.

COMUS.

By falsehood, or discourtesy, or why?

THE LADY.

To seek i' th' valley some cool friendly spring.

COMUS.

And left your fair side all unguarded, lady?

THE LADY.

They were but twain, and promis'd quick return.

COMUS.

Perhaps forestalling night prevented them.

COMUS. 29

pour qu'elle me répondît de sa couche moussue.

COMUS.

Quelle triste cause, jeune dame, vous a ainsi éloignée d'eux?

LA JEUNE DAME.

La nuit épaisse jointe au labyrinthe de ces ombrages.

COMUS.

Cela a-t-il pu vous séparer des guides qui vous précédaient à peu de distance?

LA JEUNE DAME.

Ils me laissèrent accablée de fatigue, assise sur un banc de gazon.

COMUS.

Était-ce perfidie, manque d'égards ou bien tout autre motif?

LA JEUNE DAME.

C'était pour chercher dans la vallée quelque source rafraîchissante.

COMUS.

Et ils abandonnèrent votre beauté sans protection, jeune dame?

LA JEUNE DAME.

Ils n'étaient que deux et promirent de revenir de suite.

COMUS.

Peut-être la nuit les arrêtant les en a-t-elle empêchés.

THE LADY.

How easy my misfortune is to hit!

COMUS.

Imports their loss beside the present need!

THE LADY.

No less than if I should my brothers lose.

COMUS.

Were they of manly prime, or youthful bloom!

THE LADY.

As smooth as Hebe's their unrazor'd lips.

COMUS.

Two such I saw what time the labour'd ox
In his loose traces from the furrow came,
And the swink'd hedger at his supper sat;
I saw them under a green mantling vine
That crawls along the side of yon small hill,
Plucking ripe clusters from the tender shoots;
Their port was more than human as they stood.
I took it for a fairy vision
Of some gay creatures of the element
That in the colours of the rainbow live,
And play i' th' plighted clouds. I was awe-struck,
And, as I pass'd, I worshipp'd; if those you seek,
It were a journey like the path to heav'n
To help you find them.

LA JEUNE DAME.

Que mon malheur est facile à expliquer!

COMUS.

Vos embarras actuels oubliés, les regretteriez-vous?

LA JEUNE DAME.

Pas moins que si j'avais perdu mes frères.

COMUS.

Étaient-ils dans la maturité de l'âge, ou bien à la fleur de la jeunesse?

LA JEUNE DAME.

Leurs lèvres, que le rasoir n'a jamais touchées, sont aussi douces que celles d'Hébé.

COMUS.

J'ai vu deux êtres pareils vers l'heure où le bœuf, libre du joug, revenait du sillon, où le laboureur fatigué s'asseyait au repas du soir [8]. Je les aperçus sous le rideau d'une vigne verdoyante, qui s'étend sur les flancs d'une colline peu élevée, occupés à cueillir sur ses jeunes rameaux des grappes mûres. Leur port paraissait surhumain. Je les pris pour une vision magique de ces créatures radieuses qui habitent dans les couleurs de l'arc-en-ciel et se jouent sur les nuages ondulés. Je fus frappé de respect, et quand je passai près d'eux je les adorai; si ce sont eux que vous cherchez, il n'est pas plus difficile de suivre la voie du ciel que de vous aider à les retrouver.

THE LADY.
     Gentle villager,
What readiest way would bring me to that place?
COMUS.
Due west it rises from this shrubby point.
THE LADY.
To find out that, good shepherd, I suppose,
In such a scant allowance of star-light,
Would overtask the best land-pilot's art,
Without the sure guess of well-practis'd feet.
COMUS.
I know each lane, and every alley green,
Dingle, or bushy dell of this wild wood,
And every bosky bourn from side to side,
My daily walks and ancient neighbourhood;
And if you stray-attendance be yet lodg'd,
Or shroud within these limits, I shall know
Ere morrow wake, or the low-roosted lark
From her thatch'd pallet rouse; if otherwise,
I can conduct you, lady, to a low
But loyal cottage where you may be safe
Till further quest.

THE LADY.
     Shepherd, I take thy word,
And trust thy honest offer'd courtesy,
Which oft is sooner found in lowly sheds

LA JEUNE DAME.

Bon villageois, quel serait le chemin le plus court pour me conduire en ce lieu?

COMUS.

Il se trouve précisément à l'ouest de ces buissons.

LA JEUNE DAME.

Le découvrir, bon berger, quand les étoiles sont si avares de leur lumière, serait, je pense, au-dessus de l'art du meilleur pilote terrestre, privé du secours d'un guide expérimenté.

COMUS.

Je connais tous les sentiers, toutes les vertes allées, tous les vallons, toutes les gorges buissonneuses de cette forêt sauvage, et tous les sombres ravins, de l'une à l'autre colline; j'y erre tous les jours et depuis longtemps habite près d'ici. Je saurai si vos compagnons ont trouvé un asile, ou s'ils se sont abrités dans ces bois, avant que le matin s'éveille, avant que l'alouette au nid peu élevé sorte de sa couche de chaume. S'il en est autrement, je vous conduirai, jeune dame, à une chaumière pauvre mais honnête, où vous pourrez attendre en sûreté qu'on fasse de nouvelles recherches.

LA JEUNE DAME.

Berger, je me confie à ta parole; je me repose sur cette courtoisie bienveillante et polie qu'on trouve plus souvent dans de misérables cabanes

With smoky rafters than in tap'stry-halls,
In courts of princes, where it first was nam'd
And yet is most pretended : in a place
Less warranted than this, or less secure,
I cannot be that I should bear to change it.
Eye me, blest Providence, and square my trial
To my proportion'd strength! Shepherd, lead on.

ENTER THE TWO BROTHERS.

ELDEST BROTHER.

Unmuffle, ye faint Stars, and thou, fair Moon,
That wont'st to love the traveller's benizon,
Stoop thy pale visage through an amber cloud,
And disinherit Chaos, that reigns here
In double night of darkness and of shades!
Or, if your influence be quite damm'd up
With black usurping mists, some gentle taper,
Though a rush-candle from the wicker hole
Of some clay habitation, visit us
With thy long levell'd rule of streaming light;
And thou shalt be our star of Arcady,
Or Tyrian Cynosure!

SECOND BROTHER.
Or, if our eyes

sous des toits enfumés, que dans les salles ornées de tapisseries ou dans la cour des princes où on en inventa le nom 9, et où on l'affecte le plus; quel que soit l'asile que l'on m'offre, il ne peut pas être plus dangereux ni moins sûr que ces lieux. Fixe tes yeux sur moi, divine Providence, et proportionne l'épreuve à mes forces! Je te suis, berger.

LES DEUX FRÈRES.

LE FRÈRE AINÉ.

Dépouillez vos voiles, astres pâlissants, et toi, lune propice, habituée à aimer les bénédictions du voyageur, abaisse ton morne visage à travers un nuage vaporeux, et chasse le chaos qui règne en ces lieux par la double nuit des ténèbres et de ces ombrages; ou bien si ton influence est complètement détruite par les sombres brouillards qui interceptent ta clarté, qu'un doux flambeau, lors même que ce ne serait que la faible lumière qui brille à travers le treillis d'osier d'une chaumière bâtie en argile, nous laisse apercevoir un rayon prolongé de sa vacillante lumière, et tu seras notre étoile d'Arcadie, notre Cynosure Tyrienne 10!

LE PLUS JEUNE FRÈRE.

Ou, si ce bonheur est refusé à nos yeux,

Be barr'd that happiness, might we but hear
The folded flocks penn'd in their wattled cotes,
Or sound of past'ral reed with oaten stops,
Or whistle from the lodge, or village cock
Count the night watches to his feathery dames,
'Twould be some solace yet, some little cheering
In this close dungeon of innumerous boughs.
But, oh! that hapless virgin, our lost sister,
Where may she wander now, whither betake her
From the chill dew, among rude burs hand thistles?
Perhaps some cold bank is her bolster now,
Or 'gainst the rugged bark of some broad elm
Leans her unpillow'd head, fraught with sad **fears**.
What, if in wild amazement and affright,
Or, while we speak, within the direful grasp
Of savage hunger, or of savage heat?

ELDEST BROTHERS.

Peace, brother; be not over-exquisite
To cast the fashion of uncertain evils:
For grant they be so, while they rest unknown,
What need a man forestall his date of grief,
And run to meet what he would most avoid?
Or if they be but false alarms of fear,
How bitter is such self-delusion!
I do not think my sister so to seek,

puissions-nous du moins entendre le bêlement des troupeaux enfermés dans leurs parcs palissadés, ou le son du rustique chalumeau aux touches grossières, ou le sifflement du garde, ou le chant d'un coq de village, qui redit les contes de la veillée à ses beautés emplumées. Ce serait déjà une consolation, une faible joie, au milieu de l'enceinte épaisse de ces immenses ombrages. Mais cette vierge malheureuse, notre sœur, que nous avons perdue, où peut-elle errer maintenant? où a-t-elle pu s'abriter de la froide rosée, au milieu des orties et des ronces sauvages. Peut-être quelque gazon glacé lui sert d'oreiller, ou bien elle repose, contre l'écorce ridée d'un vieil orme, sa tête sans appui, remplie de tristes craintes. Que dis-je? peut-être le désespoir et la terreur l'égarent, et la rage brutale des lions, et les passions brutales des hommes la menacent, tandis que nous parlons.

LE FRÈRE AÎNÉ.

Arrête-toi, mon frère, et n'essaie pas de rechercher quels peuvent être ces maux incertains; car, lors même qu'il en serait ainsi, que gagne l'homme, tant qu'ils restent inconnus, à devancer le temps de sa douleur et à s'élancer au-devant de ce qu'il voudrait éviter le plus? ou, si ce ne sont que de fausses alarmes nées de nos craintes, qu'il est douloureux de s'égarer ainsi soi-même!

Or so unprincipled in Virtue's book,
And the sweet peace that goodness bosoms ever,
As that the single want of light and noise
(Not being in danger, as I trust she is not)
Could stir the constant mood of her calm thoughts,
And put them into misbecoming plight.
Virtue could see to do what Virtue would
By her own radiant light, though sun and moon
Were in the flat sea sunk. And Wisdom 'self
Oft seeks to sweet retired Solitude,
Where, with her best nurse, Contemplation,
She plumes her feathers, and lets grow her wings,
That in the various bustle of resort
Were all-too ruffled, and sometimes impair'd.
He, that has light within his own clear breast,
May sit i' th' centre, and enjoy bright day;
But he that hides a dark soul and foul thoughts
Benighted walks under the mid-day sun,
Himself is his own dungeon.

SECOND BROTHER.
'Tis most true,
That musing Meditation most affects
The pensive secrecy of desert cell,
Far from the cheerful haunt of men and herds,
And sits as safe as in a senate house;
For who would rob a hermit of his weeds,
His few books, or his beads, or maple dish,

Je ne crois pas ma sœur si faible et si peu attachée aux préceptes de la Vertu et à cette douce paix du cœur qui le défend tant qu'il est pur, pour que le silence et la nuit seuls (si aucun danger ne la menace, comme je l'espère) puissent troubler l'ordre régulier de ses pensées tranquilles, et les plonger dans un état indigne d'elle. La Vertu voit toujours ce qu'elle a à faire par sa propre lumière[11], quand même le soleil et la lune seraient engloutis dans les mers immenses. La Sagesse elle-même va souvent dans une douce retraite avec la Contemplation, sa plus fidèle compagne, trouver la solitude. C'est là qu'elle laisse croître et répare ses ailes froissées, et quelquefois brisées par le vain tumulte du monde. Celui qui porte la lumière dans son propre sein vit au milieu d'elle et jouit de l'éclat du jour. Celui qui cache en lui une âme criminelle et de coupables pensées, erre et s'égare sous le soleil le plus éclatant, captif dans ses propres ténèbres.

LE PLUS JEUNE FRÈRE.

Il est vrai, la grave méditation chérit surtout les retraites mystérieuses d'une grotte déserte, éloignée du tumulte bruyant des hommes et des troupeaux, et y vit avec autant de sécurité que dans le palais d'un sénat; car qui voudrait dépouiller un ermite de ses vêtements, de ses livres peu nombreux, de son chapelet, de son plat d'é-

Or do his grey hairs any violence?
But Beauty, like the fair Hesperian tree
Laden with blooming gold, had need the guard
Of dragon-watch with unenchanted eye
To save her blossoms, and defend her fruit
From the rash hand of bold Incontinence.
You may as well spread out the unsunn'd heaps
Of miser's treasure by an outlaw's den,
An tell me it is safe, as bid me hope
Danger will wink on Opportunity,
And let a single helpless maiden pass
Uninjur'd in this wild surrounding waste.
Of night, or loneliness it recks me not;
I fear the dread events that dog them both,
Lest some ill-greeting touch attempt the person
Of our unowned sister.

ELDEST BROTHER.

     I do not, brother,
Infer, as if I thought my sister's state
Secure, without all doubt or controversy;
Yet, where an equal poise of hope and fear
Does arbitrate th' event, my nature is
That I incline to hope, rather than fear,
And gladly banish squint suspicion.
My sister is not so defenceless left

rable, ou faire quelque violence à ses cheveux gris? Mais la beauté, comme ce bel arbre des jardins d'Hespérus chargé de fleurs d'or, a besoin d'être gardée par un dragon armé contre tous les enchantements, pour défendre ses bourgeons et protéger ses fruits des mains effrénées de la licence téméraire. Vous pourriez répandre près de l'antre d'un bandit les trésors enfouis d'un avare et me dire que rien ne les menace, plutôt que me faire croire que le danger n'a point profité de l'occasion, et qu'il a laissé une jeune fille seule et sans secours traverser les vastes bois qui nous environnent sans recevoir d'injure. Je ne redoute point la nuit ni la solitude; je crains les funestes événements qui marchent perfidement à leur suite, et les tristes outrages qui peuvent atteindre notre sœur délaissée.

LE FRÈRE AINÉ.

Mon frère, je ne prétends point que ma sœur soit à l'abri de tout péril, et qu'on ne puisse ni en douter ni le contester; cependant, quand l'espérance et la crainte ont les mêmes droits à deviner l'avenir, je suis porté à incliner à l'espérance plutôt qu'à la crainte, et à bannir l'inquiétude soupçonneuse. Ma sœur n'a point été abandonnée totalement, sans moyens de défense

As you imagine; she has a hidden strength
Which you remember not.

SECOND BROTHER.

     What hidden strength,
Unles the strength of heav'n, if you mean that?

ELDEST BROTHER.

I mean that too, but yet a hidden strength
Which, if heav'n gave it, may be term'd her own:
'Tis Chastity, my brother, Chastity:
She, that has that, is clad in complete steel,
And, like a quiver'd nymph with arrows keen,
May trace huge forests and unharbour'd heaths,
Infamous hills, and sandy perilous wilds,
Where, through the sacred rays of Chastity,
No savage fierce, bandite, or mountaineer,
Will dare to soil her virgin purity:
Yea, there, where very desolation dwells
By grots and caverns shagg'd with horrid shades,
She may pass on with unblench'd majesty,
Be it not done in pride, or in presumption.
Some say, no evil thing that walks by night
In fog, or fire, by lake, or moorish fen,
Blue meagre hag, or stubborn unlaid ghost
That breaks his magic chains at curfew time
No goblin, or swart fairy of the mine,
Hath hurtful pow'r o'er true virginity.
Do ye believe me yet, or shall I call

comme vous le pensez. Elle a une force cachée
que vous oubliez.

LE PLUS JEUNE FRÈRE.

Quelle est cette force cachée, à moins que ce
ne soit celle du ciel, si c'est de celle-là que vous
voulez parler?

LE FRÈRE AINÉ.

Oui, c'est de celle-là que je veux parler; mais
cette force cachée, si le ciel la lui donna, peut
cependant être nommée la sienne propre; c'est
la Chasteté, mon frère, c'est la Chasteté. La femme
qui l'a en elle porte un armure d'acier, et peut,
telle qu'une nymphe au carquois rempli de flèches
acérées [12], traverser les forêts élevées, les bruyères
dépouillées d'ombrages, les collines vouées à
l'infamie et les sables des déserts périlleux; grâce
aux rayons sacrés de la chasteté, ni le sauvage
grossier, ni le brigand, ni le montagnard, n'oseront souiller sa pureté virginale. Oui, elle peut
passer là même où habite la désolation, dans les
grottes, dans les cavernes ensevelies dans d'affreuses ténèbres, conservant sa dignité à l'abri
de toute atteinte, pourvu qu'elle n'agisse pas
guidée par l'orgueil ou par une vaine présomption. On raconte qu'aucun des pouvoirs nuisibles
qui errent la nuit dans une flamme ou dans un
brouillard, sur les lacs ou sur les étangs bourbeux, aucune sorcière hideuse de maigreur, au-

Antiquity from the old schools of Greece
To testify the arms of Chastity?
Hence had the huntress Dian her dread bow,
Fair silver-shafted Queen, for ever chaste,
Wherewith she tam'd the brinded lioness
And spotted mountain pard, but set at nought
The friv'lous bolt of Cupid; gods and men
Fear'd her stern frown, and she was queen o' th' woods.
What was that snaky headed Gorgon shield,
That wise Minerva wore, unconquer'd virgin,
Wherewith she freez'd her foes to congeal'd stone,
But rigid looks of chaste austerity,
And noble grace that dash'd brute violence
With sudden adoration and blank awe?
So dear to heav'n is saintly Chastity,
That when a soul is found sincerely so,
A thousand liv'ried angels lacky her,
Driving far off each thing of sin and guilt;
And, in clear dream and solemn vision,
Tell her of things that no gross ear can hear,
Till oft converse with heav'nly habitants
Begin to cast a beam on th' outward shape,
The unpolluted temple of the mind,
And turns it by degrees to the soul's essence,
Till all be made immortal: but when Lust,
By unchaste looks, loose gestures, and foul talk,
But most by lewd and lavish act of sin,
Lets in defilement to the inward parts,

cune ombre privée de sépulture qui rompt ses chaînes magiques après le couvre-feu, aucun goblin, aucun des sombres génies souterrains, ne peut exercer une influence funeste sur une vierge pure. Me crois-tu ou devrai-je appeler l'antiquité des vieilles écoles de la Grèce pour qu'elle atteste la puissance de la Chasteté? C'est à la Chasteté que Diane la chasseresse devait son arc redouté ; reine aux traits d'argent toujours chaste, elle commandait aux lionnes et aux léopards tachetés des montagnes, et se riait de l'arc léger de l'Amour. Les dieux et les hommes redoutaient son air sévère, et elle régnait sur les bois. Qu'était-ce que cette égide où paraissait la Gorgone avec sa chevelure de serpents, que portait la sage Minerve, vierge pure, et avec laquelle elle changeait ses ennemis en de froides pierres, si ce n'est le regard sévère de sa chaste austérité, et sa noblesse pleine de grâces, qui contraignait la violence brutale à un profond respect et à une soudaine adoration? La divine Chasteté est si chère au ciel, que, lorsqu'une âme est reconnue réellement pure, mille anges radieux l'environnent, écartant d'elle tout ce qui est coupable ou criminel ; ils lui révèlent, dans des songes lumineux et dans des visions solennelles, des choses qu'aucune oreille grossière ne peut connaître, et ces rapports avec les habitants du ciel finissent

The soul grows clotted by contagion,
Imbodies, and imbrutes, till she quite lose
The divine property of her first being,
Such are those thick and gloomy shadows damp,
Oft seen in charnel vaults and sepulchres
Ling'ring, and sitting by a new-made grave,
As loath to leave the body that it lov'd,
And link'd itself by carnal sensuality
To a degenerate and degraded state.

SECOND BROTHER.

How charming is divine Philosophy!
Not harsh and crabbed, as dul fools suppose,
But musical as is Apollo's lute,
And a perpetual feast of nectar'd sweets
Where no crude surfeit reigns.

ELDEST BROTHER.

     List, list, I hear
Some far off halloo break the silent air!

par faire descendre un rayon sur la forme extérieure, le temple pur de l'intelligence, et le font passer par degré à l'essence de l'âme, jusqu'à ce que tout devienne immortel ; mais quand l'impureté aux regards lascifs, aux gestes licencieux, aux paroles désordonnées, et surtout par ses actes infâmes et corrompus, fait pénétrer ses souillures dans les parties intérieures, l'âme se corrompt par la contagion, elle se confond avec le corps et se brutalise, jusqu'à ce qu'elle perde entièrement les divins attributs de sa première existence ; telles sont ces ombres viles, hideuses et sombres qu'on voit sous les voûtes funéraires et dans les sépulcres, et qui errent et se montrent près des tombeaux nouvellement creusés ; elle se sépare avec peine du corps qu'elle a aimé, et s'abaisse par une honteuse sensualité, jusqu'à ce qu'elle se dégrade et s'avilisse [13].

LE PLUS JEUNE FRÈRE.

Que de charmes a la divine philosophie ! Loin d'être rude et âpre comme des insensés le disent, elle est harmonieuse comme la lyre d'Apollon ; c'est un perpétuel banquet où les mets arrosés de nectar ne nous rassasient jamais.

LE FRÈRE AINÉ.

Écoutez, écoutez ; j'entends un cri éloigné troubler le silence des airs.

SECOND BROTHER.

Methought so too; what should it be?

ELDEST BROTHER.

         For certain
Either some one like us night-founder'd here,
Or else some neighbour woodman, or, at worst,
Some roving robber calling to his fellows.

SECOND BROTHER.

Heav'n keep my sister! Again, again, and near!
Best draw, and stand upon our guard.

ELDEST BROTHER.

         I'll halloo:
If he be friendly, he comes well; if not,
Defence is a good cause, and heav'n be for us!

Enter the Attendant Spirit, habited like a shepherd.

ELDEST BROTHER.

That halloo I should know, what are you? speak;
Come not too near, you fall on iron stakes else.

THE ATTENDANT SPIRIT.

What voice is that, my young lord? speak again.

LE PLUS JEUNE FRÈRE.

Je crois aussi l'avoir entendu. Que peut être cela?

LE FRÈRE AINÉ.

A coup sûr c'est quelque voyageur égaré comme nous pendant la nuit, ou quelque bûcheron des environs, ou peut-être quelque voleur vagabond appelant ses compagnons.

LE PLUS JEUNE FRÈRE.

Le ciel protège ma sœur! J'entends de nouveau ce bruit et plus près. Mettons l'épée à la main et tenons-nous sur nos gardes.

LE FRÈRE AINÉ.

Je vais répondre à ce cri. Si c'est un ami, qu'il soit le bien venu; si ce n'en est pas un, c'est une bonne cause que la défense de sa vie, et que le ciel nous aide!

On voit entrer le génie protecteur sous le costume d'un berger.

LE FRÈRE AINÉ.

Je crois reconnaître ce cri : qui êtes-vous? Parlez : ne venez pas trop près ou craignez nos épées.

LE GÉNIE PROTECTEUR.

Quelle est cette voix? mon jeune seigneur, daignez parler de nouveau.

4

SECOND BROTHER.

O brother, 'tis my father's shepherd, sure.

ELDEST BROTHER.

Thyrsis? whose artful strains have oft delay'd
The huddling brook to hear his madrigal,
And sweeten'd every musk-rose of the dale?
How cam'st thou here, good swain? hath any ram
Slipt from the fold, or young kid lost his dam,
Or straggling wether the pent flock forsook?
How couldst thou find this dark sequester'd nook?

THE ATTENDANT SPIRIT.

O my lov'd master's heir, and his next joy
I came not here on such a trivial toy
As a stray'd ewe, or to pursue the stealth
Of pilf'ring wolf; not all the fleecy wealth
That doth enrich these downs is worth a thought
To this my errand, and the care it brought.
But, oh! my virgin lady, where is she?
How chance she is not in your company?

ELDEST BROTHER.

To tell thee sadly, shepherd, without blame,
Or our neglect, we lost her as we came.

LE PLUS JEUNE FRÈRE.

Mon frère, c'est à coup sûr le berger de mon père.

LE FRÈRE AINÉ.

Est-ce toi, Thyrsis, dont les chants pleins d'art ont souvent arrêté le ruisseau impétueux, avide de les entendre, et adoucissent le parfum des roses de la vallée? Comment es-tu venu ici, bon berger? Quelque bélier a-t-il fui de son parc? Quelque jeune chevreau a-t-il perdu sa mère, ou bien quelque brebis égarée manque-t-elle au troupeau renfermé dans la bergerie? Comment as-tu pu trouver cet endroit sombre et écarté.

LE GÉNIE PROTECTEUR.

Jeune héritier de mon bon maître, et vous, qui êtes ensuite ses plus chères délices, je suis venu ici dans un but plus important que le soin de retrouver quelque brebis égarée ou de poursuivre les larcins du loup ravisseur. Tous les troupeaux qui parent ces collines ne méritent pas une pensée auprès du motif qui m'amène ici et des inquiétudes qu'il a fait naître. Mais, qu'est devenue ma jeune dame? Par quel hasard ne se trouve-t-elle pas avec vous?

LE FRÈRE AINÉ.

Nous devons l'avouer avec douleur, ô berger, sans qu'il y ait eu faute ou négligence de notre part, nous l'avons perdue en arrivant ici.

COMUS.

THE ATTENDANT SPIRIT.

Ah me unhappy! then my fears are true.

ELDEST BROTHER.

What fears, good Thyrsis? Pr'ythee, briefly shew.

THE ATTENDANT SPIRIT.

I'll tell ye; 'tis not vain or fabulous
(Though so esteem'd by shallow ignorance)
What the sage poets, taught by th'heav'nly muse,
Story'd of old in high immortal verse,
Of dire chimeras and enchanted isles,
And rifted rocks whose entrance leads to hell;
For such there be, but unbelief is blind.

Within the navel of this hideous wood,
Immur'd in cypress shade, a sorcerer dwells,
Of Bacchus and of Circe born, great Comus,
Deep skill'd in all his mother's witcheries;
And here to every thirsty wanderer
By sly enticement gives his baneful cup,
With many murmurs mixt, whose pleasing poison
The visage quite transforms of him that drinks,
And the inglorious likeness of a beast
Fixes instead, unmoulding reason's mintage
Character'd in the face: this have I learnt
Tending my flocks hard by i' th' hilly crofts,

COMUS.

LE GÉNIE PROTECTEUR.

Malheur à moi! Mes craintes n'étaient que trop fondées.

LE FRÈRE AINÉ.

Quelles craintes, bon Thyrsis? je t'en prie, explique toi promptement.

LE GÉNIE PROTECTEUR.

Je vais vous l'apprendre. Ce ne sont point de vaines allégories, ni des fables (quoique la futile ignorance le croie), que ces récits où de sages poëtes, instruits par les muses célestes, nous entretinrent autrefois, dans des vers sublimes et immortels, de cruelles chimères, d'îles enchantées, de rocs entr'ouverts dont l'entrée conduit à l'enfer, car il en existe; mais l'incrédulité est aveugle.

Au centre de cette horrible forêt, caché au fond d'un bois de cyprès, habite un sorcier né de Bacchus et de Circé. C'est le grand Comus: profondément habile dans l'art magique de sa mère, il offre en ces lieux, dans sa ruse insidieuse, à tout voyageur altéré sa coupe funeste préparée avec des charmes dont le doux poison change entièrement la figure de celui qui y porte ses lèvres et lui laisse la méprisable apparence d'un vil animal, effaçant les caractères de la raison gravés sur ses traits. J'ai appris ceci en gardant mes troupeaux près d'ici, sur les collines qui dominent le fond de

That brow this bottom-glade, whence night by night
He and his monstrous rout are heard to howl,
Like stabled wolves, or tigers at their prey,
Doing abhorred rites to Hecate
In their obscured haunts of inmost bowers.
Yet have they many baits, and guileful spells,
T' inveigle and invite th' unwary sense
Of them that pass unweeting by the way.
This evening late, by then the chewing flocks
Had ta'en their supper on the savoury herb
Of knot-grass dew-besprent, and were in fold,
I sat me down to watch upon a bank
With ivy canopied, and interwove
With flaunting honey-suckle, and began,
Rapt in a pleasing sit of melancholy,
To meditate my rural minstrelsy,
Till Fancy had her fill; but, ere a close,
The wonted roar was up amidst the woods,
And fill'd the air with barbarous dissonance;
At which I ceas'd, and listen'd them awhile,
Till an unusual stop of sudden silence
Gave respite to the drowsy frighted steeds,
That draw the litter of close-curtain'd Sleep;
At last a soft and solemn breathing sound
Rose like a steam of rich distill'd perfumes,
And stole upon the air, that even Silence
Was took ere she was ware, and wish'd she might
Deny her nature, and be never more,

ces ombrages, où chaque nuit, tandis qu'il accomplit les rites abhorrés du culte d'Hécate, dans les retraites profondes des berceaux les plus retirés, on l'entend avec sa troupe hideuse pousser des cris semblables à ceux des loups enfermés ou des tigres qui poursuivent leur proie. Cependant ils possèdent beaucoup de séductions et d'enchantements subtils pour surprendre et tromper les sens imprécautionnés de ceux qui suivent leur route sans connaître le danger. Ce soir, tandis que les troupeaux ruminants, rassasiés des sucs savoureux de l'herbe couverte de rosée, se trouvaient dans la bergerie, je m'étais assis, pour veiller, sur un tertre où le lierre s'enlace à l'élégant chèvre-feuille; plongé dans une douce mélancolie, je méditais quelques airs champêtres au gré de mon imagination; mais, dès mes premiers accents, le bruit accoutumé s'éleva du milieu des bois et remplit l'air de ses sons grossiers. J'interrompis mes chants et j'écoutai quelque temps, quand succéda soudain un silence extraordinaire qui permit aux coursiers lassés qui traînent le char mystérieux du sommeil de calmer leurs terreurs. Enfin, un son doux et harmonieux s'éleva et monta dans les airs comme l'odeur d'un parfum si délicieux, que le silence surpris se laissa charmer et souhaita de pouvoir oublier sa nature, et de n'exister plus pour faire place à ces doux

Still to be so displac'd. I was all ear,
And took in strains that might create a soul
Under the ribs of Death : but, oh! ere long
Too well I did perceive it was the voice
Of my most honour'd lady, your dear sister.
Amaz'd I stood, harrow'd with grief and fear;
And, oh! poor hapless nightingale, thought I,
How sweet thou sing'st, how near the deadly snare!
Then down the lawns I ran with headlong haste,
Through paths and turnings often trod by day,
Till guided by mine ear I found the place
Where that damn'd wizard, hid in sly disguise
(For so by certain signs I knew) had met
Already, ere my best speed could prevent,
The aidless innocent lady his wish'd prey;
Who gently ask'd if he had seen such two,
Supposing him some neighbour villager.
Longer I durst not stay, but soon I guess'd
Ye were the two she meant; with that I sprung
Into swift flight, till I had found you here,
But further know I not.

SECOND BROTHER.

      O night and shades,
How are ye join'd with hell in triple knot,
Against th' unarmed weakness of one virgin,

accents. J'étais tout oreille ; je recueillais en moi ces sons qui auraient pu rendre une âme à la vie dans les bras de la mort; mais bientôt, hélas! je ne reconnus que trop bien la voix de ma chère dame, votre sœur chérie. Éperdu, je m'arrêtai saisi de douleur et de crainte. Ah! pauvre rossignol! me dis-je, tes chants sont si doux, si voisins de ces funestes embûches! Puis je m'élançai du haut de la colline par des sentiers et des passages que j'avais souvent suivis le jour, jusqu'à ce que, guidé par mon oreille, je découvris le lieu où ce maudit enchanteur, caché sous un déguisement artificieux (car je le reconnus à certains signes) avait déjà conduit, avant que mon zèle le plus empressé eût pu l'en empêcher, sa proie désirée, la jeune dame abandonnée sans secours, qui, le prenant pour quelque villageois voisin, lui avait demandé s'il n'avait pas rencontré deux personnes qu'elle lui désignait. Je n'osai pas m'arrêter plus longtemps, mais ne tardai pas à deviner quelles étaient les deux personnes dont elle voulait parler; aussitôt je me mis à courir d'un pas rapide jusqu'à ce que je vous trouvai ici. Voilà tout ce que je sais.

LE PLUS JEUNE FRÈRE.

O nuit, et vous épais ombrages, comment vous êtes-vous unis à l'enfer dans une triple alliance contre la faiblesse désarmée d'une jeune fille

Alone, and helpless? Is this the confidence
You gave me, brother?

ELDEST BROTHER.

      Yes, and keep it still,
Lean on it safely; not a period
Shall be unsaid for me : against the threats
Of malice or of sorcery, or that power
Which erring men call Chance, this I hold firm,
Virtue may be assail'd, but never hurt,
Surpris'd by unjust force, but not enthrall'd;
Yea, even that which mischief meant most harm
Shall in the happy trial prove most glory :
But evil on itself shall back recoil,
And mix no more with goodness, when at last
Gather'd like scum, and settled to itself,
It shall be in eternal restless change
Self-fed, and self-consumed : if this fail,
The pillar'd firmament is rottenness,
And earth's base built on stubble. But come, let's on.
Against th' opposing will and arm of heaven
May never this just sword be lifted up ;
But for that damn'd magician, let him be girt
With all the grisly legions that troop
Under the sooty flag of Acheron,
Harpies and Hydras, or all the monstrous forms
'Twixt Africa and Inde, I'll find him out,
And force him to return his purchase back,
Or drag him by the curls to a foul death,

seule et sans protection ? est-ce là l'espoir que vous me donniez, mon frère ?

LE FRÈRE AINÉ.

Oui, et conservez-le encore, nourrissez-le avec confiance; je ne rétracterai pas une seule de mes paroles; oui, je le soutiens contre les menaces du vice et des enchanteurs ou contre ce pouvoir que les hommes égarés nomment le hasard; la vertu peut être attaquée, mais elle ne succombe jamais; elle peut être surprise par une violence criminelle, mais elle n'est jamais asservie. Les inventions les plus coupables du crime ne peuvent qu'ajouter à sa gloire dans une heureuse épreuve. Le vice sera rejeté sur lui-même et n'approchera plus de la vertu, jusqu'à ce qu'enfin, rassemblé comme l'écume, et changeant sans cesse de forme sans jamais connaître de repos, il se dévore et se détruise lui-même; car s'il n'en était pas ainsi les colonnes du firmament seraient sans force, et les bases de la terre elle-même n'auraient pas d'appui. Mais venez, marchons. Puisse cette juste épée ne jamais se lever contre la volonté et les puissances du ciel : mais pour ce magicien abhorré, qu'il s'entoure des légions hideuses qui marchent sous les drapeaux ténébreux de l'Achéron, d'hydres et de harpies et de tous les monstres qui habitent entre l'Inde et l'Afrique, je saurai le découvrir et le forcer à rendre sa proie, ou, le sai-

Curs'd as his life.

THE ATTENDANT SPIRIT.

     Alas! good vent'rous youth,
I love thy courage yet, and bold emprise;
But here thy sword can do thee little stead;
Far other arms, and other weapons must
Be those that quell the might of hellish charms:
He with his bare wand can unthread thy joints,
And crumble all thy sinews.

ELDEST BROTHER.

     Why, pr'ythee, shepherd,
How durst thou then thyself approach so near
As to make this relation?

THE ATTENDANT SPIRIT.

     Care, and utmost shifts
How to secure the lady from surprisal,
Brought to my mind a certain shepherd lad,
Of small regard to see to, yet well skill'd
In every virtuous plant and healing herb,
That spreads her verdant leaf to th' morning ray:
He lov'd me well, and oft would beg me sing;
Which when I did, he on the tender grass
Would sit and hearken ev'n to ecstasy,
And in requital ope is leathern scrip,
And show me simples of a thousand names,
Telling their strange and vigorous faculties:

sissant par les cheveux, je lui ferai subir une mort terrible aussi maudite que sa vie.

LE GÉNIE PROTECTEUR.

Hélas! jeune homme au cœur aventureux, j'aime ton courage et ta vaillante détermination; mais ici ton épée ne peut être que d'un faible secours: il faut d'autres moyens et d'autres armes pour combattre la puissance des charmes infernaux. Il peut, avec le seul secours de sa baguette, frapper de faiblesse tous tes membres et anéantir leur vigueur.

LE FRÈRE AINÉ.

Dis-moi donc, berger, comment tu oses toi-même, s'il en est ainsi, approcher assez près de lui pour me faire ce récit.

LE GÉNIE PROTECTEUR.

Mon anxiété et mes efforts pour préserver la jeune dame de cette trahison m'ont fait ressouvenir d'un berger de peu d'extérieur, mais connaissant parfaitement toutes les plantes utiles et toutes les herbes salutaires qui ouvrent leurs feuilles verdoyantes aux rayons du matin. Il me chérissait, et souvent me demandait des chansons qu'il écoutait assis sur le gazon et plongé dans un doux ravissement; et lui, en retour, ouvrait sa modeste pannetière et me montrait mille simples aux noms divers, en m'apprenant leurs admirables et puissantes vertus. Il choisit entre

Amongst the rest a small unsightly root,
But of divine effect, he cull'd me out;
The leaf was darkish, and had prickles on it,
But in another country, as he said,
Bore a bright golden flow'r, but not in this soil:
Unknown, and like esteem'd, and the dull swain
Treads on it daily with his clouted shoon:
And yet more med'cinal is it than that Moly,
That Hermes once to wise Ulisses gave;
He call'd it Hæmony, and gave it me,
And bade me keep it as of sov'reign use
Gainst all enchantments, mildew blast, or damp,
Or ghastly furies' apparition.
I purs'd it up, but little reck'ning made,
Till now that this extremity compell'd:
But now I find it true; for by this means
I knew the foul enchanter though disguis'd
Enter'd the very lime twigs of his spells,
And yet came off; if you have this about you
(As I will give you when you go) you may
Boldly assault the necromancer's hall;
Where if he be, with dauntless hardihood,
And brandish'd blade, rush on him, break his glass,
And shed the luscious liquor on the ground,
But seize his wand; though he and his curs'd crew
Fierce sign of battle make, and menace high,
Or like the sons of Vulcan vomit smoke;
Yet will they soon retire if he but shrink.

toutes une petite racine d'un aspect peu agréable, mais d'un pouvoir divin. La feuille était noire et couverte d'épines; dans d'autres pays, me disait-il, elle produit une brillante fleur dorée qu'elle n'a point en celui-ci. Inconnue, peu estimée, écrasée chaque jour sous la chaussure des stupides bergers, elle a cependant plus de vertus que le moly [14], que Mercure donna jadis au sage Ulysse. Il l'appe la hœmonium [15] et m'en fit présent en me priant de la conserver comme ayant un pouvoir souverain contre tous les enchantements, la nielle, les épidémies, les brouillards, ou les apparitions d'ombres affreuses. Je la recueillis, mais j'en fis peu de cas jusqu'à ce que je me trouvai dans cette extrémité. Maintenant j'en éprouve l'efficacité, car j'ai reconnu par ce moyen le perfide enchanteur malgré ses déguisements ; j'ai pénétré au sein même de ses embûches et je me suis ensuite retiré sans avoir rien à redouter. Si vous portez cette herbe avec vous (et je vous la donnerai pendant notre marche), vous pouvez sans crainte assaillir le palais du nécromancier; s'il s'y trouve, précipitez-vous sur lui avec un courage irrésistible en brandissant votre épée; brisez sa coupe et répandez-en la liqueur emmiellée sur le sol; cherchez surtout à saisir sa baguette. Quoiqu'il semble avec sa troupe maudite se préparer à un terrible combat et se livrer à

ELDEST BROTHER.

Thyrsis, lead on apace, I'll follow thee.
And some good angel bear a shield before us!

The Scene changes to a stately palace, set out with all manner of deliciousness: soft music; tables spread with all dainties. Comus appears with his rabble, and the Lady set in an enchanted chair, to whom he offers his glass, which she puts by, and goes about to rise.

COMUS.

Nay, lady, sit; if I but wave this wand,
Your nerves are all chain'd up in alabaster,
And you a statue, or, as Daphne was,
Root-bound, that fled Apollo.

THE LADY.

      Fool, do not boast,
Thou canst not touch the freedom of my mind
With all thy charms, although this corporal rind
Thou hast immanacled, while Heav'n sees good.

COMUS.

Why are you vex'd, lady? why do you frown?
Here dwell no frowns, nor anger; from these gates

d'orgueilleuses menaces, et quand bien même ils vomiraient de la fumée comme les enfants de Vulcain, ils ne tarderont pas à fuir si leur chef recule.

LE FRÈRE AINÉ.

Thyrsis, hâte-toi de nous y conduire, je te suis, et qu'un ange protecteur porte un bouclier devant nous.

La scène change et représente un magnifique palais orné avec somptuosité; on entend une douce musique. Des tables sont couvertes de mets exquis. Comus se montre avec sa troupe et l'on aperçoit la jeune dame, assise sur un siége enchanté, qui repousse la coupe qu'il lui offre et veut se lever.

COMUS.

Restez assise, belle dame, car il me suffit d'agiter ma baguette pour enchaîner vos membres par des liens d'albâtre et faire de vous une statue, ou bien pour vous attacher par des racines à la terre comme Daphné qui osa fuir Apollon.

LA JEUNE DAME.

Ne vante pas ta puissance, imposteur; tous tes charmes ne peuvent point atteindre la liberté de mon âme, quoique tu retiennes captive, tandis que le ciel le permet, mon écorce corporelle.

COMUS.

Qu'est-ce qui vous tourmente? pourquoi le dépit se lit-il sur vos traits? Le dépit et la colère

Sorrow flies far : see, here be all the pleasures
That fancy can beget on youthful thoughts,
When the fresh blood grows lively, and returns
Brisk as the April buds in primrose-season.
And first, behold this cordial julep here,
That flames and dances in his crystal bounds
With spirits of balm and fragrant syrups mix'd,
Not that Nepenthes, which the wife of Thone
In Egypt gave to Jove-born Helena,
Is of such pow'r to stir up joy as this,
To life so friendly, or so cool to thirst.
Why should you be so cruel to yourself,
And to those dainty limbs which Nature lent
For gentle usage and soft delicacy?
But you invert the covenants of her trust,
And harshly deal, like an ill borrower,
With that which you receiv'd on other terms;
Scorning the unexempt condition,
By which all mortal frailty must subsist,
Refreshment after toil, ease after pain,
That have been tir'd all day without repast,
And timely rest, have wanted; but, fair virgin,
This will restore all soon.

THE LADY.

'Twill not, false traitor,

habitent loin d'ici, et jamais la tristesse n'approcha de ces lieux. Voyez, ici se trouvent tous les plaisirs que l'imagination peut inspirer aux pensées de la jeunesse, alors que le sang est frais et coule vif et enjoué comme les bourgeons d'avril dans la saison des primevères. Considérez d'abord ce suc cordial mêlé à des aromates et à des liqueurs parfumées qui bouillonne et s'agite dans cette coupe. Le nepenthes[16] que l'épouse de Thoné donna en Egypte à Hélène, fille de Jupiter, n'a pas une puissance pareille pour faire naître la joie si utile à la vie, si rafraîchissante quand on est altéré. Pourquoi être si cruelle envers vous-même, envers vos membres gracieux que la nature vous a donnés pour le plus doux usage et pour les soins les plus délicats? Vous enfreignez les lois de sa confiance : comme un emprunteur frauduleux, vous traitez avec sévérité ce qu'elle vous a donné à d'autres conditions; vous méprisez cette règle générale sans laquelle les faibles mortels ne sauraient subsister, le délassement après la fatigue, le calme après la peine, quand vous avez erré tout le jour sans prendre de nourriture et sans trouver un repos convenable; mais cette liqueur, ô belle vierge, vous rendra toutes vos forces.

LA JEUNE DAME.

Elle ne me les rendra pas, traître pervers, elle

'Twill not restore the truth and honesty
That thou hast banish'd from thy tongue with lies.
Was this the cottage, and the safe abode
Thou toldst me of? What grim aspects are these,
These ugly-headed monsters? Mercy guard me!
Hence with thy brew'd enchantments, foul deceiver!
Hast thou betray'd my credulous innocence
With visor'd falsehood and base forgery?
And wouldst thou seek again to trap me here
With lickerish baits, fit to insnare brutes?
Were it a draught for Juno when she banquets,
I would not taste thy treas'nous offer; none
But such as are good men can give good things,
And that which is not good is not delicious
To a well-govern'd and wise appetite.

COMUS.

O foolishness of men that lend their ears
To those budge doctors of the Stoic fur,
And fetch their precepts from the Cynic tub,
Praising the lean and sallow Abstinence!
Wherefore did Nature pour her bounties forth
With such a full and unwithdrawing hand,
Cov'ring the earth with odours, fruits, and flocks,
Thronging the seas with spawn innumerable,
But all to please and sate the curious taste?
And set to work millions of spinning worms,

ne rendra pas à ta bouche la vérité et la pureté que tes mensonges en ont bannies. Est-ce ici la chaumière et l'asile sûr dont tu m'as parlé? Que sont ces hideuses visions, ces monstres aux têtes difformes? Que la miséricorde divine me protége! Fuis loin d'ici, vil séducteur aux coupables enchantements. Est-ce ainsi que tu as trahi mon âme innocente et trop crédule par des ruses honteuses et une coupable fausseté? et voudrais-tu de nouveau essayer de me tromper par des appas grossiers faits pour entraîner des appétits brutaux? Quand ce serait une boisson digne de paraître aux banquets de Junon, je ne me confierais pas à ta perfide proposition, il n'y a que la vertu qui puisse donner des présents vertueux, et ce qui n'est pas vertueux est sans agrément pour un appétit sage et bien gouverné.

COMUS.

O folie des hommes qui prêtent l'oreille à ces faux docteurs de la secte stoïque et vont emprunter leurs préceptes au tonneau de Diogène, louant l'abstinence maigre et pâle. Pourquoi la Nature a-t-elle versé ses bienfaits d'une main si généreuse, pourquoi a-t-elle couvert la terre de parfums, de fruits et de troupeaux, pourquoi a-t-elle peuplé la mer d'innombrables poissons, si ce n'est pour réjouir et satisfaire nos goûts et nos désirs? Elle a donné la vie à des millions de vers

That in their green shops weave the smooth-hair'd silk
To deck her sons; and, that no corner might
Be vacant of her plenty, in her own loins
She hatch'd th' all-worshipp'd ore and precious gems
To store her children with: if all the world
Should in a pet of temp'rance feed on pulse,
Drink the clear stream, and nothing wear but frieze,
The All-giver would be unthank'd, would be unprais'd,
Not half his riches known, and yet despis'd;
And we should serve him as a grudging master,
As a penurious niggard of his wealth;
And live like Nature's bastards, not her sons,
Who would be quite surcharg'd with her own weight,
And strangled with her waste fertily; [mes;
The earth cumber'd, and the wing'd air dark'd with plu-
The herds would over-multitude their lords, [monds
The sea o'erfraught would swell, and th'unsought dia-
Would so emblaze the forehead of the deep,
And so bestud with stars, that they below
Would grow inur'd to light, and come at last
To gaze upon the sun with shameless brows.
List, lady; be not coy, and be not cozen'd
With that same vaunted name, virginity,
Beauty is Nature's coin, must not be hoarded,
But must be current; and the good thereof
Consists in mutual and partaken bliss,
Unsavoury in the enjoyment of itself;
If you let slip time, like a neglected rose

industrieux qui, dans leurs cabanes vertes, tissent la soie au doux duvet pour orner ses fils, et afin que rien ne fût sans traces de sa richesse, elle remplit ses propres entrailles d'or envié et de pierres précieuses pour en enrichir ses enfants. Si tout le monde, dans un accès de tempérance, ne se nourrissait que de légumes, ne buvait que l'onde du ruisseau et ne portait que des étoffes grossières, le créateur ne serait plus béni, ni loué; la moitié de ses richesses serait inconnue et méprisée; nous le servirions comme un maître parcimonieux, comme un avare dispensateur de ses biens; nous vivrions, non comme les fils, mais comme les bâtards de la Nature qui serait surchargée de son propre poids et étouffée par son inutile fertilité. La terre serait embarrassée et l'air obscurci par les plumes des oiseaux; les troupeaux domineraient leurs maîtres par leur nombre. Les mers abandonnées se soulèveraient et les diamants négligés pareraient de tant d'ornements et couvriraient de tant d'étoiles le front de l'Océan, que les hommes ici-bas s'habitueraient à la lumière, et finiraient par regarder le soleil le front levé. Écoutez-moi, jeune dame; ne soyez pas sévère et ne vous laissez pas abuser par ce nom si vanté de vierge. La beauté est le trésor de la nature : il ne doit pas être caché aux hommes. Son utilité réside dans un bonheur mu-

It withers on the stalk with languish'd head,
Beauty is Nature's brag, and must be shown
In courts, at feasts, and high solemnities,
Where most may wonder at the workmanship;
It is for homely features to keep home;
They had their name thence; coarse complexions,
And cheeks of sorry grain, will serve to ply
The sampler, and to tease the housewife's wool.
What need a vermil-tinctur'd lip for that,
Love-darting eyes, or tresses like the morn?
There was another meaning in these gifts:
Think what, and be advis'd; you are but young yet.

THE LADY.

I had not thought to have unlock'd my lips
In this unhallow'd air, but that this juggler
Would think to charm my judgment as mine eyes,
Obtruding false rules prank'd in reason's garb.
I hate when Vice can bolt her arguments,
And Virtue has no tongue to check her pride.
Impostor! do not charge most innocent Nature,
As if she would her children should be riotous
With her abundance; she, good cateress,
Means her provision only to the good,

tuel et partagé, et elle ne trouve en elle seule aucune jouissance. Si vous laissez fuir le temps, la Beauté, comme une rose fanée, laisse retomber sur sa tige sa tête languissante. Elle est l'orgueil de la nature, elle doit se montrer à la cour des rois, dans les banquets, dans les brillantes solennités où le plus grand nombre peut admirer la perfection de l'ouvrage. C'est aux traits grossiers à garder le foyer d'où ils ont pris leur nom[17]; c'est aux teints blêmes, aux joues sans éclat à agiter l'aiguille ou à préparer la laine de la ménagère. A quoi serviraient dans ces bas emplois des lèvres que le vermillon colore, des yeux qui dardent l'amour, et des tresses brillantes comme le matin? Une autre intention présida à ses bienfaits. Recherchez quelle elle fut, et réfléchissez-y bien, car vous êtes jeune encore.

LA JEUNE DAME.

Je n'aurais pas songé à ouvrir mes lèvres dans un air si impur, si je ne craignais pas que cet imposteur pensât pouvoir égarer mon esprit comme mes regards, en me poursuivant de fausses maximes ornées des couleurs de la raison. Je ne puis souffrir que le vice étale ses arguments et que la vertu n'ait pas de voix pour dompter son orgueil. Traître perfide! n'accuse pas la nature innocente comme si elle voulait faire servir toute sa fertilité aux désordres de ses enfants; mère

That live according to her sober laws,
And holy dictate of spare Temperance.
If every just man, that now pines with want,
Had but a moderate and beseeming share
Of that which lewdly-pamper'd Luxury
Now heaps upon some few with vast excess,
Nature's full blessing would be well dispens'd
In unsuperfluous even proportion,
And she no whit incumber'd with her store;
And then the giver would be better thank'd,
His praise due paid: for swinish Gluttony
Ne'er looks to heav'n amidst his gorgeous feast,
But with besotted base ingratitude
Crams, and blasphemes his feeder.   Shall I go on?
Or have I said enough?   To him that dares
Arm his profane tongue with contemptuous words
Against the sun-clad pow'r of Chastity,
Fain would I something say; yet to what end?
Thou hast nor ear nor soul to apprehend
The sublime notion, and high mystery,
That must be utter'd to unfold the sage
And serious doctrine of virginity;
And thou art worthy that thou shouldst not know
More happiness than this thy present lot.
Enjoy your dear wit, and gay rhetoric,
That hath so well been taught her dazzling fence;
Thou art not fit to hear thyself convinc'd;
Yet should I try, the uncontrolled worth

prudente, elle n'a destiné ses dons qu'aux cœurs vertueux qui vivent dans l'observation de ses lois sévères et des saints préceptes d'une frugale tempérance. Ah! si chaque mortel vertueux que fait souffrir le besoin avait seulement une juste et faible part de ce que le luxe qui s'entoure de soins voluptueux prodigue sans mesure à quelques-uns, les bienfaits de la nature seraient complets et dispensés avec équité sans que rien fût superflu et elle ne serait aucunement embarrassée de ses produits. Le Créateur serait béni davantage et recevrait les louanges qui lui sont dues; car la vile gourmandise, loin de tourner ses regards vers le ciel dans ses fêtes opulentes, se rassasie dans sa basse et stupide ingratitude et blasphème la main qui la nourrit. Poursuivrai-je ou en ai-je assez dit? Que je désirerais répondre à celui qui ose armer sa langue impie de paroles insultantes pour le pouvoir rayonnant de la Chasteté; mais à quoi cela servirait-il? Ni ton oreille, ni ton cœur ne peuvent comprendre les sublimes notions et les hauts mystères qu'il faut révéler pour expliquer la sainte et grave doctrine de la Virginité, et tu ne mérites pas de connaître plus de bonheur que n'en renferme ta situation présente. Jouis de ton esprit voluptueux, de ta joyeuse rhétorique qui t'a si bien appris ses fallacieux arguments. Tu n'es pas fait pour connaître la vérité.

Of this pure cause would kindle my rapt spirits
To such a flame of sacred vehemence,
That dumb things would be mov'd to sympathize,
And the brute Earth would lend her nerves, and shake
Till all thy magic structures, rear'd so high,
Were shatter'd into heaps o'er thy false head.

COMUS.

She fables not; I feel that I do fear
Her words set off by some superior power;
And though not mortal, yet a cold shudd'ring dew
Dips me all o'er, as when the wrath of Jove
Speaks thunder, and the chains of Erebus,
To some of Saturn's crew. I must dissemble,
And try her yet more strongly. Come, no more:
This is mere moral babble, and direct
Against the canon laws of our foundation;
I must not suffer this, yet 'tis but the lees
And settlings of a melancholy blood:
But this will cure all straight; one sip of this
Will bathe the drooping spirits in delight,
Beyond the bliss of dreams. Be wise, and taste.—

The Brothers rush in with swords drawn, wrest his glass out of his

Ah! si je l'essayais, la justice suprême de la cause la plus pure embraserait mes esprits transportés des flammes d'une si sainte et si éloquente ardeur, qu'on verrait la nature inanimée s'émouvoir de sympathie et la terre insensible s'agiter et s'ébranler jusqu'à ce que tes édifices magiques élevés dans les airs s'écrouleraient sur ta tête perfide.

COMUS.

Elle ne se trompe pas. J'éprouve que je redoute ces paroles inspirées par une divinité supérieure, et, quoique non mortel, je sens une froide rosée s'appesantir sur mes membres frémissants, comme lorsque la colère de Jupiter parle à la race de Saturne par la voix du tonnerre ou au bruit des chaînes de l'Érèbe[18]. Dissimulons, tout en faisant cependant de nouveaux efforts. Venez, c'en est assez : tous ces préceptes moraux ne sont que de vaines paroles, contraires aux lois fondamentales de ces lieux. Je ne puis point le permettre; c'est la lie d'un sang mélancolique, mais cette coupe le guérira aussitôt; une goutte de ce breuvage plongera vos esprits adoucis dans des délices telles que ne vous en présentèrent jamais vos rêves. Laissez-vous persuader et portez-y vos lèvres.

Les deux frères s'élancent l'épée à la main, et arrachant la coupe en-

hand, and break it against the ground; his rout make sign of resistance, but are all driven in. The Attendant Spirit comes in.

THE ATTENDANT SPIRIT.

What, have you let the false enchanter 'scape?
O ye mistook; ye should have snatch'd his wand,
And bound him fast; without his rod revers'd,
And backward mutters of dissev'ring power,
We cannot free the lady that sits here
In stony fetters fix'd, and motionless:
Yet stay, be not disturb'd; now I bethink me,
Some other means I have which may be us'd,
Which once of Melibœus old I learn'd,
The soothest shepherd that e'er pip'd on plains.
There is a gentle nymph not far from hence,
That with moist curb sways the smooth Severn stream,
Sabrina is her name, a virgin pure;
Whilom she was the daughter of Locrine,
That had the sceptre from his father Brute.
She, guiltless damsel, flying the mad pursuit
Of her enraged stepdam Guendolen,
Commended her fair innocence to the flood,
That stay'd her flight with his cross-flowing course.
The water-nymphs that in the bottom play'd
Held up their pearled wrists, and took her in,
Bearing her straight to aged Nereus' hall,
Who, piteous of her woes, rear'd her lank head,

chantée des mains de Comus la brisent à terre; sa troupe semble vouloir résister, mais elle est bientôt réduite à fuir. Le génie protecteur paraît :

LE GÉNIE PROTECTEUR.

Quoi! avez-vous laissé s'échapper le perfide enchanteur? Oh! vous vous êtes abusés; vous auriez dû lui arracher sa verge et l'enchaîner; il faut que nous tenions sa baguette renversée, et que nous prononcions à rebours les paroles d'un charme libérateur pour pouvoir briser les chaînes de marbre qui retiennent ici cette jeune dame assise et privée de tout mouvement. Cependant arrêtez, ne vous troublez point. Je me souviens maintenant d'un autre moyen que nous pourrons mettre à usage, et que j'appris autrefois du vieux Mélibée, le plus harmonieux des bergers dont le chalumeau fit jamais résonner les plaines. — Il est, non loin d'ici, une aimable nymphe, dont le sceptre humide gouverne la calme Saverne; vierge pure, son nom est Sabrina[19]. Elle fut autrefois la fille de Locrine, qui avait reçu la couronne de son père Brutus. Fuyant, jeune fille exempte de faute, la poursuite de sa marâtre, la cruelle Guendolen, elle confia son aimable innocence au flot dont le cours arrêtait sa fuite. Les nymphes des eaux, qui se jouaient au fond du fleuve, élevèrent leurs mains

And gave her to his daughters to imbathe
In nectar'd lavers, strew'd with asphodil,
And through the porch and inlet of each sense
Dropp'd in ambrosial oils, till she reviv'd,
And underwent a quick immortal change,
Made Goddes of the river : still she retains
Her maiden gentleness, and oft at eve
Visits the herds along the twilight meadows,
Helping all urchin blasts, and ill-luck signs
That the shrewd meddling elf delights to make,
Which she with precious vial'd liquors heals ;
For which the shepherds at their festivals
Carol her goodness loud in rustic lays,
And throw sweet garland wreaths into her stream
Of pansies, pinks, and gaudy daffodils.
And, as the old swain said, she can unlock
The clasping charm, and thaw the numbing spell,
If she be right invok'd in warbled song ;
For maidenhood she loves, and will be swift
To aid a virgin, such as was herself,
In hard-besetting need ; this will I try,
And add the power of some adjuring verse.

ornées de perles, et la reçurent pour la porter aussitôt au palais du vieux Nérée, qui, prenant pitié de ses malheurs, soutint sa tête languissante, et la remit à ses filles pour la plonger dans un bain de nectar jonché d'asphodèles. Les sucs de l'ambroisie pénétrèrent par l'entrée et l'ouverture de tous ses sens jusqu'à ce qu'elle fut rendue à la vie, et que, subissant aussitôt une transformation immortelle, elle devint la déesse du fleuve. Elle conserve encore sa douceur virginale, et souvent, dans la soirée, elle visite les troupeaux sur les prés éclairés par le crépuscule, écartant l'influence funeste du hérisson [20], et les signes de mauvais augure auxquels l'Elf malin se plaît, et les effaçant avec des liqueurs précieuses. C'est pourquoi les bergers dans leurs fêtes font résonner l'éloge de sa bonté dans leurs lays rustiques, et jettent dans ses ondes des guirlandes odorantes de violettes, d'œillets et de riants asphodèles. Comme l'a dit ce vieux berger, elle peut briser les chaînes d'un sortilége et détruire la puissance d'un charme, si vous savez l'invoquer convenablement par un chant mélodieux, car elle aime la chasteté, et sera prompte à secourir une vierge, pareille à elle-même, dans un besoin pressant. Je veux en faire l'essai, et y joindre la vertu d'une conjuration poétique.

SONG.

Sabrina fair,
   Listen where thou art sitting
Under the glassy, cool, translucent wave,
   In twisted braids of lilies knitting
The loose train of thy amber-dropping hair;
   Listen for dear honour's sake!
   Goddess of the silver lake,
      Listen and save!
Listen and appear to us
In name of great Oceanus,
By the earth shaking Neptune's mace
And Tethys' grave majestic pace,
By hoary Nereus' wrinkled look,
And the Carpathian wizard's hook,
By scaly Triton's winding shell,
And old soothsaying Glaucus' spell,
By Leucothea's lovely hands,
And her son that rules the strands,
By Thetys' tinsel-slipper'd feet,
And the songs of Sirens sweet,
By dead Parthenope's dear tomb,
And fair Ligea's golden comb,
Wherewith she sits on diamond rocks;
Sleeking her soft alluring locks;
By all the nymphs that nightly dance

HYMNE.

Belle Sabrina, écoute-nous assise sous l'onde vitrée, fraîche et transparente, où tu te plais à mêler des guirlandes entrelacées de lys aux boucles éparses de ta chevelure, dont l'ambre coule goutte à goutte; écoute-nous, au nom sacré de l'honneur! Déesse du flot argenté, écoute et sauve-nous! écoute, et montre-toi à nos yeux; nous t'en conjurons au nom du grand Océan [21], par le trident de Neptune qui ébranle la terre, par la démarche grave et majestueuse de Téthys, par le regard sombre du vieux Nérée, par le harpon du magicien de Carpathie, par la conque mouvante de Triton couvert d'écailles, par les charmes de l'antique devin Glaucus, par les mains charmantes de Leucothoé et par son fils qui règne sur les rivages; par le pied de Téthys à la chaussure éclatante, par le chant harmonieux des Sirènes, par la tombe chérie de Parthénope et le peigne d'or de la belle Ligée, avec lequel, assise sur des rocs de diamant, elle démêle ses boucles attrayantes; par toutes les Nymphes au regard perfide, qui, pendant la nuit, essaient leurs danses sur tes ondes, lève-toi, lève-toi; soulève ton cou de rose de ta couche tapissée de corail, et arrête ton flot rapide jusqu'à

Upon thy streams with wily glance,
Rise, rise, and heave thy rosy head
From thy coral-paven bed,
And bridle in thy headlong wave
Till thou our summons answer'd have.
   Listen and save!

  Sabrina rises, attended by Water-Nymphs, and sings:

SABRINA.

By the rushy-fringed bank,
Where grows the willow, and the osier dank,
 My sliding chariot stays,
Thick set with agate, and the azure sheen
Of turkis blue, and emerald green,
 That in the channel strays;
Whilst from off the waters fleet
Thus I set my printless feet
O'er the cowslip's velvet head,
 That bends not as I tread;
Gentle swain, at thy request
 I am here.

THE ATTENDANT SPIRIT.

  Goddes dear,
We implore thy powerful hand
To undo the charmed band
Of true virgin here distress'd,
Through the force, and through the wile

ce que tu nous aies répondu : écoute, et sauve-nous !

Sabrina paraît entourée des nymphes des eaux.

SABRINA.

Près du rivage couronné de roseaux, où croissent le saule et l'osier humide, mon char, que relèvent l'agate, l'azur brillant des bleues turquoises et les vertes émeraudes, s'est arrêté, tandis que je pose, hors des ondes rapides, mon pied léger sur la tête veloutée des primevères qui ne se courbent point sous mes pas. Bon berger me voici à ta prière.

LE GÉNIE PROTECTEUR.

Déesse honorée, nous implorons ton secours puissant pour rompre le lien magique qui retient une vierge modeste, victime de la violence et des coupables artifices d'un vil enchanteur.

Of unbless'd enchanter vile.

SABRINA.

Shepherd, 'tis my office best
To help insnared chastity :
Brightest lady, look on me —
Thus I sprinkle on thy breast
Drops, that from my fountain pure
I have kept, of precious cure;
Thrice upon thy finger's tip,
Thrice upon thy rubied lip :
Next this marble venom'd seat,
Smear'd with gums of glutinous heat,
I touch with chaste palms moist and cold —
Now the spell hath lost his hold ;
And I must haste ere morning hour
To wait in Amphitrite's bow'r.

Sabrina descends, and the Lady rises out of her seat.

THE ATTENDANT SPIRIT.

Virgin, daughter of Locrine
Sprung of old Anchises' line,
May thy brimmed waves for this
Their full tribute never miss
From a thousand petty rills
That tumble down the snowy hills :
Summer drought, or singed air,
Never scorch thy tresses fair,

SABRINA.

Berger, mon premier devoir est de secourir la chasteté entraînée dans des embûches. Jeune dame si belle, regarde-moi; je répands sur ton sein des gouttes d'un merveilleux pouvoir, que j'ai recueillies à une fontaine pure; qu'elles arrosent trois fois les extrémités de tes doigts et trois fois tes lèvres brillantes comme un rubis. Je touche de mes mains chastes, fraîches et humides, ce maudit siége de marbre, humecté de sucs brulants et glutineux. Maintenant le charme a perdu tout son pouvoir, et je dois me hâter de rentrer avant l'heure du matin dans l'empire d'Amphitrite.

Sabrina disparaît et la jeune dame quitte le siége enchanté.

LE GÉNIE PROTECTEUR.

Vierge, fille de Locrine, issue de la race antique d'Anchise, puissent, pour tes bienfaits, tes ondes toujours élevées, ne jamais cesser de recevoir le tribut empressé de mille faibles ruisseaux qui se précipitent du haut des collines couvertes de neige; que l'été aride et l'air brûlant ne flétrissent jamais ta belle chevelure; que les torrents impétueux de l'automne ne souillent jamais le

Nor wet October's torrent flood
Thy molten crystal fill with mud:
May thy billows roll ashore
The beryl and the golden ore!
May thy lofty head be crown'd
With many a tower and terrace round,
And here and there thy banks upon
With groves of myrrh and cinnamon!

 Come, lady, while Heav'n lends us grace,
Let us fly this cursed place,
Lest the sorcerer us entice
With some other new device.
Not a waste or needless sound,
Till we come to holier ground:
I shall be your faithful guide
Through this gloomy covert wide;
And not many furlongs thence
Is your father's residence,
Where this night are met in state
Many a friend to gratulate
His wish'd presence, and beside
All the swains that there abide
With jigs and rural dance resort;
We shall catch them at their sport,
And our sudden coming there
Will double all their mirth and cheer;
Come, let us haste, the stars grow high,
But Night sits monarch yet in the mid sky.

cristal de tes eaux d'un impur limon. Que tes flots portent sur ton rivage les béryls et les paillettes d'or ! que ta tête orgueilleuse se couronne de tours et de nobles terrasses ! que tes bords soient parsemés de bosquets de myrrhe et de cinnamome.

Viens, ô jeune dame, tandis que le ciel te le permet; fuyons ces lieux maudits avant que le nécromancier puisse nous enlacer dans quelque nouveau stratagème. Ne faisons pas entendre un mot superflu, un seul son inutile, jusqu'à ce que nous ayons touché un sol plus saint : je serai votre guide fidèle à travers les ténébreux ombrages de cette vaste forêt. Non loin d'ici est la résidence de votre père où beaucoup de ses amis se sont assemblés cérémonieusement cette nuit pour le féliciter de son arrivée vivement désirée, ainsi que tous les bergers des environs qui se réunissent dans des jeux et des danses champêtres. Nous les trouverons au milieu de leurs divertissements, et notre présence imprévue doublera leur joie et leurs plaisirs. Venez, hâtons-nous; les étoiles s'élèvent déjà dans le ciel, et la nuit domine en reine au milieu du firmament.

The Scene changes, presenting Ludlow town and the President's Castle; then come in country dancers, after them the Attendant Spirit, with the two Brothers, and the Lady.

SONG.

THE ATTENDANT SPIRIT.

Back, shepherds, back: enough your play
Till next sun shine holiday;
Here be without duck or nod
Other trippings to be trod
Of lighter toes, and such court guise
As Mercury did first devise,
With the mincing Dryades,
On the lawns and on the leas.

This second Song presents them to their father and mother.

Noble lord, and lady bright,
I have brought ye new delight:
Here behold so goodly grown
Three fair branches of your own;
Heav'n hath timely try'd their youth,
Their faith, their patience, and their truth,
And sent them here through hard essays
With a crown of deathless praise
To triumph in victorious dance
O'er sensual Folly and Intemperance.

La scène change; on aperçoit Ludlow et le château du Lord Président. Des bergers forment des danses champêtres, quand on voit paraître le génie protecteur, la jeune dame et ses frères.

LE GÉNIE PROTECTEUR.

Retirez-vous, bergers, retirez-vous; c'est assez de jeux, jusqu'à ce que vienne briller le soleil d'un nouveau jour de fête. Des pieds légers doivent fouler la terre, d'une manière plus élégante, dans des divertissements pareils à ceux que Mercure essaya le premier avec les Dryades gracieuses, sur la fougère et sur les gazons.

(S'adressant au comte et à la comtesse de Bridgewater.)

Noble lord, illustre dame, je vous apporte une nouvelle joie : contemplez ici, dans l'éclat d'une si radieuse jeunesse, trois beaux rameaux issus de vous-mêmes. Le ciel a voulu un instant éprouver leur jeunesse, leur foi, leur patience, leur sincérité; il les a envoyés ici à travers de rudes épreuves, avec la couronne d'une gloire impérissable pour se réjouir dans des danses agréables de leur victoire sur le vice et sur la folie brutale.

COMUS.

The dances being ended, the Spirit epiloguizes.

THE ATTENDANT SPIRIT.

To the ocean now I fly,
And those happy climes that lie
Where day never shuts his eye,
Up in the broad fields of the sky:
There I suck the liquid air
All amidst the gardens fair
Of Hesperus, and his daughters three
That sing about the golden tree.
Along the crisped shades and bowers
Revels the spruce and jocund Spring;
The Graces, and the rosy-bosom'd Hours,
Thither all their bounties bring;
There eternal Summer dwells,
And west-winds with musky wing
About the cedarn alleys fling
Nard and Cassia's balmy smells.
Iris there with humid bow
Waters the od'rous banks that blow
Flowers of more mingled hue
Than her purfled scarf can shew;
And drenches with Elysian dew
(List, mortals, if your ears be true)
Beds of hyacinth and roses:
There young Adonis oft reposes,
Waxing well of his deep wound

Quand les danses sont terminées, le génie protecteur récite l'épilogue.

LE GÉNIE PROTECTEUR.

Je fuis maintenant vers l'Océan et vers ces climats heureux où l'œil du jour ne se ferme jamais dans les vastes plaines du ciel. Là, je savoure l'air liquide au milieu des riants jardins d'Hespérus [22] et de ses trois filles qui chantent autour de l'arbre aux fruits d'or. Le riant et joyeux printemps s'y réjouit sous les épais ombrages et sous les berceaux; les Grâces et les Heures au sein de rose y étalent tous leurs dons. Un éternel été y habite et les vents d'ouest aux ailes odorantes répandent à travers les allées de cèdres les délicieux parfums du nard et de la casse. Iris y arrose de son arc humide les rives embaumées où brillent des fleurs d'un éclat plus varié que celui qu'étale son écharpe aux mille couleurs et abreuve de rosée élysienne (écoutez, mortels, si vos oreilles sont pures) des lits d'hyacintes et de roses. Là souvent repose dans un doux sommeil le jeune Adonis guéri de sa profonde blessure[23]. La reine d'Assyrie[24] est tristement assise sur le gazon; mais loin au-dessus on voit dans une pompe éclatante son célèbre fils, le céleste Cupidon, qui, enfin triomphant, soutient sa chère Psyché plongée dans un doux ravissement, après les longues incertitudes de ses malheurs, jusqu'à ce

In slumber soft, and on the ground
Sadly sits the Assyrian queen:
But far above in spangled sheen
Celestial Cupid, her fam'd son, advanc'd,
Holds his dear Psyche sweet entranc'd,
After her wand'ring labours long,
Till free consent the gods among
Make her his eternal bride;
And from her fair unspotted side
Two blissful twins are to be born,
Youth and Joy: so Jove hath sworn.

But now my task is smoothly done,
I can fly, or I can run
Quickly to the green earth's end,
Where the bow'd welkin slow doth bend;
And from thence can soar as soon
To the corners of the moon.

Mortals, that would follow me,
Love Virtue; she alone is free:
She can teach ye how to climb
Higher than the sphery chime;
Or, if Virtue feeble were,
Heav'n itself would stoop to her.

qu'un libre consentement la rendit au milieu des dieux son immortelle fiancée. De cette union si belle et si pure doivent naître deux heureux jumeaux : la Jeunesse et la Joie ; ainsi l'a juré Jupiter [25].

Mais maintenant ma tâche s'est doucement accomplie, je puis diriger mon vol ou ma course rapide vers les extrémités verdoyantes de la terre où l'horizon incliné s'abaisse lentement et de là prendre mon essor aussi promptement vers les régions de la Lune.

Mortels, qui voudrez me suivre, aimez la vertu : elle seule est libre ; elle vous apprendra comment on peut s'élever au-dessus du mouvement des sphères, où, si la vertu était trop faible, le ciel lui-même s'abaisserait pour la recevoir.

NOTES.

(1) Il est probable que Milton a voulu rappeler ici l'illustre origine des enfants du comte de Bridgewater, qui comptaient Henri VII parmi leurs ancêtres.

(2) « Je chanterai Bacchus, fils de Sémélé ; je dirai comment « au bord de la mer stérile, sur un promontoire élevé il parut « tel qu'un jeune héros à la fleur de l'âge... Tout à coup un na- « vire chargé de pirates tyrrhéniens s'avance à travers les flots. « Dès qu'ils voient Bacchus, ils se hâtent de le conduire dans leur « vaisseau... Le vent souffle dans les voiles et les matelots pré- « parent les agrès du navire. Mais bientôt d'éclatants prodiges « brillent à leurs yeux... le dieu leur apparaît sous la forme d'un « lion terrible.. les nautonniers, pour éviter une terrible destinée, « se jettent dans la mer et sont changés en dauphins. »
(*Homère*, hymne à Bacchus.)

(3) Voyez Homère, *Odyssée*, IX, 94 et X, 239.

(4) Juvénal. II, 91.

> Talia secreta coluerunt orgia tæda
> Cecropiam soliti Baptæ lassare Cotytto.

(5) On ignore si Milton connaissait les voyages de Marc-Paul et la description qu'il nous a laissée des déserts de l'Asie : « Cer- « nuntur et audiuntur dœmonum variæ illusiones, audiuntur « ibi voces dœmonum qui solitarie incedentes propriis appellant « nominibus. » *De Reg. Or.* l. I. c. 44.

(6) Voyez Ovide, *Métam.* III, 357.

(7) Silius Italicus, *De Bello Pun.* XIX, 467 :

> Scyllæi tacuère canes ; stefit atra Charybdis.

(8) Pope a dit depuis :

> While lab'ring oxen, spent with toil and heat
> In their loose traces from the field retreat.

(9) Spenser, *Fairy Queen*. III, 6, 1, et VI, 1, 1.

> Of court it seems, men courtesie do call,
> For that it there most useth to abound.

(10) D'après Newton, le poëte a voulu désigner ici la grande et la petite Ourse qui guidaient les pilotes sur les flots. La grande Ourse ou Hélicé était adorée des Grecs. Cynosure était vénérée à Tyr.

> Neque enim in Tyrias Cynosura carinas,
> Certior aut Graiis Helice servanda magistris.
>
> VALÉRIUS FLACCUS, I, 17.

On lit dans le traité de *la Mélancolie* de Burton : « She is his « pole-star, his guide, his Cynosure. »

Voyez aussi Cicéron, *de Nat. Deor.* II, 41 et le poëme grec d'Aratus.

(11) Spenser, *Fairy Queen*. I, 1, 12 :

> Virtue gives herself light through darkness for to wade.

(12) Voyez dans Spenser. II, 3. 21, le portrait de Belphébé :

> Eftsoon there stepped forth
> A goodly lady clad in hunter's weed, etc.

(13) « L'âme en cet état se rend vers ce qui est semblable à « elle, immatériel et divin... N'est-ce pas ce que nous devons dire, « ô Cébès?

« Assurément, répondit Cébès;

« Mais si elle se retire du corps souillée et impure comme « celle qui a toujours été mêlée avec lui, qui l'a servi, qui l'a aimé, « penses-tu que l'âme en cet état puisse sortir du corps pure et « dégagée ?

« Non sans aucun doute ;

« L'âme chargée de ce poids y succombe; elle va errant, à « ce qu'on dit, parmi les monuments et les tombeaux autour

« desquels aussi l'on a vu parfois des fantômes ténébreux, comme
« doivent être les ombres d'âmes coupables. .

« Cela est très-vraisemblable, Socrate. » (Platon, Phédon.)

(14) « Mercure me mit dans la main cet antidote admirable :
« c'était une plante dont il m'enseigna les vertus. Les dieux l'ap-
« pellent moly (Homère, x^e l. de l'Odyssée, trad. de Fénelon).

Le moly préserva Ulysse des funestes effets du breuvage de
Circé.

(15) L'Hæmonium de Milton est peut-être l'Hémionion découvert par Teucer, fils de Télamon : « Asplenum sunt qui
hemionion vocant foliis trientalibus multis, radice limosa, ca-
vernosa sicut filicis, candida, hirsuta. (Pline, Hist. nat. XXVII,
17.) Ce nom rappelle aussi la Thessalie où habitait le centaure
Chiron, savant dans l'art des simples. Apollonius de Rhodes
décrit également, dans le IIIe chant de son poëme, la racine de
la plante dont Médée tira la liqueur qui protégea Jason contre
les enchantements d'Eétès.

(16) « Hélène fait jeter du népenthès dans le vin. Le népenthès
« calme les mouvements de l'âme et fait oublier tous les maux ».
(Homère, *Odyssée*. IV, 219.)

> Nepenthe is a drink of sovereign grace,
> Devised by the Gods for to assuage
> Heart's grief and bitter gall away to chace.
>
> SPENSER. *Fairy Queen*. IV, 3, 43.

(17) Le texte anglais offre un rapprochement de mots qu'il
faut rappeler pour expliquer la traduction :

> It is for *homely* features to keep *home*.

(18) Beaumont en parlant de Jupiter :

> Whose eyes are lightning and whose is thunder
>
> *Mask performed at White-Hall.*
>
> Why does not Heaven speak in thunder?
>
> BEAUMONT AND FLETCHER. The Maid's tragedy.

(19) Spenser a chanté comme Milton les malheurs et la méta-
morphose de Sabrina. (*Fairy Queen*. II, 10, 12.)

The noble daughter of Corineus
Would not endure to be so vile disdain'd...
... The sad virgin innocent of all
Adown the rolling river she did pour
Which of her name now Severn men do call.

(20) Les Elfs prenaient souvent la forme d'un hérisson, pour exercer leur funeste influence sur les troupeaux. Milton s'est plu à remplir ses vers d'allusions qui gênent le traducteur et rendraient nécessaires des commentaires plus longs que ses poëmes mêmes. Que ne pourrait-on pas dire pour chercher à expliquer le duvet et le sourire du corbeau des ténèbres, le vice qui se dévore lui-même, les terreurs des coursiers qui traînent le char du Sommeil, et mille autres passages?

(21) Le grand Océan. Nérée, le plus âgé des fils de Pontus, surnommé le vieillard à cause de sa douceur. Hésiode, Théog. 27 et 233 Le magicien de Carpathie est Protée. Virg. Georg. IV, 387. L'art prophétique de Glaucus est attesté par Euripide, Or. 363. Au sujet de Leucothoé et de son fils Palémon, voyez Ovide, Fast. 6, 545. Parthénope et Ligée étaient deux sirènes; la première donna son nom à Naples où elle reçut la sépulture.

(22) « Dans une campagne sacrée du royaume d'Atlas, le ser-
« pent Ladon veillait à la garde des pommes d'or, tandis que
« les nymphes Hesphérides faisaient retentir l'air des doux
« accents de leur voix. (Apollonius de Rhodes, IV, 1396.)

(23) « Cesse, ô Vénus, de pleurer dans les forêts la mort de
« ton époux. Il est pour Adonis une belle couche de feuillage.
« Place-le sur ces tapis délicats où il dormait, où, près de toi,
« pendant la nuit, il goûtait son divin sommeil sous une couche
« dorée. (Bion.)

(24) Vénus, adorée des Assyriens. (Paus. I, 14.)

(25) Spenser, *Fairy Queen*. III, 6, 50.

» His true love fair Psyche with him plays.
Fair Psyche to him lately reconcil'd
After long troubles and unmeet upbrays
With which her mother Venus her revil'd
And eke himself, her cruelly exil'd :

> But now in steadfast love and happy state
> She with him lives and hath born him a child
> Pleasure that doth both Gods and men aggrate
> Pleasure the daughter of Cupid and Psyche late.

Et dans son hymne à l'Amour :

> There thou them placest in a Paradise
> Of all delights and joyous happy rest
> Where do they feed on nectar heavenly wise
> With Hercules and Hebe and the rest
> Of Venus' darlings through her bounty blest
>   And lie like Gods in ivory beds araid
>   With rose and lillies over them displaid
> There with thy daughter Pleasure they do play
> Their hurtless sports....

L'ALLEGRO;

IL PENSEROSO.

L'ALLEGRO.

Hence loathed Melancholy,
  Of Cerberus and blackest Midnight born,
In Stygian cave forlorn,
  'Mongst horrid shapes, and shrieks, and sights unholy,
Find out some uncouth cell
  Where brooding Darkness spreads his jealous wings,
And the night raven sings;
  There under ebon shades and low brow'd rocks,
As ragged as thy locks,
  In dark Cimmerian desert ever dwell!
But come thou goddess fair and free,
In heav'n yclep'd Euphrosyne,
And by men, heart-easing Mirth,
Whom lovely Venus at a birth
With two sister Graces more
To ivy-crowned Bacchus bore;

L'ALLEGRO.

Fuis au loin, Mélancolie abhorrée, née de Cerbère et de la Nuit sombre, qui vis solitaire dans les antres du Styx, au milieu des monstres horribles, des cris lugubres et des visions infernales ! Va chercher quelque grotte sauvage où les ténèbres appesanties étendent leurs ailes jalouses ; où chante le corbeau de la nuit. Là, sous d'épais ombrages et sous des rocs aux voûtes basses, aussi hideux que ta chevelure, reste à jamais dans ce sombre désert digne de la Cimmérie.

Viens ! viens ! ô toi déesse riante et candide que les dieux nomment Euphrosine et les hommes le Plaisir, qui réjouit le cœur[1] : l'aimable Vénus accompagnée de deux Grâces tes sœurs, te porta, à ta naissance, à Bacchus couronné de lierre, ou plutôt, comme quelques-uns plus sages nous l'ap-

Or whether (as some sages sing)
The frolic wind that breathes the spring,
Zephyr with Aurora playing,
As he met her once a maying,
There on beds of violets blue,
And fresh-blown roses wash'd in dew,
Fill'd her with thee a daughter fair,
So buxom, blithe, and debonair.
Haste thee, Nymph, and bring with thee
Jest and youthful Jollity.
Quips and Cranks, and wanton Wiles,
Nods and Becks, and wreated Smiles,
Such as hang on Hebe's cheek,
And love to live in dimple sleek;
Sport that wrinkled Care derides,
And Laughter holding both his sides.
Come, and trip it as you go
On the light fantastic toe,
And in thy right-hand lead with thee,
The mountain nymph, sweet Liberty;
And if I give thee honour due,
Mirth, admit me of thy crew
To live with her, and live with thee,
In unreproved pleasures free;
To hear the lark begin his flight,
And singing startle the dull Night,
From his watch-tower in the skies,
Till the dappled Dawn doth rise :

prennent dans leurs chants, le vent folâtre dont l'haleine annonce le printemps, Zéphyre qui aime à jouer avec l'Aurore, la rencontra cueillant des fleurs dans un jour de mai; là, sur une couche de violettes bleues et de roses à peine épanouies humides de rosée, il te fit naître d'un baiser, toi sa fille si belle, si enjouée, si gracieuse et si tendre.

Nymphe, hâte-toi et amène avec toi la Plaisanterie et la gaieté pleine de jeunesse; la Raillerie, la Moquerie et les Ruses folâtres, les Signes de tête et les Appels de la main et le Sourire qui s'arrondit en guirlande, tel qu'il se suspend aux joues d'Hébé et se plaît à vivre sur une bouche riante; les Jeux qui dédaignent les soucis au front ridé et le Rire qui se tient les côtés. Viens et glisse dans ta course rapide sur ton pied léger et fantastique, et de ta main droite conduis avec toi la nymphe des montagnes, la douce Liberté[2], et si je te rends l'honneur qui t'est dû, admets-moi dans ton cortége pour vivre avec elle et pour vivre avec toi, libre au milieu de pures jouissances, afin que désormais j'entende l'alouette prendre son essor et faire tressaillir de son chant la nuit morne, sentinelle cachée dans les cieux jusqu'à ce que l'aube vaporeuse se lève, puis venir en dépit du chagrin me souhaiter le bonjour à travers l'églantier, la vigne ou le chèvrefeuille,

Then to come in spite of sorrow,
And at my window bid good morrow,
Through the sweet-brier, or the vine,
Or the twisted eglantine:
While the cock with lively din
Scatters the rear of darkness thin,
And to the stack, or the barn-door,
Stoutly struts his dames before:
Oft list'ning how the hounds and horn,
Cheerly rouse the slumb'ring Morn,
From the side of some hoar hill,
Through the high wood echoing shrill.
Some time walking not unseen
By hedge-row elms, on hillocks green,
Right against the eastern gate,
Where the great Sun begins his state,
Rob'd in flames, and amber light,
The clouds in thousand liveries dight,
While the plough-man near at hand
Whistles o'er the furrow'd land,
And the milk-maid singeth blithe,
And the mower whets his sithe
And every shepherd tells his tale
Under the hawthorn in the dale.
Strait mine eye hath caught new pleasures
Whilst the landskip round it measures,
Russet lawns, and fallows gray,
Where the nibbling flocks do stray;

tandis que le coq, de sa joyeuse fanfare, disperse ce qui reste encore de l'ombre peu épaisse, et précède fièrement ses sultaues vers la meule ou la porte de la grange : souvent je prêterai l'oreille quand les chiens et le cor de chasse, du flanc d'une colline que blanchit la gelée, font retentir bruyamment les bois élevés, et réveillent gaiement le matin endormi. Je me promènerai quelque temps non sans être vu, près des ormes alignés en haie ou sur les monticules verts vis-à-vis des portes de l'Orient, où le glorieux Soleil commence sa carrière, couronné de flammes et d'une lumière éclatante au milieu des nuages qui se parent de mille couleurs; tandis que, près de là, le laboureur suit en sifflant les sillons de son champ, que la laitière chante joyeusement, que le faucheur aiguise son instrument, et que sous l'aubépine chaque berger compte son troupeau dans la vallée [3].

Soudain mon regard a trouvé de nouvelles jouissances dans ce paysage qui réunit dans ses contours les gazons jaunissants et les grises jachères où errent les troupeaux à la dent avide,

Mountains on whose barren breast
The lab'ring clouds do often rest;
Meadows trim with daisies pied,
Shallow brooks and rivers wide.
Tow'rs and battlements it sees
Bosom'd high in tufted trees
Where perhaps some beauty lies,
The Cynosure of neighb'ring eyes.
Hard by, a cottage chimney smokes
From betwixt two aged oaks,
Where Corydon and Thyrsis met,
Are at their savory dinner set
Of herbs, and other country messes
Which the neat-handed Phyllis dresses;
And then in haste her bower she leaves,
With Thestylis to bind the sheaves;
Or if the earlier season lead
To the tann'd haycock in the mead.
Sometimes with secure delight
The upland hamlets will invite,
When the merry bells ring round,
And the jocund rebecs sound
To many a youth, and many a maid
Dancing in the chequer'd shade;
And young and old come forth to play
On a sunshine holy-day.
Till the live-long day-light fail:
Then to the spicy nut-brown ale,

les montagnes qui voient souvent les nuages appesantis se reposer sur leurs flancs stériles, les prairies riantes émaillées de marguerites, les ruisseaux peu profonds et les larges rivières : j'aperçois des tours et des créneaux qui, voilés d'arbres touffus, nous cachent peut-être quelque beauté, l'astre qu'adorent les regards voisins. Près de là, entre deux vieux chênes s'élève la fumée de la chaumière où Corydon et Thyrsis partagent un dîner savoureux d'herbes frugales et de mets tels qu'en fournit la campagne. Phyllis les apprêta avec soin; mais elle se hâte bientôt de quitter le bosquet avec Thestylis pour aller lier les gerbes, ou, si la saison est moins avancée, pour élever en meule le foin doré, dans la prairie. Quelquefois aussi les hameaux bâtis sur les collines m'inviteront à leurs plaisirs tranquilles, tandis que les cloches joyeuses retentissent à l'entour, et que les doux rebecs [4] résonnent pour plus d'un jeune homme et pour plus d'une jeune fille qui dansent sous les ombrages à demi éclairés. Jeunes et vieux aiment à se réjouir dans ces jours de fête jusqu'à ce que la lumière ait entièrement disparu. C'est alors qu'ils vont trouver l'ale épicée et brune comme l'aveline, qu'accompagnent de nombreux récits. On raconte comment la fée Mab mange les jonchées; celle-ci se plaint d'avoir été pincée et heurtée : celui-là,

With stories told of many a feat—
How fairy Mab the junkets eat;
She was pincht and pull'd, she said;
And he, by friar's lanthorn led,
Tells how the drudging Goblin swet,
To earn his cream bowl duly set,
When in one night, ere glimpse of morn,
His shadowy flail hath thresh'd the corn
That ten day-lab'rers could not end;
Then lies him down the lubbar fiend,
And stretch'd out all the chimney's length,
Basks at the fire his hairy strength,
And crop-full out of doors he flings,
Ere the first cock his matin rings.
Thus done the tales, to bed they creep,
By whisp'ring winds soon lull'd asleep.
Tover'd cities please us then,
And the busy hum of men,
Where throngs of knights and barons bold
In weeds of peace high triumphs hold,
With store of ladies, whose bright eyes
Rain influence, and judge the prize
Of wit, or arms, while both contend
To win her grace, whom all commend.
There let Hymen oft appear
In saffron robe, with taper clear,
And Pomp, and Feast, and Revelry,
With Mask and antique Pageantry,

qu'a conduit la lanterne du moine, dit comment le laborieux Goblin se fatigue pour gagner le vase de crême qu'on a eu soin de lui réserver. En une seule nuit et avant les clartés du matin, son invisible fléau a battu le grain qui avait lassé dix laboureurs, puis, épuisé par son travail, le démon s'étend dans toute la longueur de l'âtre et réchauffe près du foyer sa robuste vigueur; enfin, rassasié, il s'élance hors du seuil avant que le premier coq entonne son chant matinal [5]. Les récits achevés, chacun regagne silencieusement sa couche, et le vent qui murmure les a bientôt endormis. C'est alors que les cités couronnées de tours m'offriront pour me réjouir leurs masses actives d'habitants; là, des troupes de chevaliers et de fiers barons étalent dans d'illustres cérémonies leur riant costume au milieu des dames dont l'œil éclatant exerce l'ascendant et décide du prix de l'esprit ou des armes, qui se disputent la faveur de celle que tous honorent. Là paraîtront souvent et l'Hymen vêtu de pourpre et portant un brillant flambeau, et le luxe, et les fêtes et les divertissements mêlés aux intermèdes, et le faste antique, douces visions que de jeunes poëtes rêvent dans une nuit d'été au bord d'un ruisseau fréquenté par les fées. Dirigeons-nous ensuite vers le théâtre pompeux si nous y trouvons la Muse savante de Jonson ou si Shakspeare, l'en-

Such sights as youthful poets dream
On summer eves by haunted stream.
Then to the well-trod stage anon,
If Jonson's learned sock be on,
Or sweetest Shakespeare, Fancy's child,
Warble his native wood-notes wild.
And ever against eating cares,
Lap me in soft Lydian airs,
Married to immortal Verse,
Such as the meeting soul may pierce
In notes with many a winding bout
Of linked sweetness long drawn out,
With wanton heed, and giddy cunning,
The melting voice through mazes running,
Untwisting all the chains that tie
The hidden soul of harmony;
That Orpheus' self may heave his head
From golden slumber on a bed
Of heapt Elysian flow'rs, and hear
Such strains as would have won the ear
Of Pluto, to have quite set free
His half regain'd Eurydice.
These delights if thou canst give,
Mirth, with thee I mean to live.

fant le plus ravissant de l'imagination y module sans effort ses accents simples et naïfs.

Et pour écarter les soucis dévorants, enivre-moi des doux concerts de la Lydie unis aux accents immortels de la Poésie, tels qu'ils peuvent émouvoir l'âme par des accords dans les anneaux variés d'une chaîne de délices déroulée au loin, dans leurs grâces folâtres et dans leurs séductions pleines d'art, tandis que la voix transportée se précipite au hasard, détachant tous les liens qui retiennent l'âme cachée de l'harmonie; de telle sorte qu'on verrait Orphée lui-même soulever sa tête de sa couche de fleurs élyséennes, qui lui offre un heureux sommeil, et prêter l'oreille à ces accords qui auraient attendri l'oreille de Pluton et terminé enfin la captivité de son Eurydice à demi regagnée.

Si tu peux nous faire goûter ce bonheur, ô nymphe du plaisir, je veux vivre avec toi.

IL PENSEROSO.

Hence vain deluding Joys,
   The brood of Folly without father bred,
How little you bested,
   Or fill the fixed mind with all your toys!
Dwell in some idle brain,
   And fancies fond with gaudy shapes possess,
As thick and numberless
   As the gay motes that people the sun-beams,
Or likest hovering dreams,
   The fickle pensioners of Morpheus' train.
But hail, thou Goddess, sage and holy!
Hail, divinest Melancholy!
Whose saintly visage is too bright
To hit the sense of human sight,
And therefore to our weaker view
O'erlaid with black, staid Wisdom's hue;

IL PENSEROSO.

Fuyez, vains plaisirs qui nous égarez, lignée de la folie engendrée sans père [1]! Que vous pouvez peu nous être utiles et nourrir l'esprit qui s'attache à vos amorces! Allez habiter dans quelque cerveau oisif, et gouvernez les caprices épris de formes éblouissantes, aussi épais et aussi nombreux que les riants atomes qui peuplent les rayons du soleil, ou très-semblables aux rêves flottants, les vagues courtisans de Morphée. Salut, ô toi, déesse vénérable et sainte, salut, divine Mélancolie! Tes traits célestes sont trop éclatants pour se révéler au sens de la vue humaine et se cachent à nos faibles yeux sous un voile noir, costume sévère de la Sagesse; mais tel qu'il ne déparerait point une sœur du prince Memnon [2] ou cette reine éthiopienne [3], couronnée d'étoiles,

Black, but such as in esteem,
Prince Memnon's sister might beseem
Or that starr'd Ethiop queen that strove
To set her beauty's praise above
The sea-nymphs, and their pow'rs offended:
Yet thou art higher far descended;
Thee, bright-hair'd Vesta, long of yore
To solitary Saturn bore;
His daughter she (in Saturn's reign
Such mixture was not held a stain)
Oft in glimmering bowers and glades
He met her, and in secret shades
Of woody Ida's inmost grove,
While yet there was no fear of Jove.
Come, pensive Nun, devout and pure,
Sober, steadfast, and demure,
All in a robe of darkest grain,
Flowing with majestic train,
And sable stole of Cyprus lawn,
Over thy decent shoulders drawn!
Come, but keep thy wonted state,
With even step, and musing gait,
And looks commercing with the skies,
Thy rapt soul sitting in thine eyes,
There held in holy passion still,
Forget thyself to marble, till
With a sad leaden downward cast
Thou fix them on the earth as fast:

qui osa, fière de sa beauté, s'élever au-dessus des Nymphes des mers et de leurs divinités irritées. Cependant ton origine est de beaucoup plus glorieuse. Vesta à la brillante chevelure, nomma pour ton père, dans des siècles éloignés, Saturne, monarque solitaire (elle était sa fille[4]; sous le règne de Saturne de telles alliances n'étaient point considérées comme une tache); souvent il la vit dans de sombres réduits, sous les berceaux et les ombrages mystérieux des bosquets les plus retirés de l'Ida couronné de bois alors qu'on ignorait encore la crainte de Jupiter.

Viens, vierge rêveuse, pieuse et pure, modeste, constante et sérieuse, cachée sous des vêtements des couleurs les plus sombres qui flottent majestueusement et sous un voile noir d'une gaze transparente jetée sur tes pudiques épaules. Viens, mais telle qu'on te connaît, avec ton pas égal et ta démarche grave et tes regards qui s'adressent aux cieux, portant ton âme ravie dans tes yeux. Là qu'immobile dans tes saintes extases, tu deviennes semblable au marbre, jusqu'à ce qu'abaissant ton regard triste et fixe tu le portes soudain sur la terre. Conduis avec toi la Paix tranquille et le Repos et la sobre Frugalité, qui souvent s'assied au banquet des Dieux et entend le chœur des

And join with thee calm Peace, and Quiet,
Spare Fast that oft with gods doth diet,
And hears the Muses in a ring
Aye round about Jove's altar sing:
And add to these retired Leisure,
That in trim gardens takes its pleasure;
But first and chiefest with thee bring
Him that yon soars on golden wing,
Guiding the fiery-wheeled throne,
The cherub Contemplation;
And the mute Silence hist along,
'Less Philomel will deign a song,
In her sweetest, saddest plight,
Smoothing the rugged brow of Night,
While Cynthia checks her dragon yoke,
Gently o'er th' accustom'd oak;
Sweet bird that shunn'st the noise of folly,
Most musical, most melancholy!
Thee chantress of the woods among
I woo to hear thy even-song:
And missing thee, I walk unseen
On the dry smooth-shaven green,
To behold the wand'ring moon,
Riding near her highest noon,
Like one that had been led astray
Thro' the heav'n's wide pathless way;
And oft, as if her head she bow'd,
Stooping thro' a fleecy cloud.

Muses qui chantent sans cesse autour des autels de Jupiter[5], et joins-y le Loisir qui vit retiré et se plaît dans d'élégants jardins[6]; mais tu dois d'abord et surtout amener avec toi celui qui s'élève sur des ailes d'or et guide le char aux roues de feu, l'ange qu'on nomme la Contemplation[7], et que le Silence muet prête au loin l'oreille, à moins que Philomèle ne nous accorde un de ses chants les plus doux et les plus plaintifs qui effacent les rides du front de la Nuit, tandis que Cynthie, secouant le joug du dragon[8], s'élève doucement au-dessus du chêne accoutumé. Tendre oiseau qui fuis le tumulte de la folie, si mélodieux, si mélancolique! je veux souvent aller au milieu des bois entendre ton hymne du soir, et si je ne t'y trouve pas, je me promène solitaire sur les gazons unis par la faulx pour considérer les pas incertains de la lune qui s'empresse vers son point le plus élevé, telle qu'un voyageur égaré dans la vague immensité des airs, et qui parfois, comme si elle inclinait sa tête, semble se baisser devant un nuage vaporeux. Souvent, du haut d'une colline, j'entends le son éloigné du couvre-feu[9] dont les sons mornes se balancent lentement au-dessus de quelque large nappe d'eau, ou si la saison ne le permet pas, je chercherai quelque endroit retiré où la lumière des tisons ardents se confond avec l'obscurité, et où rien ne rappelle la joie, si

Oft on a plat of rising ground,
I hear the far-off curfew sound,
Over some wide-water'd shore,
Swinging slow with sullen roar;
Or, if the air will not permit,
Some still removed place will fit,
Where glowing embers thro' the room
Teach light to counterfeit a gloom
Far from all resort of mirth,
Save the cricket on the hearth,
Or the bellman's drowsy charm.
To bless the doors from nightly harm:
Or let my lamp at midnight hour
Be seen in some high lonely tow'r,
Where I may oft out-watch the Bear,
With thrice great Hermes, or unsphere
The spirit of Plato, to unfold
What worlds, or what vast regions hold
The immortal mind that hath forsook
Her mansion in this fleshly nook:
And of those demons that are found
In fire, air, flood, or under ground,
Whose power hath a true consent
With planet, or with element.
Sometime let gorgeous Tragedy
In scepter'd pall come sweeping by,
Presenting Thebes', or Pelop's line,
Or the tale of Troy divine,

ce n'est le grillon du foyer ou le cri monotone du veilleur, dont le charme protége le seuil pendant la nuit [10], ou bien qu'on aperçoive à minuit ma lampe dans quelque haute tour solitaire où je puisse prolonger ma veille jusqu'à ce que s'abaissent l'Ourse et Mercure trois fois grand, ou retrouver l'esprit de Platon pour découvrir quels mondes ou quelles vastes régions habitent les intelligences immortelles qui ont cessé de vivre ici-bas, et quels sont les génies épars dans la flamme, dans les airs, dans les flots ou sous la terre, dont le pouvoir a des rapports réels avec les astres et les éléments. Que parfois l'éclatante tragédie, traînant après elle son manteau royal, vienne nous offrir Thèbes ou la race de Pélops, ou l'histoire de Troie bâtie par les dieux [11], et les ouvrages qui, quoique plus rares, ont illustré, dans des temps moins éloignés, le cothurne dramatique.

Or what (though rare) of later age
Ennobled hath the buskin'd stage.
But, O sad Virgin, that thy power
Might raise Musæus from his bower,
Or bid the soul of Orpheus sing
Such notes, as warbled to the string,
Drew iron tears down Pluto's cheek,
And made Hell grant what Love did seek.
Or call up him that left half told
The story of Cambuscan bold
Of Camball, and of Algarsife,
And who had Canace to wife,
That own'd the virtuous ring and glass,
And of the wond'rous horse of brass
On which the Tartar king did ride;
And if ought else great bards beside
In sage and solemn tunes have sung,
Of turneys and of trophies hung,
Of forests, and enchantments drear,
Where more is meant than meets the ear.
Thus Night oft see me in thy pale career,
Till civil-suited Morn appear,
Not trick'd and frounc'd as she was wont
With the Attic boy to hunt,
But kercheft in a comely cloud,
While rocking winds are piping loud,
Or usher'd with a shower still,
When the gust hath blown his fill,

Que ton pouvoir, ô vierge mélancolique, ne peut-il rappeler Musée de son berceau, ou demander à l'âme d'Orphée quelques-uns de ces chants, qui, s'unissant au son de sa lyre, faisaient couler des larmes de fer sur les joues de Pluton et forçaient l'enfer à accorder ce que réclamait l'Amour; ou bien évoque le poëte [12] qui n'acheva pas l'histoire du vaillant Cambusque, de Camball et d'Algarsife, de celui qui eut Canace pour femme, par qui furent conquis le miroir et le puissant anneau, et de l'étonnant cheval de bronze que montait le roi de Tartarie, ou d'autres bardes célèbres qui ont chanté sur un ton grave et solennel les tournois et les trophées, les forêts et les enchantements redoutables qui contiennent d'autres enseignements que ce qui frappe notre oreille [13].

Puisses-tu souvent, ô Nuit, me voir pendant ta pâle carrière, attendre que paraisse la grave Aurore, non plus ornée et parée comme lorsqu'elle se plaisait à chasser avec le jeune Céphale; mais s'enveloppant d'un nuage gracieux, tandis que les vents impétueux résonnent bruyamment ou précédée d'une douce ondée qui, lorsque le vent s'est apaisé, s'arrêtant sur les feuilles tremblantes,

Ending on the rustling leaves,
With minute drops from off the eaves.
And when the Sun begins to fling
His flaring beams, me, Goddess, bring
To arched walks of twilight groves,
And shadows brown, that Sylvan loves,
Of pine, or monumental oak,
Where the rude axe with heaved stroke
Was never heard the nymphs to daunt,
Or fright them from their hallow'd haunt;
There in close covert by some brook,
Where no profaner eye may look,
Hide me from day's garish eye,
While the bee with honied thigh,
That at her flow'ry work doth sing,
And the waters murmuring,
With such consort as they keep,
Entice the dewy-feather'd sleep:
And let some strange mysterious dream
Wave at his wings in airy stream
Of lively portraiture display'd,
Softly on my eye-lids laid.
And, as I wake, sweet music breathe
Above, about, or underneath,
Sent by some spirit to mortals good,
Or the unseen Genius of the wood.
But let my due feet never fail
To walk the studious cloysters pale,

laisse tomber par intervalles ses gouttes des auvents. Et quand le soleil commence à lancer ses rayons éblouissants, conduis-moi, ô déesse, vers les voûtes obscures des bois et vers ces sombres ombrages de pins et de chênes gigantesques chéris de Sylvain, où le son discordant de la roue grossière ne vint jamais épouvanter les nymphes ni les chasser du séjour qui leur est consacré. Là, près de quelque ruisseau, dans un secret asile où ne peut pénétrer aucun regard profane, cache-moi à l'œil éclatant du jour, tandis que l'abeille, au dard emmiellé, qui dépouille les fleurs en chantant, et l'onde au doux murmure captivent le sommeil, et laisse sur ses ailes couvertes de rosée, se balancer avec mystère, dans une vision aérienne parsemée de riantes couleurs, un rêve mystérieux qui se repose doucement sur ma paupière. A mon réveil, que sur ma tête, autour de moi ou sous mes pieds, s'élève une douce harmonie qu'envoie aux mortels vertueux quelque esprit ou le génie caché de ces bois.

Ne permets point que mes pas oublient jamais de visiter l'enceinte sévère des cloîtres, ni que je

And love the high embowered roof,
With antic pillars, massy proof,
And storied windows richly dight,
Casting a dim religious light.
There let the pealing organ blow,
To the full-voic'd quire below,
In service high, and anthems clear,
As may with sweetness, thro' mine ear,
Dissolve me into ecstasies,
And bring all heav'n before mine eyes.
And may at last my weary age
Find out the peaceful hermitage,
The hairy gown and mossy cell,
Where I may sit and rightly spell
Of ev'ry star that heav'n doth shew,
And ev'ry herb that sips the dew,
Till old Experience do attain
To something like prophetic strain.
These pleasures, Melancholy, give,
And I with thee will choose to live.

cesse d'aimer leurs voûtes aux arceaux élevés, leurs antiques et lourds piliers, leurs riches vitraux splendidement ornés d'où s'échappe une lumière pure et religieuse. Là, que l'orgue sonore réponde aux concerts harmonieux du chœur dans d'éclatantes cérémonies et au milieu d'hymnes retentissantes qui me ravissent en extase et portent le ciel devant mes yeux.

Et puissent enfin mes ans lassés trouver quelque paisible ermitage, un sévère cilice et une cellule tapissée de mousse où je puisse m'asseoir et étudier avec soin chaque étoile qui se montre au ciel et chaque herbe qui se nourrit de rosée, jusqu'à ce que ma vieille expérience me conduise à quelque chose de semblable aux révélations prophétiques.

Fais-moi trouver ces jouissances, ô Mélancolie, et je veux vivre avec toi.

NOTES.

L'ALLEGRO.

(1) Théocrite : « O Grâces, ne me quittez jamais ; sans vous « quels biens offriraient des douceurs au mortel ? » Orphée qui nomme la mère des Grâces Eunomie et non Eurynome, comme Hésiode, les invoque aussi comme présidant aux plaisirs. « Écoutez-moi, Grâces illustres, mères de la joie, pures, bien-« veillantes et souriant avec délicatesse, déesses invoquées de « tous, déesses aimables... » (Poëme des Parfums. LVII.)

> Sweet goddesses all three which men in mirth do cherry...
> These three on men all gracious gifts bestow
>   Which deck the body or adorn the mind...
>   Therefore they always seem to smile
>   That we likewise should mild and gentle be.
>
> SPENSER, *Fairy Queen.* VI, 10, 23, 24.

Quelques-uns en comptaient trois ; selon d'autres, leur nombre était infini : « Les anciens disaient à tort qu'il n'y avait « que trois Grâces, car cent Grâces souriaient dans un seul œil

« de Héro. » (Musée, Héro et Léandre.) Spenser a imité avec bonheur le poëte grec dans son XLe sonnet :

> ... On each eye-lid sweetly do appear
> An hundred Graces as in shade to sit.

(2) T. Warton observe que Milton n'attachait aucune idée politique à l'invocation de la Liberté. La Liberté est ici la nymphe des montagnes, l'Oréade d'Homère (hymne à Pan) qui erre tour à tour dans les vallons et sur les montagnes, et fait succéder aux plaisirs de la chasse ceux de la danse.

(3) Voyez, sur ce passage, une excellente note de T. Warton.

(4) Le rebec était un violon champêtre. Régnier a employé souvent ce mot qui fit longtemps partie du bagage poétique :

> O Muse ! je t'invoque, emmielle-moi le bec,
> Et bande de tes mains les nerfs de mon rebec.

(5) Je regrette de ne pouvoir citer ici plusieurs notes que M. Allan Cunningham a consacrées aux légendes populaires dont Milton s'occupe en cet endroit. Le moine dont il parle se plaît à égarer le voyageur :

> To bogs and mires, and oft through pond or pool.

Le Goblin est, selon Warton, le fameux Robin Goodfellow chanté dans les romances populaires. Il met son invisible fléau au service des laboureurs, reçoit d'eux un vase de crême et s'endort dans l'âtre jusqu'à ce que paraisse l'aurore.

IL PENSEROSO.

(1) Milton qui compare peu après les plaisirs à des rêves flottants :

The fickle pensioners of Morpheus' train,

se souvenait peut-être de ce passage d'Hésiode : « La Nuit fit « naître le Sommeil avec la troupe des Songes, et cependant cette « ténébreuse déesse ne s'était unie à aucun autre dieu. » (Théogonie, v. 212.)

(2) Quelle est cette sœur de Memnon ? Hésiode n'attribue à Tithon et à l'Aurore que deux fils, Memnon et le monarque Hémathion.

(3) Cassiope, reine d'Ethiopie, se crut plus belle que les divinités des mers. Son orgueil irrita Neptume qui suscita un monstre. Andromède, fille de Cassiope, fut exposée sur un rocher, mais Persée la délivra et obtint de Jupiter que Cassiope serait placée parmi les astres.

(4) Vesta était fille de Saturne et de Rhée. Pindare (XIe Néméenne) la nomme la première des déesses. On peut comparer dans les poëmes attribués à Orphée, le parfum de Vesta et celui des Grâces : « Illustre Vesta, donne-nous un cœur pur et la « chasteté... Éternelle, aimable, heureuse et souriante, accorde- « nous des biens abondants. » (Poëme des Parfums. LXXXI.)

(5) Hésiode : « Invoquons les Muses qui forment leurs chœurs « autour de l'autel du puissant fils de Saturne. » (Théogonie, v. 3.)

(6) Ces élégants jardins sont ceux que Bacon s'est plu à décrire, où l'art cherchait à faire oublier la nature. « La forme carrée « est celle qui convient le mieux à un jardin ; qu'il soit entouré

« d'une charmille élégante et bien arquée. Au milieu se trouve
« un monticule où l'on arrive par trois escaliers, etc. » Voyez
Bacon, Essais de Morale et de Politique, LVII.

(7) Spenser dépeint ainsi la contemplation (*Fairy Queen.* I,
18, 46.)

> ... A little hermitage there by
> Wherein an aged holy man did lie
> That day and night said his devotion
> No other wordly business did apply ;
> His name was heavenly Contemplation :
> Of God and goodness was his meditation,

Que le langage de Milton est plus sublime!

(8) Shakspeare, Cymbeline, acte 2, sc. 2 :

> Swift, swift you dragons of the night! — that dawning
> May bare the raven's eye!

(9) Ces beaux vers de Milton ont inspiré à Gray le commencement de son admirable Élégie :

> The curfew tolls the knell of parting day.

(10) Le veilleur avait coutume de faire entendre pendant la nuit de longues imprécations auxquelles on attribuait le pouvoir d'écarter les démons et les mauvais génies.

(11) Épithète tirée d'Homère.

(12) Chaucer. Dans le poëme intitulé Squire's Tale, Cambusque, roi de Tartarie, père d'Algarsife et de Camball, reçoit du chef des Arabes un cheval de bronze habitué à traverser les airs ; sa fille Canace reçoit également un anneau et un miroir ; grâce à l'anneau, elle comprenait le langage des oiseaux ; le miroir lui révélait les mystères de l'avenir. La fin de ce poëme n'est point parvenue jusqu'à nous. Spenser a exprimé les mêmes regrets que Milton :

> ...Wicked time that all good thoughts doth waste
> And works of noblest wits to nought out wear

> That famous monument hath quite defac't
> And rob'd the world of treasure endless dear.
>
> *Fairy Queen.* iv. 2. 33.

(13) Allusion aux poëmes de Spenser qui sont purement allégoriques. « L'ouvrage que j'ai intitulé la Reine des fées, n'étant « qu'une allégorie développée, j'ai jugé utile de vous exposer « mon intention d'une manière générale. Le but de mon ouvrage « est de former le cœur des personnes honorables et de la no- « blesse par les préceptes de la vertu... J'ai voulu offrir dans « Arthur avant qu'il fût roi, le portrait d'un brave chevalier « accompli dans les douze vertus privées, telles qu'elles ont été « établies par Aristote, ce qui fait l'objet des douze premiers li- « vres. » (Lettre de Spenser à sir Walter Raleigh, 23 janvier 1589.)

SAMSON AGONISTES.

THE PERSONS.

SAMSON.
MANOAH, the father of Samson.
DALILA, his wife.
HARAPHA, of Gath.
PUBLIC OFFICER.
MESSENGER.
CHORUS OF DANITES.

PERSONNAGES.

SAMSON.
MANUÉ, père de Samson.
DALILA, sa femme.
HARAPHA, de Gad.
UN OFFICIER PUBLIC.
UN ISRAÉLITE.
CHŒUR DE DANITES.

SAMSON AGONISTES.

THE SCENE BEFORE THE PRISON IN GAZA.

SAMSON.

Attendant leading him.

1   A little onward lend thy guiding hand
    To these dark steps, a little further on;
    For yonder bank hath choice of sun or shade;
    There I am wont to sit, when any chance
    Relieves me from my task of servile toil,
    Daily in the common prison else enjoin'd me,
    Where I a prisoner chain'd, scarce freely draw
    The air, imprison'd also, close and damp,
    Unwholesome draught : but here I feel amends,
10 The breath of heav'n fresh blowing, pure and sweet,

LA LUTTE DE SAMSON.

LA SCÈNE SE PASSE DEVANT LA PRISON DE GAZA.

SAMSON.

Un guide le conduit.

Que ta main, dont tu prêtes le secours à mes pas incertains, me conduise un peu plus de ce côté, encore un peu plus loin, car ce banc a le choix du soleil ou de l'ombre. C'est là que je suis accoutumé à venir m'asseoir, quand quelque hasard suspend ma tâche de travail servile qu'on m'impose du reste tous les jours dans la prison commune où, captif, enchaîné, je puis à peine appeler librement sur mes lèvres l'air qui y est aussi emprisonné, pesant et humide, boisson in-

With day-spring born; here leave me to respire.
This day a solemn feast the people hold
To Dagon their sea-idol, and forbid
Laborious works; unwillingly this rest
Their superstition yields me; hence with leave
Retiring from the popular noise, I seek
This unfrequented place to find some ease,
Ease to the body some, none to the mind
From restless thoughts, that, like a deadly swarm
Of hornets arm'd, no sooner found alone,
But rush upon me thronging, and present
Times past, what once I was, and what am now.
O wherefore was my birth from heav'n foretold
Twice by an angel, who at last in sight
Of both my parents all in flames ascended
From off the altar, where an offering burn'd,
As in a fiery column charioting
His god-like presence, and from some great act
Or benefit reveal'd to Abraham's race;
Why was my breeding order'd and prescrib'd
As of a person separate to God,
Design'd for great exploits; if I must die
Betray'd, captiv'd, and both my eyes put out,
Made of my enemies the scorn and gaze;
To grind in brazen fetters under task
With this heav'n-gifted strength? O glorious strength,
Put to the labour of a beast, debas'd
Lower than bond-slave! Promise was that I

salubre; mais ici, je me sens soulagé par le souffle du ciel, rafraîchissant, pur et doux, né avec l'aube du jour; laissez-moi respirer ici. Le peuple célèbre aujourd'hui la fête solennelle de Dagon, son idole marine, et il défend tout travail pénible; son idolâtrie suspend involontairement mes maux. Fuyant de son consentement le bruit populaire, je cherche ce lieu solitaire pour y trouver quelque repos, du repos pour mon corps, aucun pour mes esprits accablés de pensées inquiètes qui, telles qu'un essaim fatal de frêlons armés, ne me rencontrent pas plus tôt seul qu'elles fondent sur moi en foule et me présentent l'image des temps passés, de ce que je fus autrefois et de ce que je suis aujourd'hui. Oh! pourquoi ma naissance a-t-elle été annoncée deux fois du ciel par un ange qui s'éleva enfin tout environné de flamme, aux yeux de mon père et de ma mère, de l'autel où brûlait un holocauste, faisant éclater dans une colonne de feu sa divine présence et se révélant pour quelque grande action ou quelque bienfait à la race d'Abraham [1] ? Pourquoi mon éducation a-t-elle été réglée et prescrite comme celle d'une personne réservée à Dieu et élue pour de grands exploits, si je dois mourir trahi, captif, privé de la vue, devenu le mépris et le spectacle de mes ennemis; si je dois gémir dans le travail sous des chaînes d'airain avec cette force donnée par le

Should Israel from Philistian yoke deliver :
Ask for this great deliverer now, and find him
Eyeless in Gaza at the mill with slaves,
Himself in bonds under Philistian yoke.
Yet stay, let me not rashly call in doubt
Divine prediction; what if all foretold
Had been fulfill'd but through mine own default,
Whom have I to complain of but myself?
Who this high gift of strength committed to me,
In what part lodg'd, how easily bereft me,
Under the seal of silence could not keep,
But weakly to a woman must reveal it,
O'ercome with importunity and tears.
O impotence of mind, in body strong!
But what is strength without a double share
Of wisdom? vast, unwieldy, burdensome,
Proudly secure, yet liable to fall
By weakest subtleties, not made to rule,
But to subserve where wisdom bears command!
God, when he gave me strength, to show withal
How slight the gift was, hung it in my hair.
But peace, I must not quarrel with the will
Of highest dispensation, which herein
Haply had ends above my reach to know :
Suffices that to me strength is my bane,
And proves the source of all my miseries;
So many and so huge, that each a part
Would ask a life to wail : but chief of all,

ciel? O force glorieuse employée au travail des animaux et ravalée au-dessous de l'esclavage! Il fut annoncé que je devais délivrer Israël du joug philistin. Allez chercher maintenant ce noble libérateur : vous le trouverez privé de la vue, à Gaza, confondu au moulin avec les esclaves et lui-même enchaîné sous le joug philistin. Cependant je m'arrête; je ne dois pas mettre témérairement en doute les prédictions divines. Quoi! si tout ce qui avait été annoncé n'a trouvé en son accomplissement d'autres obstacles que moi-même, de qui puis-je me plaindre si ce n'est de moi-même, de moi qui ne sus point conserver sous le sceau du silence ce grand don de force qui m'a été confié, ni cacher en quel lieu il résidait, et combien il était facile de m'en priver, mais le révélai lâchement à une femme, vaincu par ses prières et ses pleurs? O impuissance de l'esprit dans un corps si robuste! Mais qu'est-ce que la force sans une double part de sagesse? Excessive, incommode, accablante, pleine de sécurité dans son orgueil et cependant exposée à céder aux plus faibles artifices, elle n'est pas faite pour commander, mais pour obéir quand la sagesse fait entendre ses ordres. Quand Dieu me donna la force, pour montrer combien ce don était peu de chose, il la plaça dans mes cheveux; mais, silence! je ne dois pas m'élever contre les

O loss of sight, of thee I most complain!
Blind among enemies: O worse than chains,
Dungeon, or beggary, or decrepit age!
Light, the prime work of God, to me is extinct,
And all her various objects of delight
Annull'd, which might in part my grief have eas'd,
Inferior to the vilest now become
Of man or worm; the vilest here excell me;
They creep, yet see; I dark, in light expos'd
To daily fraud, contempt, abuse, and wrong,
Within doors, or without, still as a fool,
In power of others, never in my own;
Scarce half I seem to live, dead more than half.
O dark, dark, dark, amid the blaze of noon,
Irrecoverably dark, total eclipse
Without all hope of day!
O first created beam, and thou great word,
Let there be light, and light was over all;
Why am I thus bereav'd thy prime decree?
The sun to me is dark
And silent as the moon,
When she deserts the night,
Hid in her vacant interlunar cave.
Since light so necessary is to life,
And almost life itself, if it be true
That light is in the soul,
She all in every part; why was the sight
To such a tender ball as th' eye confin'd,

volontés du juge suprême, qui a peut-être en ceci un but qu'il ne m'appartient pas de connaître. Il suffit que ma force m'ait perdu et soit devenue la source de mes malheurs, si nombreux et si terribles que chacun d'eux demanderait toute une vie de larmes. Mais c'est toi surtout, ô perte de ma vue, c'est toi que je déplore le plus ! Je suis aveugle au milieu de mes ennemis ; ô sort plus affreux que la captivité, la prison, la pauvreté ou la vieillesse ! La lumière, la première œuvre de Dieu s'est éteinte pour moi avec toutes ses diverses jouissances qui auraient pu calmer au moins en partie ma douleur; je suis tombé plus bas que les derniers des hommes ou des vers : les plus vils d'entre eux sont au-dessus de moi. Ils rampent, mais ils voient. Entouré d'ombre au sein de la lumière, je suis exposé chaque jour à être trompé, méprisé, insulté, traité injustement, soit auprès du foyer, soit au dehors; pareil à un homme privé de raison, je reçois des ordres des autres, jamais de moi-même; à peine parais-je vivre, plus qu'à demi mort. Ténèbres, ténèbres, ténèbres profondes sous les rayons du midi, ténèbres éternelles, éclipse totale sans aucun espoir du jour ! O rayon créé le premier par Dieu et toi, grande parole, « que la lumière soit et la lumière fut, » pourquoi suis-je ainsi privé de ton commandement primitif ? Pour moi le soleil est som-

So obvious and so easy to be quench'd?
And not as feeling, through all parts diffus'd,
That she might look at will through every pore?
Then had I not been thus exil'd from light,
As in the land of darkness yet in light,
100. To live a life half dead, a living death,
And bury'd: but O yet more miserable!
Myself my sepulchre, a moving grave,
Bury'd, yet not exempt,
By privilege of death and burial,
From worst of other evils, pains and wrongs,
But made hereby obnoxious more
To all the miseries of life,
Life in captivity
Among inhuman foes.
But who are these? for with joint pace I hear
The tread of many feet steering this way;
Perhaps my enemies, who come to stare
At my affliction, and perhaps to insult,
Their daily practice, to afflict me more.

bre et aussi morne que la lune, quand elle quitte la nuit pour se cacher oisive dans sa grotte céleste. Puisque la lumière est si nécessaire à la vie et presque la vie elle-même, s'il est vrai que la lumière existe dans l'âme et que l'âme soit tout et partout, pourquoi a-t-elle été restreinte à un globe aussi délicat que celui de l'œil, si proéminent, si facilement éteint? Pourquoi telle que la sensibilité, n'a t-elle pas été répandue de toutes parts, afin qu'elle pût à son gré satisfaire ses regards par chaque pore? S'il en avait été ainsi, je n'aurais pas été banni de la lumière, comme dans une terre de ténèbres, quoique conservant la lumière de l'âme pour vivre une vie à demi étouffée par la mort, une mort vivante, déjà dans le tombeau; mais, ô destin encore plus affreux! je suis moi-même mon sépulcre, tel qu'une tombe animée, déjà enseveli et cependant n'étant pas délivré, par le privilége de la mort et des funérailles, des plus terribles de mes autres maux, de mes peines et de mes souffrances, mais par cela même abandonné davantage à toutes les misères de la vie, d'une vie captive au milieu d'ennemis inhumains. Mais quels sont ces hommes? car j'entends le bruit confus de pas nombreux qui se dirigent vers ces lieux: ce sont peut-être mes ennemis qui viennent pour contempler mon affliction et peut-être pour y insulter,

Enter Chorus.

CHORUS.

This, this is he; softly a while;
Let us not break in upon him:
O change beyond report, thought or belief!
See how he lies at random, carelessly diffus'd,
With languish'd head unpropt,
As one past hope abandon'd,
And by himself given over;
In slavish habit, ill fitted weeds,
O'er-worn and soil'd:
Or do my eyes misrepresent? Can this be he,
That heroic, that renown'd,
Irresistible Samson? whom unarm'd
No strength of man or fiercest wild beast could withstand;
Who tore the lion, as the lion tears the kid;
Ran on embattled armies clad in iron;
And, weaponless himself,
Made arms ridiculous, useless the forgery
Of brazen shield and spear, the hammer'd cuirass,
Chalybean temper'd steel, and frock of mail
Adamantean proof;
But safest he who stood aloof,
When insupportably his foot advanc'd,
In scorn of their proud arms and warlike tools,

et chercher à l'augmenter, selon leur coutume de tous les jours.

SAMSON, LE CHOEUR.

LE CHOEUR.

C'est lui, c'est lui, arrêtons-nous un instant et ne nous élançons point précipitamment vers lui. O changement au-delà de tout récit, de toute pensée, de toute croyance! Voyez comme il repose, sans soin, négligemment étendu, inclinant sa tête languissante comme s'il renonçait à l'espérance, abandonné et condamné par lui-même, sous ces grossiers vêtements usés et souillés comme il convient à un esclave; nos regards ne nous trompent-ils point? Cet homme peut-il être Samson, cet héroïque, ce célèbre, cet invincible Samson, qui triompha, quoique désarmé, de toute force d'homme et des bêtes sauvages les plus cruelles, déchira le lion comme un lion déchire un chevreau, s'élança sur les armées rangées en bataille et vêtues de fer, et n'ayant lui-même point d'armes, se rit de celles de ses ennemis et rendit inutiles les boucliers d'airain, les lances, les cuirasses forgées, l'acier trempé des Chalybes [2] et les cottes de maille impénétrables comme le diamant? Heureux celui qui se trouvait éloigné quand il précipitait sa marche irrésistible et quand plein de mépris pour leurs armes orgueilleuses et leurs

Spurn'd them to death by troops. The bold Ascalonite
Fled from his lion ramp; old warriors turn'd
Their plated backs under his heel,
Or grov'ling soil'd their crested helmets in the dust.
Then with what trivial weapon came to hand,
The jaw of a dead ass, his sword of bone,
A thousand fore-skins fell, the flower of Palastine,
In Ramath-lechi famous to this day.
Then by main force pull'd up, and on his shoulders bore,
The gates of Azza, post, and massy bar;
Up to the hill by Hebron, seat of giants old,
No journey of a sabbath-day, and loaded so;
150· Like whom the Gentiles feign to bear up heav'n.
Which shall I first bewail,
Thy bondage or lost sight,
Prison within prison
Inseparably dark?
Thou art become (O worst imprisonment!)
The dungeon of thyself; thy soul
(Which men enjoying sight oft without cause complain)
Imprison'd now indeed,
In real darkness of the body dwells
Shut up from outward light,
To incorporate with gloomy night;
For inward light, alas!
Puts forth no visual beam.
O mirror of our fickle state!
Since man on earth unparallel'd,

instruments belliqueux, il les envoyait dédaigneusement par troupes à la mort. Le fier Ascalonite cédait à ses impétueux efforts. Les vieux guerriers fuyaient devant lui, ou bien gisant à terre, ils souillaient dans la poussière leurs casques empanachés. Puis, aidé de cette faible arme qui s'offrait à sa main, avec la mâchoire d'un âne mort, épée d'os, il fit tomber mille incirconcis, la fleur de la Palestine, dans Ramath-Lechi [3], lieu célèbre jusqu'à ce jour. Puis il enleva par sa force extraordinaire et porta sur ses épaules les portes de Gaza, avec leurs poteaux et leurs lourdes barrières [4], jusqu'aux collines voisines de l'Hébron, demeure des anciens géants [5], conservant ce fardeau pendant sa longue marche, et semblable à celui que les Gentils prétendent soutenir le ciel. Que déplorerons-nous, d'abord ton esclavage ou la perte de ta vue, qui t'afflige d'une double captivité et de ténèbres inséparables ? Tu es devenu (ô la plus terrible des captivités!) ton donjon à toi-même. Ton âme (ce dont les hommes qui jouissent de la vue se plaignent souvent à tort), aujourd'hui véritablement captive, habite dans l'obscurité réelle du corps, retranchée de la lumière extérieure et prête à s'incorporer à la nuit ténébreuse [6], car la lumière intérieure ne produit, hélas ! aucun rayon que perçoive la vue. Triste tableau des vicissitudes de l'humanité! Depuis que les hommes ont été re-

The rarer thy example stands,
By how much from the top of wondrous glory,
Strongest of mortal men,
To lowest pitch of abject fortune thou art fall'n.
For him I reckon not in high estate
Whom long descent of birth
Or the sphere of fortune raises;
But thee, whose strength, while virtue was her mate,
Might have subdu'd the earth,
Universally crown'd with highest praises.

SAMSON.

I hear the sound of words; their sense the air
Dissolves unjointed ere it reach my ear.

CHORUS.

He speaks; let us draw nigh. Matchless in might,
The glory late of Israel, now the grief;
We come thy friends and neighbours not unknown,
From Eshtaol and Zora's fruitful vale,
To visit or bewail thee; or, if better,
Counsel or consolation we may bring,
Salve to thy sores; apt words have power to swage
The tumours of a troubled mind,
And are as balm to fester'd wounds.

SAMSON.

Your coming, friends, revives me; for I learn
Now of my own experience, not by talk,

légués sur la terre, rien n'est plus frappant que ton exemple; le plus robuste des mortels, tu es tombé du sommet de ta gloire merveilleuse au fond du gouffre d'une abjecte fortune; car je ne considère pas comme se trouvant dans une position supérieure celui qu'élève une longue suite d'aïeux, mais celui qui, comme toi, aurait pu par sa force, alors qu'elle avait la vertu pour compagne, soumettre toute la terre, universellement couronné des plus hautes louanges.

SAMSON.

J'entends un bruit de voix : elles agitent l'air qu'elles séparent avant que leur son atteigne mon oreille.

LE CHOEUR.

Il parle : approchons-nous. Toi dont rien n'égalait la puissance, jadis la gloire d'Israël, aujourd'hui sa douleur, des fertiles vallées d'Eshtaol et de Sara7, nous sommes tes amis et tes voisins accourus, pour te voir ou pour gémir sur toi, ou, si tu le préfères, nous pouvons t'apporter, comme un remède à tes maux, des conseils ou des consolations; des paroles convenables ont le pouvoir de calmer l'irritation d'un esprit troublé et sont un baume pour les plaies envenimées.

SAMSON.

Votre arrivée me ranime, mes amis, car j'apprends maintenant par ma propre expérience et

How counterfeit a coin they are who friends
Bear in their superscription: (of the most
I would be understood) in prosp'rous days
They swarm, but in adverse withdraw their head,
Not to be found, though sought. Ye see, O friends,
How many evils have inclos'd me round;
Yet that which was the worst now least afflicts me,
Blindness; for had I sight, confus'd with shame,
How could I once look up, or heave the head,
Who like a foolish pilot have shipwreck'd
My vessel trusted to me from above,
Gloriously rigg'd: and for a word, a tear,
Fool, have divulg'd the secret gift of God
To a deceitful woman? Tell me, friends,
Am I not sung and proverb'd for a fool
In every street? do they not say, how well
Are come upon him his deserts? yet why?
Immeasurable strength they might behold
In me, of wisdom nothing more than mean;
This with the other should, at least, have pair'd:
These two proportion'd ill, drove me transverse.

CHORUS.

Tax not divine disposal; wisest men
Have err'd, and by bad women been deceiv'd;

non par ouï-dire, combien peu l'on doit se fier à ceux qui prennent le nom d'amis (mes paroles s'appliquent à la plupart d'entre eux). Ils s'empressent dans les jours de prospérité, mais se retirent devant le malheur, et on ne les trouve plus quoiqu'on les cherche. Voyez, ô mes amis, que de maux m'ont environné. Cependant celui qui m'afflige le moins en ce moment est celui qui me semblait le plus affreux : ma cécité ; car si j'avais conservé la vue, comment oserais-je, accablé de honte, lever un instant mes regards ou redresser ma tête, moi, qui tel qu'un pilote imprévoyant, ai perdu le glorieux vaisseau que le ciel m'avait confié, et qui, trop coupable, ai révélé pour un mot, pour une larme, le don secret de Dieu à une femme perfide. Dites-moi, mes amis, ne me représente-t-on pas par toutes les rues, dans les chansons et dans les propos, comme un homme privé de raison ? Ne disent-ils pas : Que ses maux ont été bien mérités ! Cependant, pourquoi ? Ils peuvent admirer en moi une force sans mesure, mais ma sagesse n'a rien au-dessus de celle des autres hommes : elles auraient dû au moins être égales l'une à l'autre ; unies sans proportion entre elles, elles ont causé mes malheurs.

LE CHŒUR.

Ne jugez pas les volontés du ciel ; les hommes les plus sages ont erré et ont été trompés par des

And shall again, pretend they ne'er so wise.
Deject not then so overmuch thyself,
Who hast of sorrow thy full load besides;
Yet truth to say, I oft have heard men wonder
Why thou shouldst wed Philistian women rather
Than of thine own tribe fairer, or as fair,
At least of thy own nation, and as noble.

SAMSON.

The first I saw at Timna, and she pleas'd
Me, not my parents, that I sought to wed
The daughter of an infidel: they knew not
That what I motion'd was of God; I knew
From intimate impulse, and therefore urg'd
The marriage on; that by occasion hence
I might begin Israel's deliverance,
The work to which I was divinely call'd.
She proving false, the next I took to wife
(O that I never had! fond wish too late)
Was in the vale of Sorec, Dalila,
That specious monster, my accomplish'd snare.
I thought it lawful from my former act,
And the same end; still watching to oppress
Israel's oppressors: of what now I suffer
She was not the prime cause, but I myself,
Who, vanquish'd with a peal of words, (O weakness!

femmes perverses et le seront encore, lors même qu'ils se prétendraient plus sages. Ne cherche pas à t'affliger ainsi toi-même quand tu te trouves déjà accablé de chagrins. Cependant, pour dire la vérité, nous avons souvent entendu des hommes s'étonner de ce que tu avais cherché tes épouses parmi les filles des Philistins plutôt que parmi celles de ta propre tribu, plus belles, ou au moins aussi belles, qui auraient du moins appartenu à ta nation et auraient été aussi illustres.

SAMSON.

Je vis la première à Timna [8] et elle me plut sans plaire à mes parents, de telle sorte que je cherchai à épouser la fille d'un infidèle. Ils ignoraient ce dont j'avais été instruit par Dieu. Guidé par une inspiration intérieure, je pressai le mariage, afin qu'il me fournît l'occasion de commencer la délivrance d'Israël, la tâche à laquelle j'étais appelé par la divinité. Celle-ci s'étant montrée perfide, la femme que je choisis ensuite pour épouse (plût au ciel que je ne l'eusse jamais fait! vœu inutile puisqu'il est formé trop tard) fut Dalila, de la vallée de Sorec, ce monstre séduisant aux perfides embûches. Ma première détermination et une intention semblable me faisaient penser que cela m'était permis [9]; car je me préparais encore à écraser les oppresseurs d'Israël. De ce que je souffre maintenant, ce ne fut pas elle qui fut la

Gave up my fort of silence to a woman.

CHORUS.

In seeking just occasion to provoke
The Philistine, thy country's enemy,
Thou never wast remiss, I bear thee witness :
Yet Israel still serves with all his sons.

SAMSON.

That fault I take not on me, but transfer
On Israel's governors, and heads of tribes,
Who seeing those great acts, which God had done
Singly by me against their conquerors,
Acknowledg'd not, or not at all consider'd
Deliverance offer'd : I on the other side
Us'd no ambition to commend my deeds ;   [doer;
The deeds themselves, though mute, spoke loud the
But they persisted deaf, and would not seem
To count them things worth notice, till at length
Their lords the Philistines with gather'd powers
Enter'd Judea, seeking me, who then
Safe to the rock of Etham was retir'd;
Not flying, but fore-casting in what place
To set upon them, what advantag'd best.
Meanwhile the men of Judah, to prevent
The harrass of their land, beset me round :
I willingly on some conditions came

première cause; mais moi qui, vaincu par un déluge de paroles (ô faiblesse!), abandonnai à une femme l'asile de mon silence.

LE CHOEUR.

En cherchant une juste occasion de provoquer les Philistins, les ennemis de ton pays, tu ne fus jamais coupable, nous t'en rendons témoignage, et cependant Israël est encore en esclavage avec tous ses fils.

SAMSON.

Cette faute, je ne la prends pas sur moi; mais je la rejette sur les gouverneurs d'Israël et sur les chefs des tribus qui, témoins des grands exploits que Dieu avait accomplis par moi seul contre leurs dominateurs, ne me reconnurent pas et me méprisèrent quand ils pouvaient être délivrés. Moi, de mon côté, je ne mis aucune ambition à vanter mes actions, car mes exploits eux-mêmes, quoique muets, proclamaient au loin ma gloire. Mais ils restèrent sourds et semblaient n'y voir que des choses indignes d'attention, jusqu'à ce qu'enfin les Philistins, leurs maîtres, rassemblant leurs forces, envahirent la Judée pour me chercher. Je m'étais retiré alors au rocher d'Etham [10]; je ne fuyais pas, mais je cherchais d'où je pourrais les attaquer et quel lieu était le plus favorable. Sur ces entrefaites, les hommes de Juda, craignant qu'on ne saccageât leur pays, m'entou-

Into their hands, and they as gladly yield me
To th' uncircumcis'd a welcome prey,
Bound with two cords; but cords to me were threads
Touch'd with the flame: on their whole host I flew
Unarm'd and with a trivial weapon fell'd
Their choicest youth; they only liv'd who fled.
Had Judah that day join'd, or one whole tribe,
They had by this possess'd the towers of Gath,
And lorded over them whom now they serve:
But what more oft, in nations grown corrupt,
And by their vices brought to servitude,
Than to love bondage more than liberty,
Bondage with ease than strenuous liberty;
And to despise, or envy, or suspect
Whom God hath of his special favour rais'd
As their deliverer? if he ought begin,
How frequent to desert him, and at last
To heap ingratitude on worthiest deeds?

CHORUS

Thy words to my remembrance bring
How Succoth and the fort of Penuel
Their great deliverer contemn'd,
The matchless Gideon, in pursuit
Of Madian and her vanquish'd kings:

rèrent. Je me rendis volontairement, à quelques conditions, entre leurs mains, et ils me livrèrent avec joie aux incirconcis comme une proie désirée, lié par deux cordes; mais des cordes étaient pour moi des fils touchés par la flamme. Je m'élançai sur toute leur armée, et, n'ayant qu'une arme grossière, j'exterminai l'élite de leur jeunesse. Ceux-là seuls qui fuirent furent sauvés. Si Juda ou une seule tribu m'avait aidé en ce jour, nous nous serions emparés des tours de Gad, et nous commanderions en maîtres à ceux dont nous sommes aujourd'hui les esclaves. Mais qu'y a-t-il de plus fréquent chez les nations qui se sont corrompues et que leurs vices ont réduites à l'esclavage que de les voir préférer la servitude à la liberté, la servitude avec le repos, à une périlleuse liberté, et de les voir mépriser, envier ou soupçonner celui que Dieu, par une faveur particulière, a suscité pour être leur libérateur? S'il peut commencer sa tâche, comme il arrive souvent qu'on l'abandonne, et qu'à la fin on déverse l'ingratitude sur ses plus belles actions!

LE CHOEUR.

Tes paroles rappellent à notre souvenir comment Soccoth et la tour de Phanuel[11] méprisèrent leur illustre libérateur, l'intrépide Gédéon, quand il poursuivait Madian et ses rois vaincus, et quelle ingratitude Ephraïm[12] aurait montrée à l'égard

And how ingrateful Ephraim
Had dealt with Jephtha, who by argument,
Not worse than by his shield and spear,
Defended Israel from the Ammonite,
Had not his prowess quell'd their pride
In that sore battle, when so many dy'd
Without reprieve, adjudg'd to death,
For want of well pronouncing Shibboleth.

SAMSON.

Of such examples add me to the roll;
Me easily indeed mine may neglect,
But God's propos'd deliverance not so.

CHORUS

Just are the ways of God,
And justifiable to men;
Unless there be who think not God at all:
If any be, they walk obscure;
For of such doctrine never was there school,
But the heart of the fool,
And no man therein doctor but himself.
    Yet more there be who doubt his ways not just,
As to his own edicts found contradicting,
Then give the reins to wand'ring thought,
Regardless of his glory's diminution;
Till by their own perplexities involv'd,
They ravel more, still less resolv'd,
But never find self-satisfying solution.

de Jephté qui, aussi illustre par sa sagesse que par son bouclier et sa lance, défendit Israël contre les Ammonites, si son courage n'avait pas dompté leur orgueil dans cette cruelle bataille où tant d'hommes périrent, impitoyablement voués à la mort pour n'avoir pas bien su prononcer Schibboleth.

SAMSON.

A ces exemples ajoutez le mien; il était permis à mes concitoyens de mépriser ma personne, mais non point la délivrance que Dieu leur offrait.

LE CHOEUR.

Les voies de Dieu sont justes et les hommes doivent les trouver telles, à moins qu'il n'y en ait qui pensent qu'il n'y a point de Dieu. S'il y en a, ils marchent dans les ténèbres; car il ne fut jamais d'autre école de leur doctrine que le cœur de l'insensé, et elle n'a jamais été enseignée à l'homme que par l'homme lui-même.

Il y en a cependant un plus grand nombre qui doutent si les voies de Dieu sont justes, comme si elles étaient opposées à ses propres commandements, et qui par suite abandonnent les rênes à leurs pensées vagabondes, sans songer qu'ils insultent à sa gloire; jusqu'à ce qu'enlacés dans leurs propres incertitudes, ils s'égarent de plus en

As if they would confine th' Interminable,
And tie him to his own prescript,
Who made our laws to bind us, not himself,
And hath full right to exempt
Whom so it pleases him by choice
From national obstriction, without taint
Of sin, or legal debt;
For with his own laws he can best dispense.

He would not else, who never wanted means,
Nor in respect of th' enemy just cause
To set his people free,
Have prompted this heroic Nazarite,
Against his vow of strictest purity,
To seek in marriage that fallacious bride,
Unclean, unchaste.

Down, reason, then; at least, vain reasonings, down,
Through reason here aver,
That moral verdict quits her of unclean:
Unchaste was subsequent, her stain not his.

But see, here comes thy reverend sire
With careful steps, locks white as down,
Old Manoah: advise
Forthwith how thou oughtst to receive him.

plus, et, voyant leurs doutes s'accroître, ils n'arrivent jamais à une solution qui les satisfasse.

Croient-ils donc pouvoir fixer des limites à l'Être infini et astreindre à ses propres prescriptions celui qui a fait nos lois pour nous lier sans se lier lui-même, et qui a le droit d'exempter par son choix celui qu'il lui plaît de la prohibition générale sans qu'il soit souillé par le péché ni viole la loi; car il peut sans doute dispenser de ses propres règles.

S'il en était autrement, celui qui ne manqua jamais de moyens ni de justes motifs vis-à-vis de nos ennemis pour affranchir son peuple, n'aurait pas excité ce vaillant Nazaréen, malgré son vœu de la plus sévère chasteté, à rechercher en mariage cette fiancée perfide, impure, aux coupables désordres.

Silence, voix de la raison; silence du moins, vains raisonnements, quoique la raison puisse alléguer que la loi de la nature ne la considérait pas comme impure; que ses désordres ne vinrent que plus tard; que ses fautes ne furent pas les tiennes.

Mais voici le vieux Manué, ton respectable père aux pas prudents, aux cheveux aussi blancs que le duvet du cygne. Hâte-toi de réfléchir comment tu dois l'accueillir.

SAMSON.

Ay me! another inward grief, awak'd
With mention of that name, renews th' assault.

MANOAH.

Brethren and men of Dan, for such ye seem,
Though in this uncouth place; if old respect,
As I suppose, towards your once glory'd friend,
My son, now captive, hither hath inform'd
Your younger feet, while mine cast back with age
Came lagging after; say if he be here?

CHORUS.

As signal now in low dejected state,
As erst in highest, behold him where he lies.

MANOAH.

340 O miserable change! is this the man,
That invincible Samson, far renown'd,
The dread of Israel's foes, who with a strength
Equivalent to angels walk'd their streets,
None offering fight; who single combatant
Duel'd their armies rank'd in proud array,
Himself an army, now unequal match
To save himself against a coward arm'd

SAMSON.

Malheur à moi! une douleur intérieure, que la mention de ce nom réveille, vient de nouveau m'assaillir.

SAMSON, MANUÉ, LE CHOEUR.

MANUÉ.

Hommes de Dan et mes frères, car tels vous semblez, quoiqu'en ces lieux inaccoutumés, si votre ancienne vénération pour mon fils, votre ami, si glorieux jadis, aujourd'hui captif, ont conduit ici vos jeunes pas, tandis que les miens appesantis par l'âge suivaient plus lentement les vôtres, apprenez-moi s'il est ici.

LE CHOEUR.

Regardez, le voilà, aussi digne d'attention dans le triste état où il gît ravalé, qu'autrefois dans sa position la plus élevée.

MANUÉ.

O douloureux changement! est-ce bien lui? est-ce là cet invincible Samson, célébré au loin, la terreur des ennemis d'Israël, qui, doué d'une force pareille à celle des anges, traversait les villes sans qu'on osât l'attaquer; qui, combattant unique, soutint un duel contre leurs armées rangées en ordre superbe, valant à lui seul une armée, aujourd'hui impuissant à se délivrer d'un lâche

At one spear's length! O ever-failing trust
In mortal strength! and, O, what not in man
Deceivable and vain? Nay what thing good
Pray'd for, but often proves our woe, our bane?
I pray'd for children, and thought barrenness
In wedlock a reproach! I gain'd a son,
And such a son as all men hail'd me happy;
Who would be now a father in my stead?
O, wherefore did God grant me my request,
And as a blessing with such pomp adorn'd?
Why are his gifts desirable, to tempt
Our earnest pray'rs, then, giv'n with solemn hand
As graces, draw a scorpion's tail behind?
For this did th' angel twice descend? for this
Ordain'd thy nurture holy, as of a plant
Select, and sacred, glorious for a while,
The miracle of men; then in an hour
Insnar'd, assaulted, overcome, led bound,
Thy foes' derision, captive, poor and blind,
Into a dungeon thrust, to work with slaves?
Alas! methinks whom God hath chosen once
To worthiest deeds, if he through frailty err,
He should not so o'erwhelm, and as a thrall
Subject him to so foul indignities,
Be it but for honour's sake of former deeds.

ennemi qui s'approche impunément de lui pour le braver? O confiance trompeuse dans la force des mortels! et qu'est-il, hélas! dans l'homme, qui ne soit vain et illusoire? Quel est le bienfait qu'on implore par la prière qui ne devienne souvent notre malheur et notre perte? J'ai demandé des enfants au ciel et j'ai considéré comme un reproche la stérilité dans le mariage. J'ai obtenu un fils, et un fils tel que tous les hommes me proclamaient fortuné. Qui voudrait être père maintenant dans ma situation? Oh! pourquoi Dieu m'a-t-il accordé avec tant d'éclat, comme si c'était un grand bien, l'objet de ma prière? Pourquoi ses dons excitent-ils nos désirs et tentent-ils nos vœux les plus ardents? accordés bientôt comme une grâce d'une main solennelle, ils cachent dans leurs replis la queue du scorpion [13]. Est-ce pour cela que l'ange descendit deux fois du ciel? Est-ce pour cela qu'il ordonna que ta nourriture fût sainte comme celle d'une plante choisie et sacrée? Un instant plein de gloire, tu fus le prodige des hommes; puis l'on te vit soudain trompé, assailli, vaincu, conduit enchaîné, devenu un objet de dérision pour tes ennemis; captif, pauvre et aveugle, traîné dans une prison pour y travailler avec les esclaves. Ah! il me semble que Dieu, après avoir choisi un homme pour les plus nobles actions, s'il vient à pécher

SAMSON.

Appoint not heav'nly disposition, Father;
Nothing of all these evils hath befall'n me
But justly; I myself have brought them on,
Sole author I, sole cause: if ought seem vile,
As vile hath been my folly, who have profan'd
The mystery of God, giv'n me under pledge
Of vow, and have betray'd it to a woman,
A Canaanite, my faithless enemy.
This well I knew, nor was at all surpris'd,
But warn'd by oft experience: did not she
Of Timna first betray me, and reveal
The secret wrested from me in her height
Of nuptial love profess'd, carrying it strait
To them who had corrupted her, my spies
And rivals? In this other was there found
More faith, who also, in her prime of love,
Spousal embraces, vitiated with gold,
Though offer'd only by the sent, conceiv'd
Her spurious first-born, treason against me?
Thrice she assay'd, with flattering pray'rs and sighs,
And amorous reproaches, to win from me
My capital secret, in what part my strength
Lay stor'd, in what part summ'd, that she might know;

par faiblesse, ne devrait pas l'accabler et le soumettre comme un esclave aux plus indignes traitements, quand ce ne serait que pour l'honneur de ses premiers exploits.

SAMSON.

Ne juge pas les arrêts du ciel, mon père; il n'est aucun des maux qui m'ont accablé qui ne soit juste. C'est moi qui les ai fait naître, j'en suis le seul auteur, la seule cause; si quelque chose te semble vil, mon égarement ne le fut pas moins lorsque je profanai le secret de Dieu qui m'avait été confié, protégé par un vœu qui en fut le gage, pour le révéler à une femme, à une fille de Chanaan, ma perfide ennemie. Je le savais, je ne fus aucunement surpris; j'avais été éclairé par de nombreuses épreuves. La fille de Timna ne me trahit-elle pas d'abord et ne révéla-t-elle pas le secret qu'elle m'avait arraché dans l'ardeur de l'amour conjugal qu'elle affectait, pour le porter aussitôt à ceux qui l'avaient corrompue, à ceux qui m'épiaient et étaient mes rivaux? Trouvai-je plus de fidélité dans cette autre femme qui, également dans la fleur de son amour, déshonora l'affection conjugale par l'or, quoique simplement offert, et conçut de son avidité son premier fruit adultérin, sa trahison envers moi? Trois fois elle essaya par des prières caressantes et par des soupirs et des reproches amoureux de m'arra-

Thrice I deluded her, and turn'd to sport
Her importunity, each time perceiving
How openly, and with what impudence,
She purpos'd to betray me, and (which was worse
Than undissembled hate) with what contempt
She sought to make me traitor to myself;
Yet the fourth time, when, must'ring all her wiles,
With blandish'd parlies, feminine assaults,
Tongue batteries, she surceas'd not, day nor night
To storm me, overwatch'd, and wearied out,
At times when men seek most repose and rest,
I yielded, and unlock'd her all my heart,
Who with a grain of manhood well resolv'd
Might easily have shook off all her snares:
But foul effeminacy held me yok'd
Her bond slave: O indignity, O blot
To honour and religion! servile mind,
Rewarded well with servile punishment!
The base degree to which I now am fall'n.
These rags, this grinding, is not yet so base
As was my former servitude, ignoble,
Unmanly, ignominious, infamous,
True slavery, and that blindness worse than this,
That saw not how degenerately I serv'd.

cher mon grand secret, pour qu'elle pût savoir où ma force reposait et dans quel membre elle résidait; trois fois je la trompai et me jouai de son importunité; remarquant chaque fois comme elle se proposait ouvertement et avec impudence de me trahir et (ce qui était pire qu'une haine avouée) avec quel mépris elle cherchait à me rendre coupable de trahison envers moi-même. Cependant, quand, à sa quatrième tentative, elle appela à son secours toutes ses ruses, les propos séduisants, les attaques propres à son sexe, toutes les armes de sa bouche, et ne cessa de me poursuivre, privé de sommeil et épuisé de fatigue, dans ces moments où les hommes cherchent le plus la tranquillité et le repos, je cédai et je lui ouvris tout mon cœur, tandis qu'avec un peu de résolution virile j'aurais pu aisément rompre tous ses piéges. Mais ma faiblesse insensée me tint courbé sous son joug comme un esclave. Conduite trop honteuse qui outrageait à la fois l'honneur et la religion! Esprit servile qu'une punition servile a dignement récompensé! Le degré d'abaissement auquel je suis réduit aujourd'hui, ces vêtements et ces travaux ne sont pas aussi vils que ma première servitude était déshonorante, indigne d'un homme, ignominieuse, infâme, un vrai esclavage, et mes yeux s'étaient déjà fermés d'une manière plus déplorable, puisqu'ils n'apercevaient pas la honte de ma dépendance.

MANOAH.

I cannot praise thy marriage choices, Son;
Rather approv'd them not; but thou didst plead
Divine impulsion prompting how thou might'st
Find some occasion to infest our foes.
I state not that; this I am sure, our foes
Found soon occasion thereby to make thee
Their captive, and their triumph; thou the sooner
Temptation found'st, or over-potent charms
To violate the sacred trust of silence
Deposited within thee; which to have kept
Tacit was in thy power: true, and thou bear'st
Enough, and more, the burden of that fault;
Bitterly hast thou paid, and still art paying,
That rigid score.   A worse thing yet remains;
This day the Philistines a popular feast
Here celebrate in Gaza; and proclaim
Great pomp, and sacrifice, and praises loud
To Dagon as their god who hath deliver'd
Thee, Samson, bound and blind, into their hands;
Them out of thine, who slew'st them many a slain.
So Dagon shall be magnify'd, and God,
Besides whom is no god, compar'd with idols,
Disglorify'd, blasphem'd, and had in scorn
By the idolatrous rout amidst their wine:
Which to have come to pass by means of thee,
Samson, of all thy sufferings think the heaviest,
Of all reproach the most with shame that ever

MANUÉ.

Je ne puis louer, mon fils, le choix de tes épouses, bien plus, je le désapprouve ; mais tu allègues l'impulsion divine qui te faisait chercher des occasions de nuire à nos ennemis. C'est ce que je ne dois pas examiner : c'est par là, j'en suis sûr, que nos ennemis ont trouvé plus promptement le moyen de faire de toi leur captif et le sujet de leur triomphe ; et toi, que tu as trouvé plus promptement aussi des tentations et des charmes irrésistibles qui t'ont engagé à violer le dépôt sacré du secret qui t'avait été confié. Il était, il est vrai, en ton pouvoir de le conserver par ton silence, et tu as supporté assez, et même plus que tu ne le devais, le poids de cette faute. Tu en as subi et tu en subis encore la peine sévère. Cependant une dernière humiliation t'attend. Les Philistins célèbrent en ce jour une fête populaire à Gaza [14] : ils honorent Dagon par une grande pompe, un sacrifice et des hymnes superbes, comme pour remercier leur dieu de t'avoir remis aveugle et enchaîné entre leurs mains, et de les avoir délivrés de toi qui leur fis éprouver plus d'une défaite. C'est pourquoi Dagon sera glorifié, et le Dieu hors duquel il n'y a pas de Dieu, comparé aux idoles, honni, blasphémé et outragé par cette troupe idolâtre plongée dans l'ivresse. Cela, cela, ô Samson, doit être pour toi la plus cruelle

Could have befall'n thee and thy father's house.

SAMSON.

Father, I do acknowledge and confess
That I this honour, I this pomp, have brought
To Dagon, and advanc'd his praises high
Among the heathen round; to God have brought
Dishonour, obloquy, and oped the months
Of idolits and atheists; have brought scandal
To Israel, dissidence of God, and doubt
In feeble hearts, propense enough before
To waver, or fall off and join with idols;
Which is my chief affliction, shame and sorrow,
The anguish of my soul, that suffers not
Mine eye to harbour sleep, or thoughts to rest.
This only hope relieves me, that the strife
With me hath end; all the contest is now
'Twix't God and Dagon; Dagon hath presum'd,
Me overthrown, to enter lists with God,
His deity comparing and preferring
Before the God of Abraham. He, be sure,
Will not connive, or linger, thus provok'd,
But will arise, and his great name assert:
Dagon must stoop, and shall ere long receive
Such a discomfit, as shall quite despoil him
Of all these boasted trophies won on me,
And with confusion blank his worshippers.

de toutes tes souffrances et le plus déshonorant de tous les reproches qui puissent t'accabler, toi et la maison de ton père.

SAMSON.

Mon père, je reconnais et j'avoue que c'est moi qui ai fait rendre ces honneurs et ces pompes à Dagon, et qui ai élevé si haut sa gloire au loin parmi les païens ; j'ai appelé sur Dieu le déshonneur et le mépris ; j'ai ouvert la bouche des idolâtres et des athées ; j'ai été une cause de scandale pour Israël, un motif de défiance envers Dieu et de doute pour les cœurs faibles déjà assez enclins à hésiter ou à succomber et à s'allier aux idoles. C'est là la plus grande de mes afflictions, de mes hontes et de mes douleurs, l'angoisse de mon âme qui ne permet point à mes yeux de connaître le sommeil, ni à mes pensées de goûter le repos. Une seule espérance me soutient ; c'est que le combat va finir pour moi. Toute la lutte est maintenant entre Dieu et Dagon. Dagon pensait qu'après ma chute il pourrait entrer en lice avec Dieu, comparant et élevant sa divinité au-dessus du dieu d'Abraham. Dieu, soyez-en assuré, ne tolérera pas ces insultes et ne s'y montrera pas insensible ; il se lèvera et maintiendra son grand nom, et Dagon, réduit à s'humilier, subira avant peu une telle défaite qu'il se trouvera entièrement dépouillé de tous ces orgueilleux trophées

MANOAH.

With cause this hope relieves thee, and these words
I as a prophecy receive; for God,
Nothing more certain, will not long defer,
To vindicate the glory of his name
Against all competition, nor will long
Endure it doubtful whether God be Lord,
Or Dagon. But for thee what shall de done?
Thou must not, in the meanwhile here forgot,
Lie in this miserable loathsome plight,
Neglected. I already have made way
To some Philistine lords, with whom to treat
About thy ransom: well they may by this
Have satisfy'd their utmost of revenge
By pains and slaveries, worse than death inflicted
On thee, who now no more canst do them harm.

SAMSON.

Spare that proposal, Father; spare the trouble
Of that solicitation; let me here,
As I deserve, pay on my punishment;
And expiate, if possible, my crime,
Shameful garrulity. To have reveal'd
Secrets of men, the secrets of a friend,
How heinous had the fact been, how deserving
Contempt, and scorn of all, to be excluded

conquis sur moi et qu'on verra pâlir de honte ses adorateurs.

MANUÉ.

Ce n'est pas sans motif que cette espérance te soutient, et je recueille tes paroles comme une prophétie ; car Dieu, rien n'est plus certain, ne tardera pas longtemps à défendre la gloire de son nom contre toute rivalité et ne souffrira pas longtemps qu'on puisse douter qui doit être le maître ou de Dieu ou de Dagon. Mais, que ferons-nous pour toi ? Tu ne dois point, sur ces entrefaites, rester ici oublié et méprisé dans cette position vile et digne de pitié. Je me suis déjà adressé à quelques chefs philistins, pour traiter avec eux de ta rançon. Ils ont pu satisfaire jusqu'à ce jour l'excès de leur ressentiment par les tourments et les honteux traitements pires que la mort qu'ils ont fait peser sur toi, qui maintenant ne peux plus leur nuire.

SAMSON.

Épargnez-vous ces propositions, mon père ; épargnez-vous les embarras de ces sollicitations ; laissez-moi ici, comme je le mérite, subir ma punition et expier, si cela est possible, mon crime mon honteux babil. Si j'avais révélé les secrets des hommes, les secrets d'un ami, comme ma conduite aurait paru digne de haine, digne du mépris et du dédain de tous, j'aurais été exclu de

All friendship, and avoided as a blab,
The mark of fool set on his front!
But I God's counsel have not kept, his holy secret
Presumptuously have publish'd impiously,
Weakly at least, and shamefully; a sin
That Gentiles in their parables condemn
To their abyss and horrid pains confin'd.

MANOAH.

Be penitent, and for thy fault contrite
But act not in thy own affliction, Son:
Repent the sin; but if the punishment
Thou canst avoid, self-preservation bids;
Or th' execution leave to high disposal,
And let another hand, not thine, exact
Thy penal forfeit from thyself: perhaps
God will relent, and quit thee all his debt;
Who ever more approves and more accepts,
(Best pleas'd with humble and filial submission)
Him who imploring mercy sues for life,
Than who, self-rigorous, chooses death as due;
Which argues over just, and self displeas'd
For self-offence, more than for God offended.
Reject not then what offer'd means; who knows
But God hath set before us, to return thee
Home to thy country and his sacred house,
Where thou mayst bring thy offerings, to avert
His further ire, with pray'rs and vows renew'd?

toute amitié et évité comme incapable de discrétion et marqué sur le front du signe des insensés. Mais, c'est le mystère de Dieu que je n'ai pas respecté, j'ai publié son secret divin : action présomptueuse, impie ou tout au moins pleine de faiblesse et de honte, crime que les Gentils, dans leurs allégories, condamnent aux enfers et aux supplices d'une horrible captivité [15].

MANUÉ.

Repens-toi, mon fils, et gémis sur ta faute, mais ne te laisse point guider par ta propre affliction. Déplore ton péché, mais si tu peux en éviter la punition, ta propre conservation te l'ordonne, ou bien attends que les volontés supérieures viennent en réclamer l'accomplissement et laisse une autre main que la tienne te soumettre à ta peine. Peut-être Dieu s'apaisera-t-il et te pardonnera-t-il toute ta faute envers lui; car (préférant une soumission humble et filiale) il favorise et accueille plutôt celui qui implorant sa miséricorde, demande la vie, que celui qui, sévère pour lui-même, choisit la mort comme nécessaire à sa justice et la trouve plus que méritée, mécontent de lui-même pour sa propre faute, plus qu'il ne la déteste à cause de Dieu. Ne rejette donc point les moyens qui te sont offerts; qui sait si Dieu ne les pas mis devant nous, pour te rendre à tes foyers, à ta patrie et à son saint temple, où

SAMSON.

His pardon I implore; but as for life,
To what end should I seek it? when in strength
All mortals I excell'd, and great in hopes
With youthful courage and magnanimous thoughts
Of birth from heav'n foretold and high exploits,
Full of divine instinct, after some proof
Of acts indeed heroic, far beyond
The sons of Anak, famous now and blaz'd,
Fearless of danger, like a petty god
530. I walk'd about admir'd of all, and dreaded
On hostile ground, none daring my affront.
Then swoln with pride, into the snare I fell
Of fair fallacious looks, venereal trains,
Soften'd with pleasure and voluptuous life,
At length to lay my head and hallow'd pledge
Of all my strength in the lascivious lap
Of a deceitful concubine, who shore me,
Like a tame wether, all my precious fleece,
Then turn'd me out ridiculous, despoil'd,
Shav'n, and disarm'd among mine enemies.

tu pourrais porter tes offrandes, afin de détourner les suites de sa colère par des prières et des vœux renouvelés?

SAMSON.

J'implore son pardon, mais en ce qui concerne ma vie, pourquoi chercherais-je à la conserver ? J'ai surpassé en force tous les mortels : animé par de grandes espérances, un ardent courage et les pensées généreuses qui me rappelaient ma naissance annoncée par le ciel, ayant accompli de nobles exploits, plein de l'inspiration divine, j'ai, par des actions véritablement héroïques laissé loin de moi les fils d'Enacim [16], illustres et renommés jusqu'à ce jour. Ne redoutant aucun péril et tel qu'un dieu inférieur, je marchai, admiré de tous et redouté sur la terre ennemie, sans que personne osât me résister. Ce fut alors que, perdu par mon orgueil, je succombai aux piéges d'un regard enchanteur et perfide, lacs tendus par l'amour. Amolli par le plaisir et une vie voluptueuse, je finis par confier ma tête et mon sacré dépôt aux bras impurs d'une courtisane astucieuse dont le rasoir me priva, comme une brebis docile, de ma précieuse chevelure. Puis elle m'accabla de railleries et me mit dehors, dépouillé, rasé et désarmé, au milieu de mes ennemis.

CHORUS.

Desire of wine and all delicious drinks,
Which many a famous warrior overturns,
Thou couldst repress; nor did the dancing ruby
Sparkling, out-pour'd, the flavour or the smell,
Or taste, that cheers the heart of gods and men,
Allure thee from the cool crystallin stream.

SAMSON.

Wherever fountain or fresh current flow'd
Against the eastern ray, translucent, pure
With touch ethereal of Heav'n's fiery rod
I drank, from the clear milky juice allaying
Thirst, and refresh'd; nor envy'd them the grape
Whose heads that turbulent liquor fills with fumes.

CHORUS.

O, madness, to think use of strongest wines
And strongest drinks our chief support of health,
When God with these forbidd'n made choice to rear
His mighty champion, strong above compare,
Whose drink was only from the liquid brook.

SAMSON.

But what avail'd this temp'rance, not complete
Against another object more enticing?
What boots it at one gate to make defence,

LE CHŒUR.

Tu as su réprimer la passion du vin et de toutes les boissons délicieuses, qui triomphent de plus d'un guerrier fameux ; ni la liqueur étincelante qui pétille et étincelle quand on la verse, ni le parfum des vapeurs de la table, ni les plaisirs de l'odorat, ni ceux du goût qui réjouissent les dieux et les hommes ne purent te détourner du flot limpide et pur.

SAMSON.

Partout où la fontaine ou le ruisseau coulait son eau transparente et fraîche que dorait, du haut des airs, le rayon enflammé du ciel [17], je buvais, étanchant ma soif dans l'onde pure et agréable, aussitôt désaltéré, et je n'enviai point le vin à ceux dont cette boisson violente remplit la raison de vapeurs.

LE CHŒUR.

O folie de ceux qui croient que l'usage des vins les plus forts et des boissons les plus fortes est ce qui soutient le plus la santé, tandis que Dieu les défendit lorsqu'il fit choix d'un champion redoutable, qui, robuste au-dessus de toute comparaison, ne buvait que l'onde du ruisseau.

SAMSON.

Mais en quoi m'a profité cette tempérance incomplète contre des séductions plus redoutables ? A quoi sert de se défendre d'un côté et de

And at another to let in the foe,
Effeminately vanquish'd? by which means,
Now blind, dishearten'd, sham'd, dishonour'd, quell'd,
To what can I be useful, wherein serve
My nation, and the work from heav'n impos'd,
But to sit idle on the household hearth,
A burd'nous drone; to visitants a gaze,
Or pity'd object; these redundant locks
Robustious to no purpose clustering down,
Vain monument of strength; till length of years
And sedentary numbness craze my limbs
To a contemptible old age obscure?
Here rather let me drudge and earn my bread,
Till vermin or the draff of servile food,
Consume me, and oft-invocated death
Hasten the welcome end of all my pains.

MANOAH.

Wilt thou then serve the Philistines with that gift
Which was expressly given thee to annoy them?
Better at home lie bed-rid, not only idle,
Inglorious, unemploy'd, with age outworn.
But God, who caus'd a fountain at thy prayer
From the dry ground to spring, thy thirst to allay
After the brunt of battle, can as easy
Cause light again within thine eyes to spring,

laisser d'un autre s'introduire l'ennemi en cédant honteusement? Comment et à quoi pourrais-je être utile aujourd'hui, aveugle, dépouillé de mon courage, plein de honte, déshonoré, vaincu? En quoi pourrais-je servir ma nation et la tâche qui m'a été imposée par le ciel alors que, semblable à l'inutile bourdon, je ne puis plus que rester oisif au foyer domestique, un spectacle ou un objet de pitié pour ceux qui me verront avec mes longs cheveux tombant en boucles épaisses, signe superflu de ma vigueur et vain monument de ma force, jusqu'à ce que le cours des ans et l'engourdissement de l'immobilité réduisent mes membres à une vieillesse obscure et méprisable. Laissez-moi plutôt travailler ici et gagner mon pain jusqu'à ce que l'absence de tous soins et le rebut de la nourriture servile dévorent mon existence, et que la mort souvent invoquée vienne hâter le terme désiré de mes maux.

MANUÉ.

Veux-tu donc servir les Philistins de ce don qui te fut expressément accordé pour leur destruction? Il vaut mieux rester à ton foyer, retenu au lit non seulement oisif, mais vivant sans gloire, sans emploi, exténué par l'âge. Mais Dieu qui fit, à ta prière, jaillir une fontaine du sol aride pour apaiser ta soif après le choc d'une bataille, peut aussi facilement faire jaillir la lumière dans

Wherewith to serve him better than thou hast;
And I persuade me so; why else this strength
Miraculous yet remaining in those locks?
His might continues in thee not for nought,
Nor shall his wondrous gifts be frustrate thus.

SAMSON.

All otherwise to me my thoughts portend,
That these dark orbs no more shall treat with light,
Nor th' other light of life continue long,
But yield to double darkness nigh at hand:
So much I feel my genial spirits droop,
My hopes all flat, Nature within me seems
In all her functions weary of herself;
My race of glory run, and race of shame;
And I shall shortly be with them that rest.

MANOAH.

Believe not these suggestions, which proceed
From anguish of the mind and humours black,
That mingle with thy fancy. I however
Must not omit a father's timely care
To prosecute the means of thy deliverance
By ransome, or how else: meanwhile be calm,
And healing words from these thy friends admit.

Exit.

tes yeux afin que tu le serves mieux que tu ne l'as fait, et je me le persuade, car autrement pourquoi cette force miraculeuse se trouverait-elle encore dans tes cheveux? Ce n'est point sans but qu'il laisse sa puissance en toi, et il ne rendra pas ainsi inutiles ses admirables bienfaits.

SAMSON.

Mes pensées, bien éloignées des vôtres, m'annoncent au contraire que ces globes obscurs ne connaîtront plus la lumière, et que cette autre lumière, celle de la vie, ne me sera plus longtemps conservée, mais que toutes deux feront bientôt place à une double obscurité. Je sens mes plus doux sentiments s'affaisser, mes espérances s'évanouir, et la nature semble en moi, dans toutes ses fonctions, fatiguée d'elle-même. J'ai parcouru ma carrière de gloire et ma carrière de honte, et je rejoindrai bientôt ceux qui reposent.

MANUÉ.

Ne t'abandonne pas à ces idées qui naissent des angoisses de ton âme et des noires humeurs qui se confondent avec ton imagination. Cependant, comme père, je ne dois pas négliger les soins opportuns afin d'obtenir ta délivrance en payant une rançon ou autrement. En attendant, reste calme et permets à tes amis qui sont ici quelques paroles consolantes.

SAMSON.

O that torment should not be confin'd
To the body's wounds and sores,
With maladies innumerable
In heart, head, breast and reins;
But must secret passage find
To th' inmost mind,
There exercise all his fierce accidents,
And on her purest spirits prey,
As on entrails, joints, and limbs,
With answerable pains, but more intense,
Though void of corp'ral sense.
  My griefs not only pain me
As a lingering disease,
But finding no redress, ferment and rage,
Nor less than wounds immedicable
Rankle, and fester, and gangrene,
To black mortification
Thoughts, my tormentors, arm'd with deadly stings,
Mangle my apprehensive tenderest parts,
Exasperate, exulcerate, and raise
Dire inflammation, which no cooling herb
Or medicinal liquor can asswage,
Nor breath of vernal air from snowy Alp.
Sleep hath forsook and giv'n me o'er

SAMSON, LE CHOEUR.

SAMSON.

Hélas! pourquoi faut-il que ce tourment ne puisse pas se borner aux plaies et aux afflictions du corps jointes à des maladies innombrables au cœur, à la tête, à la poitrine et dans les reins; mais doive aussi trouver un secret passage vers l'intelligence intérieure pour y exercer toutes ses horribles fureurs et faire sa proie de mes esprits les plus purs comme de mes entrailles, de mes muscles et de mes membres, avec des souffrances semblables, mais plus fortes, quoique exemptes de toute sensation corporelle?

Mes douleurs ne m'affligent pas seulement comme un mal qui me consume; mais, ne trouvant aucun remède, elles fermentent et s'excitent, de même que des blessures inguérissables s'enveniment, s'échauffent et se gangrènent dans une hideuse corruption.

Ardentes à me poursuivre, mes pensées, armées de mortels aiguillons, s'attachent à mes sentiments les plus tendres, s'irritent, s'aigrissent et font naître une cruelle inflammation que ne peut calmer aucune herbe rafraîchissante, aucune liqueur médicinale, pas même le souffle des brises du printemps qui descendent des montagnes nei-

To death's benumming opium as my only cure:
Thence faintings, swoonings of despair,
And sense of Heav'n's desertion.

I was his nursling once and choice delight,
His destin'd from the womb,
Promis'd by heav'nly message twice descending.
Under his special eye
Abstemious I grew up, and thriv'd amain;
He led me on to mightiest deeds,
Above the nerve of mortal arm,
Against th' uncircumcis'd, our enemies:
But now hath cast me off as never known,
And to those cruel enemies;
Whom I by his appointment had provok'd,
Left me all helpless with th' irreparable loss
Of sight, reserv'd alive to be repeated
The subject of their cruelty or scorn.
Nor am I in the list of them that hope;
Hopeless are all my evils, all remediless:
This one prayer yet remains, might I be heard,
No long petition; speedy death;
The close of all my miseries, and the balm.

CHORUS.

Many are the sayings of the wise,
In ancient and in modern books inroll'd,

geuses. Le sommeil m'a quitté et m'a livré à l'opium engourdissant de la mort, comme à mon seul remède. De là, mes langueurs, le désespoir qui cause mes défaillances et le sentiment de l'abandon du ciel.

J'étais autrefois son nourrisson, sa joie préférée, celui qu'il avait réservé dès le sein maternel, celui qu'il avait annoncé par un message qui descendit deux fois d'en haut. Sous sa protection particulière, je grandis dans l'abstinence et je m'élevai plein de vigueur. Il me conduisit aux plus éclatants exploits au-dessus de la force d'un bras mortel, contre les incirconcis, nos ennemis; mais maintenant il m'a repoussé de lui comme s'il ne m'avait jamais connu, et il m'abandonne à ces ennemis cruels que j'avais provoqués par son ordre, sans secours, avec la perte irréparable de ma vue, ne conservant la vie que pour être l'objet de leur inhumanité ou de leur dédain. Je ne suis plus au nombre de ceux qui espèrent; tous mes maux sont sans espérance, tous sont sans remède. Je n'ai plus qu'une seule chose à implorer par la prière (puissé-je être bientôt exaucé!) une mort prompte, le terme et le baume de toutes mes misères.

LE CHOEUR.

Nombreuses sont les paroles des sages inscrites dans les livres anciens ou modernes où ils élèvent

Extolling patience as the truest fortitude;
And to the bearing well of all calamities,
All chances incident to man's frail life,
Consolitaries writ
With study'd argument and much persuasion sought
Lenient of grief and anxious thought:
But with th' afflicted in his pangs their sound
Little prevails, or rather seems a tune
Harsh and of dissonant mood from his complaint;
Unless he feel within
Some source of consolation from above,
Secret refreshings, that repair his strength,
And fainting spirits uphold.

 God of our fathers, what is man!
That thou tow'rds him with hand so various,
Or might I say contrarious,
Temper'st thy providence through his short course,
Not ev'nly, as thou rul'st
Th' angelic orders and inferior creatures mute,
Irrational and brute,
Nor do I name of men the common rout,
That wand'ring loose about
Grow up and perish, as the summer-fly,
Heads without name no more remember'd;
But such as thou hast solemnly elected,
With gifts and graces eminently adorn'd
To some great work, thy glory,

la patience comme le courage le plus véritable, et afin qu'on supportât intrépidement toutes les calamités et tous les maux qui frappent la débile existence de l'homme, des écrits consolateurs cherchèrent par des arguments étudiés et une forte persuasion à adoucir ses angoisses et ses pensées inquiètes ; mais ils ne peuvent que peu de chose auprès des affligés dans leurs tourments et leur semblent plutôt des accents rudes et sans harmonie avec ceux de leurs plaintes, à moins qu'ils n'y trouvent quelque source de consolation venue d'en haut et un allégement secret qui répare leurs forces et soutienne leurs esprits défaillants.

Dieu de nos pères, qu'est-ce que l'homme[18] ? Pourquoi règles-tu envers lui, pendant sa courte carrière, de manières si différentes, et même, si nous osons le dire, si opposées, ta providence qui n'est pas égale, comme lorsque tu gouvernes les ordres angéliques et les créatures inférieures, muettes, sans intelligence et brutales ; et nous ne désignons pas la foule des hommes qui, s'égarant follement hors de leur voie, vivent et disparaissent comme un essaim de mouches après l'été, multitude sans nom dont on ne se souvient plus ; mais ceux que tu as solennellement choisis, ornés excellemment de tes dons et de tes bienfaits pour quelque grande œuvre, ta gloire et le

And people's safety, which in part they effect:
Yet towards these thus dignify'd, thou oft
Amidst their height of noon
Changest thy count'nance, and thy hand with no regard
Of highest favours past
From thee on them, or them to thee of service.

Nor only dost degrade them, or remit
To life obscur'd, which were a fair dismission,
But throw'st them lower than thou didst exalt them high;
680. Unseemly falls in human eye,
Too grievous for the trespass or omission;
Oft leav'st them to the hostile sword
Of Heathen and profane, their carcases
To dogs and fowls a prey, or else captiv'd;
Or to th' unjust tribunals, under change of times,
And condemnation of th' ungrateful multitude.
If these they 'scape, perhaps in poverty
With sickness and disease thou bow'st them down,
Painful diseases and deform'd,
In crude old age;
Though not disordinate, yet causeless suff'ring
The punishment of dissolute days: in fine,
Just or unjust alike seem miserable,
For oft alike both come to evil end.

So deal not with this once thy glorious champion,

salut de ton peuple, qu'ils accomplissent en partie. Cependant, abandonnant ceux-là mêmes que tu élevas ainsi, souvent au milieu de l'éclat de leur midi, tu as changé vis-à-vis d'eux de règle et de conduite sans considérer les grandes faveurs dont ils furent comblés et leur zèle à te servir.

Non seulement tu les dégrades et les rends à une vie obscure, ce qui serait un plus doux délaissement, mais tu les ravales plus bas que tu ne les élevas haut. Cela paraît aux regards humains déshonorant, trop sévère pour une faute ou une omission. Souvent tu les abandonnes à l'épée ennemie des païens ou des profanes; leurs restes sont la proie des chiens ou des oiseaux; d'autres deviennent captifs; ou bien tu les livres, quand les temps changent, à un inique tribunal et à la condamnation de l'ingrate multitude [19]. S'ils échappent à ces maux, tu les abaisses jusqu'à la pauvreté qu'accompagnent la maladie et les douleurs, les douleurs les plus cruelles, et tu les accables d'infirmités dans leur vieillesse prématurée, souffrances destinées à punir des jours coupables, qui, si elles ne sont nées du hasard, sont du moins sans cause; enfin, justes ou injustes, elles excitent également la pitié, car souvent elles mènent également à une fin malheureuse.

Ne te conduis pas ainsi envers celui-ci, jadis

The image of thy strength, and mighty minister.
What do I beg? how hast thou dealt altready!
Behold him in this state calamitous, and turn
His labours, for thou canst, to peaceful end.

But who is this, what thing of sea or land?
Female of sex it seems,
That so bedeck'd, ornate, and gay,
Comes this way sailing
Like a stately ship
Of Tarsus, bound for the isles
Of Javan or Gadire
With all her bravery on, and tackle trim,
Sails fill'd, and streamers waving,
Courted by all the winds that hold them play,
An amber sent of odorous perfume
Her harbinger, a damsel train behind;
Some rich Philistian matron she may seem;
And now at nearer view, no other certain
Than Dalila thy wife.

SAMSON.

My wife! my traitress: let her not come near me.

CHORUS.

Yet on she moves, now stands and eyes thee fix'd,
About t' have spoke; but now, with head declin'd,
Like a fair flower surcharg'd with dew, she weeps,
And words address'd seem into tears dissolv'd,

ton glorieux champion, l'image de ta force et ton puissant serviteur. Mais que demandons-nous? Comment l'as-tu déjà traité? Regarde-le dans son état infortuné et change ses malheurs, car tu le peux, en une fin paisible.

Mais qu'est ceci? Quel est cet objet produit par la terre ou la mer? Son sexe annonce une femme. Elle suit ce chemin, si parée, si ornée, si éclatante, qu'on croirait voir un orgueilleux vaisseau de Tarse, destiné aux îles de Javan ou de Gades, chargé de tous ses ornements et de toutes ses vergues avec ses voiles déployées et ses banderoles flottantes, le jouet des vents qui les caressent [20]. L'odeur d'un parfum ambré la précède, un brillant cortége l'accompagne; elle paraît quelque riche matrone des Philistins, et maintenant qu'elle est plus près, elle n'est autre, n'en doutons pas, que Dalila, ta femme.

SAMSON.

Ma femme! dites celle qui m'a trahi; ne la laissez pas s'approcher de moi.

LE CHOEUR.

Cependant elle poursuit; en ce moment elle s'arrête, fixant ses yeux sur toi et prête à élever la voix; mais déjà, inclinant sa tête comme une tendre fleur chargée de rosée, elle pleure et les

Wetting the borders of her silken veil:
But now again she makes address to speak.

Enter Dalila.

DALILA.

With doubtful feet and wavering resolution
I came, still dreading thy displeasure, Samson,
Which to have merited, without excuse,
I cannot but acknowledge; yet if tears
May expiate, (though the fact more evil drew
In the perverse event than I foresaw,)
My penance hath not stacken'd, though my pardon
No way assur'd. But conjugal affection
Prevailing over fear and timorous doubt,
Hath led me on desirous to behold
Once more thy' face, and know of thy estate,
If ought in my ability may serve
To lighten what thou suffer'st, and appease
Thy mind with what amends is in my power,
Though late, yet in some part to recompense
My rash but more unfortunate misdeed.

paroles qu'elle t'adresse semblent étouffées par ses larmes qui arrosent les bords de son voile de soie; mais elle fait un nouvel effort pour te parler.

SAMSON, DALILA, LE CHOEUR.

DALILA.

Je suis venue d'un pas rempli d'hésitation et avec une résolution chancelante, craignant encore, ô Samson, ton ressentiment que, sans chercher d'excuse, je dois reconnaître avoir mérité. Cependant si des larmes peuvent servir d'expiation à ma faute (bien que, dans ses funestes conséquences, elle ait produit plus de maux que je n'en prévoyais), mon affliction ne s'est pas ralentie, quoique rien ne m'assure de trouver grâce; mais l'affection conjugale, triomphant de ma frayeur et de mes doutes craintifs, m'a conduite ici, remplie du désir de contempler encore une fois tes traits et de connaître ta situation, s'il dépend en quelque chose de moi d'alléger le poids de ce que tu souffres et d'apaiser tes esprits avec les réparations qui sont en mon pouvoir, afin que, quoique tardives, elles puissent du moins contrebalancer ma faute inconsidérée, mais plus digne de pitié.

SAMSON.

Out, out hyæna! these are thy wonted arts,
And arts of every woman, false like thee,
To break all faith, all vows, deceive, betray,
Then as repentant to submit, beseech,
And reconcilement move with feign'd remorse,
Confess, and promise wonders in her change,
Not truly penitent, but chief to try
Her husband, how far urg'd his patience bears
His virtue or weakness which way to assail:
Then with more cautious and instructed skill
Again transgresses, and again submits;
That wisest and best men, full oft beguil'd
With goodness principled not to reject
The penitent, but ever to forgive,
Are drawn to wear out miserable days,
Intangled with a pois'nous bosom snake,
If not by quick destruction soon cut off,
As I by thee'to ages an example.

DALILA.

Yet hear me, Samson; not that I endeavour
To lessen or extenuate my offence,

SAMSON.

Fuis, fuis, hyène! voilà tes artifices ordinaires, les artifices qu'emploient toutes les femmes perfides comme toi, pour violer toute foi et tous serments, pour tromper, pour trahir et puis pour supplier, si elles poussent le repentir jusqu'à se soumettre, pour implorer la réconciliation en feignant les remords, pour avouer leur faute, pour promettre des prodiges dans leur changement, non qu'elles se repentent véritablement, mais principalement parce qu'elles veulent éprouver leurs époux, jusqu'où va leur patience après l'affront et quels moyens il faut employer pour combattre leur force ou leur faiblesse. Alors, avec une adresse plus prudente et mieux dirigée, elles se rendent de nouveau coupables et se soumettent de nouveau, et c'est ainsi que les hommes les plus vertueux et les plus sages, sans cesse trompés, portés par leur bonté à ne jamais repousser le repentir mais à pardonner toujours, sont condamnés à couler de malheureux jours, enlacés dans les replis d'un serpent venimeux, à moins qu'elles ne se hâtent de les perdre sans retour comme tu me perdis, grande leçon pour la postérité.

DALILA.

Cependant écoute-moi, Samson, non que je veuille essayer de diminuer ou d'atténuer ma

But that on th' other side, if it be weigh'd
By itself, with aggravations not surcharg'd,
Or else with just allowance counterpois'd,
I may, if possible, thy pardon find
The easier towards me, or thy hatred less.
First granting, as I do, it was a weakness
In me, but incident to all our sex,
Curiosity, inquisitive, importune
Of secrets, then with like infirmity
To publish them, both common female faults.
Was it not weakness also to make known
For importunity, that is for nought,
Wherein consisted all thy strength and safety?
To what I did thou showd'st me first the way.
But I to enemies reveal'd, and should not:
Nor should'st thou have trusted that to woman's frailty;
Ere I to thee, thou to thyself wast cruel.
Let weakness then with weakness come to parle,
So near related, or the same of kind,
Thine forgive mine; that men may censure thine
The gentler, if severely thou exact not
More strength from me than in thyself was found.
And what if love, which thou interpret'st hate,
The jealousy of love, powerful of sway
In human hearts, nor less in mine towards thee,
Caus'd what I did; I saw thee mutable
Of fancy, fear'd lest one day thou wouldst leave me
As her at Timna, sought by all means therefore

faute, mais si, d'autre part, tu veux la peser seule sans les aggravations qui la surchargent, ou même contrebalancée par une juste indulgence, que je puisse, s'il est possible, trouver chez toi un pardon plein de générosité à mon égard ou bien moins de haine. J'avoue d'abord que ce fut faiblesse de ma part, mais faiblesse attachée à notre sexe entier, curiosité, désir funeste de connaître les secrets, puis une faiblesse semblable pour les publier, deux fautes communes aux femmes. Ne fut-ce pas aussi une faiblesse que de faire connaître en cédant à l'importunité, c'est-à-dire sans raison, en quoi consistaient toute ta force et ta sécurité ? ce que j'ai fait, c'est toi qui le premier m'en as montré la voie. Mais j'ai tout révélé à tes ennemis et je ne devais pas le faire, et tu n'aurais pas dû, non plus, confier cela à la fragilité d'une femme. Avant que je te trahisses, tu t'étais trahi toi-même. Laisse donc la faiblesse se rapprocher de la faiblesse, puisqu'elles sont si pareilles l'une à l'autre ou du moins du même genre. Que la tienne pardonne à la mienne, car les hommes condamneraient d'autant plus la tienne, si tu réclamais plus sévèrement de moi plus de force qu'il n'en fut trouvé en toi-même, et que serait-ce si un amour que tu as nommé haine, si la jalousie de l'amour qui domine le cœur des humains et qui n'est pas moindre dans mon cœur, vis-à-vis

How to indear, and hold thee to me firmest:
No better way I saw than by importuning
To learn thy secrets, get into my power
The key of strength and safety. Thou wilt say,
970. Why then reveal'd? I was assur'd by those
Who tempted me, that nothing was design'd
Against thee but safe custody and hold:
That made for me: I knew that liberty
Would draw thee forth to perilous enterprizes,
While I at home sat full of cares and fears,
Wailing thy absence in my widow'd bed.
Here I should still enjoy thee' day and night
Mine and Love's prisoner, not the Philistines',
Whole to myself, unhazarded abroad,
Fearless at home of partners in my love.
These reasons in love's law have past for good,
Though fond and reasonless to some perhaps;
And love hath oft, well meaning, wrought much woe,
Yet always pity or pardon hath obtain'd.
Be not unlike all others, not austere
As thou art strong, inflexible as steel.
If thou in strength all mortals dost exceed,
In uncompassionate anger do not so.

de toi, a été la cause de ce que j'ai fait? Je voyais l'inconstance de tes caprices; je craignais qu'un jour tu ne m'abandonnasses comme celle de Timna; je cherchais donc, par tous les moyens, de m'emparer de ton amour et de t'attacher plus étroitement à moi et je n'en vis point de plus sûr que de t'importuner pour apprendre tes secrets et m'emparer ainsi de la clef de ta force et de ta sécurité. Tu me diras: Pourquoi donc les as-tu révélés? Ceux qui cherchaient à m'égarer me donnèrent l'assurance qu'ils n'avaient aucun mauvais dessein contre toi, si ce n'est de te garder d'une manière sûre et de te retenir : cela me convint; je savais que ta liberté t'entraînerait à des entreprises périlleuses, tandis que je resterais au foyer, accablée de craintes et de soucis, pleurant ton absence sur ma couche solitaire. Ici, je te posséderais encore nuit et jour, captif de Dalila et de l'Amour, et non celui des Philistins, tout entier à moi, à l'abri des dangers du dehors et sans que j'eusse à redouter en ces lieux des rivales à mon amour; ces raisons ont paru bonnes devant les lois de l'amour, quoique d'autres puissent les trouver faibles et fausses. Souvent l'amour, avec de bonnes intentions, a causé de grands malheurs, et cependant il a toujours obtenu soit la pitié, soit le pardon. Suis l'exemple des autres hommes, ne sois pas sévère autant que robuste, ni inflexi-

SAMSON.

How cunningly the sorceress displays
Her own transgressions, to upraid me mine!
That malice, not repentance, brought thee hither,
By this appears: I gave, thou say'st, th' example,
I led the way; bitter reproach, but true;
I to myself was false ere thou to me;
Such pardon therefore as I give my folly,
Take to thy wicked deed; which, when thou seest
Impartial, self-severe, inexorable,
Thou wilt renounce thy seeking, and much rather
Confess it feign'd; weakness is thy excuse,
And I believe it, weakness to resist
Philistian gold: if weakness may excuse,
What murderer, what traitor, parricide,
Incestuous, sacrilegious, but may plead it?
All wickedness is weakness: that plea therefore
With God or man will gain thee no remission.
But love constrain'd thee; call it furious rage
To satisfy thy lust: love seeks to have love:
My love how could'st thou hope, who took'st the way
To raise in me inexpiable hate,
Knowing, as needs I must, by thee betray'd?
In vain thou striv'st to cover shame with shame,
Or by evasions thy crime uncover'st more.

ble comme l'acier. Si tu domines tous les mortels par ta force, ne cherche point à les surpasser par ta colère inaccessible à la pitié.

SAMSON.

Avec quel art la perfide enchanteresse explique ses propres fautes pour me reprocher les miennes ! Ceci témoigne que c'est la malice et non le repentir qui l'a conduite ici : c'est moi, dis-tu, qui t'ai donné l'exemple; c'est moi qui t'ai enseigné la voie; le reproche est amer, mais il est vrai : je me suis trahi moi-même avant que tu me trahisses. Recueille donc, pour tes actions perverses, le pardon que j'accorde à ma conduite insensée; quand tu me verras juste, inexorable et sévère pour moi-même, tu renonceras à tes poursuites et tu reconnaîtras qu'elles sont pleines de dissimulation. Ta faiblesse est ton excuse, et je le crois : ta faiblesse à résister à l'or des Philistins; si la faiblesse est une excuse, n'est-ce pas celle qu'invoqueront les meurtriers, les traîtres, les parricides, les incestueux et les sacriléges? Tout crime est faiblesse; cependant cet argument ne te fera trouver grâce ni auprès de Dieu, ni auprès des hommes; mais l'amour t'a égarée : appelle-le plutôt une rage furieuse de satisfaire tes passions, car l'amour cherche l'amour, et comment pouvais-tu espérer le mien en choisissant le moyen d'exciter en moi une haine implacable, dès que

DALILA.

Since thou determin'st weakness for no plea
In man or woman, though to thy own condemning,
Hear what assaults I had, what snares besides,
What sieges girt me round, ere I consented;
Which might have aw'd the best resolv'd of men,
The constantest, to have yielded without blame.
It was not gold, as to my charge thou lay'st,
That wrought with me: thou know'st the magistrates
And princes of my country came in person,
Solicited, commanded, threaten'd, urg'd,
Adjur'd by all the bonds of civil duty
And of religion, press'd how just it was,
How honourable, how glorious to intrap
A common enemy, who had destroy'd
Such numbers of our nation: and the priest
Was not behind, but ever at my ear,
Preaching how meritorious with the gods
It would be to insnare an irreligious
Dishonorer of Dagon. What had I
To oppose against such powerful arguments;
Only my love of thee held long debate,
And combated in silence all these reasons

j'aurais connu, comme cela devait arriver nécessairement, que j'étais trahi par toi? C'est en vain que tu t'efforces de couvrir la honte par la honte ou de cacher par des propos dissimulés ton crime qui n'en ressort que plus.

DALILA.

Puisque tu ne veux pas considérer comme une excuse la faiblesse chez l'homme ou chez la femme, quoique ce soit à ta propre condamnation, écoute quels assauts j'eus à soutenir, quelles embûches et quelles tentatives m'entourèrent avant que je me rendisse; elles eussent permis à l'homme le plus ferme et le plus résolu de céder sans ignominie; ce ne fut pas l'or qui me détermina, comme tu m'en as accusée. Tu sais que les magistrats et les princes de mon pays vinrent en personne vers moi; ils me sollicitèrent, m'ordonnèrent, me menacèrent, me pressèrent, me conjurèrent par tous les liens de mes devoirs envers la patrie et la religion, m'exposèrent comme il était juste, comme il était honorable, comme il était glorieux de s'emparer d'un ennemi commun qui avait détruit une si grande partie de notre nation; et les prêtres de Dagon ne restèrent pas en arrière, mais ils rappelaient sans cesse à mon oreille, combien il serait agréable aux Dieux de tromper un impie contempteur de Dagon. Qu'avais-je à opposer à de si puissants arguments?

With hard contest : at length that grounded maxim,
So rife and celebrated in the mouths
Of wisest men, that to the public good
Private respects must yield, with grave authority
Took full possession of me and prevail'd ;
870. Virtue, as I thought, truth, duty, so injoining.

SAMSON.

I thought where all thy circling wiles would end ;
In feign'd religion, smooth hypocrisy !
But had thy love, still odiously pretended,
Been, as it ought, sincere, it would have taught thee
Far other reasonings, brought forth other deeds.
I, before all the daughters of my tribe
And of my nation chose thee from among
My enemies, lov'd thee, as too well thou knew'st,
Too well ; unbosom'd all my secrets to thee,
Not out of levity, but over-power'd
By thy request, who could deny thee nothing ;
Yet now am judg'd an enemy. Why then
Didst thou at first receive me for thy husband,
Then, as since then, thy country's foe profess'd?
Being once a wife, for me thou wast to leave
Parents and country ; nor was I their subject,
Nor under their protection, but my own ;
Thou mine, not theirs : if ought against my life

Mon amour pour toi résista seul longtemps et combattit opiniâtrément en silence toutes ces raisons. A la fin cette grande maxime, si illustre et si vantée dans la bouche des hommes les plus sages, que les considérations particulières doivent céder à l'avantage général, me soumit complètement à sa grave autorité et prévalut; car je crus que la vertu, la vérité et mon devoir m'y obligeaient.

SAMSON.

Voilà donc le résultat de tous ces astucieux détours, un faux zèle, une perfide hypocrisie! Ah! si ton amour, que tu allègues d'une manière si odieuse, eût été sincère, comme il devait l'être, il t'aurait enseigné des raisonnements bien différents et produit d'autres actions. Te préférant à toutes les filles de ma nation et de ma tribu, je t'ai choisie parmi mes ennemis, je t'ai aimée comme tu l'as connu, trop bien connu, hélas! J'épanchai tous mes secrets en toi, non par légèreté, mais vaincu par tes prières, parce que je ne pouvais rien te refuser. Et cependant tu me juges maintenant un ennemi. Pourquoi, s'il en est ainsi, as-tu commencé par me recevoir pour époux, car alors, comme depuis, j'étais connu comme l'ennemi de ton pays? Devenue mon épouse, tu devais quitter pour moi ta famille et ta patrie, car je n'étais ni leur sujet, ni soumis

Thy country sought of thee, it sought unjustly,
Against the law of nature, law of nations,
No more thy country, but an impious crew
Of men conspiring to uphold their state
By worse than hostile deeds, violating the ends
For which our country is a name so dear;
Not therefore to be obey'd. But zeal mov'd thee;
To please thy gods thou didst it: gods, unable
To acquit themselves, and prosecute their foes
But by ungodly deeds, the contradiction
Of their own deity, gods cannot be;
Less therefore to be pleas'd, obey'd, or fear'd.
These false pretexts and varnish'd colours failing,
Bare in thy guilt, how foul must thou appear!

DALILA.

In argument with men a woman ever
Goes by the worse, whatever be her cause.

SAMSON.

For want of words, no doubt, or lack of breath;
Witness when I was worried with thy peals.

à leur protection, mais je m'appartenais à moi-même; tu étais à moi et non pas à eux. Si ton pays a cherché près de toi des armes contre mes jours, ce fut injustement, contre les lois de la nature, contre les lois des nations : ce n'était plus ta patrie, mais une troupe impie de citoyens qui conspiraient pour soutenir leur état par des actes plus coupables que des actes hostiles, violant le but pour lequel le nom de la patrie nous est si cher. Ils ne devaient donc pas être obéis. Mais un faux zèle t'a conduite; tu croyais plaire à tes dieux, à des dieux impuissants à se venger eux-mêmes. S'ils n'ont pour punir leurs ennemis que des moyens indignes de leur nature, et en contradiction avec leur propre divinité, ils ne peuvent être des dieux : tu ne devais donc point chercher à leur plaire, ni leur obéir, ni les redouter. Ces faux prétextes et ces fallacieux arguments venant à te manquer, que tu dois paraître perfide, sans refuge dans ta faute!

DALILA.

La femme qui discute avec un homme a toujours tort, quelle que soit sa cause.

SAMSON.

Sans doute parce qu'elle ne trouve pas de paroles ou que l'haleine lui manque; témoin le jour où tu m'accablas de tes longs discours.

DALILA.

I was a fool, too rash, and quite mistaken
In what I thought would have succeeded best.
Let me obtain forgiveness of thee, Samson;
Afford me place to show what recompense
Towards thee I intend for what I have misdone,
Misguided; only what remains past cure
Bear not too sensibly, nor still insist
To afflict thyself in vain : though sight be lost,
Life yet hath many solaces, enjoy'd
Where other senses want not their delights
At home in leisure and domestic ease,
Exempt from many a care and chance to which
Eye-sight exposes daily men abroad.
I to the lords will intercede, not doubting
Their favourable ear, that I may fetch thee
From forth this loathsome prison-house, to abide
With me, where my redoubled love and care
With nursing diligence, to me glad office,
May ever tend about thee to old age,
With all things grateful cheer'd, and so supply'd,
That what by me thou hast lost thou least shalt miss

SAMSON.

No, no; of my condition take no care;

DALILA.

Je fus insensée, téméraire, totalement déçue dans ce que j'espérais réussir le mieux. Ah! que j'obtienne grâce auprès de toi, Samson; permets-moi de te montrer ce que je veux faire pour réparer le mal que j'ai causé, perdue par de funestes conseils; seulement ne porte pas trop sensiblement le poids de tes anciens soucis, et ne cherche pas plus longtemps à t'affliger en vain; car, quoique tu aies perdu la vue, la vie a d'autres consolations dont on jouit quand les autres sens ne sont point privés des délices qui leur sont propres, près du foyer, dans le repos et dans le bonheur domestique, loin des mille soucis et des hasards auxquels le sens de la vue expose chaque jour les hommes au dehors. Je vais intercéder pour toi auprès de nos maîtres (et je ne doute pas qu'ils ne m'écoutent favorablement) afin que je puisse t'arracher de cette horrible prison et afin que nous nous retirions ensemble là où mon amour le plus vif et mon empressement, unis à mon zèle qui les excite dans ce joyeux devoir, puissent, jusqu'à ta vieillesse, veiller sans cesse sur toi, t'entourant de toutes les choses agréables et de tant de soins que tu n'auras pas à regretter les biens que je t'ai fait perdre.

SAMSON.

Non, non, ne t'inquiète pas de ma situation,

It fits not: thou and I long since are twain:
Nor think me so unwary or accurs'd,
To bring my feet again into the snare
Where once I have been caught: I know thy trains,
Though dearly to my cost, thy gins, and toils;
Thy fair enchanted cup, and warbling charms,
No more on me have power, their force is null'd;
So much of adder's wisdom I have learn'd
To fence my ear against thy sorceries.
If in my flower of youth and strength, when all men
Lov'd, honour'd, fear'd me, thou alone couldst hate me,
Thy husband, slight me, sell me, and forego me;
How wouldst thou use me now, blind, and thereby
Deceivable, in most things as a child
Helpless, thence easily contemn'd, and scorn'd,
And last neglected? How wouldst thou insult,
When I must live uxorious to thy will
In perfect thraldom, how again betray me,
Bearing my words and doings to the lords
To gloss upon, and censuring, frown or smile?
This jail I count the house of liberty
To thine, whose doors my feet shall never enter.

elle ne te concerne pas; depuis longtemps nous sommes devenus étrangers l'un à l'autre, et ne me crois pas si imprudent et si maudit que j'aille de nouveau porter mes pas dans des embûches dont j'ai été la victime. Je connais tes artifices, tes ruses et tes piéges. Ta belle coupe enchantée et ses charmes séducteurs ne peuvent plus rien sur moi : leur pouvoir n'existe plus. Je possède assez de la prudence du serpent pour précautionner mon oreille contre tes sortiléges [21]. Si, lorsque je me trouvais dans la fleur de la jeunesse et dans ma force, aimé, honoré et redouté de tous les hommes, tu pus seule me haïr, moi ton époux, me négliger, me vendre et me trahir, comment me traiterais-tu aujourd'hui que je suis aveugle et par conséquent facile à tromper, dépourvu de tout secours, comme un enfant, dans la plupart des choses, et par suite aisément dédaigné, méprisé et bientôt délaissé! Quels outrages me ferais-tu subir quand, époux trop complaisant, je devrais vivre selon ta volonté dans un parfait esclavage? Comme tu me trahirais de nouveau, allant rapporter mes paroles et mes actions à tes maîtres pour qu'ils les examinent, les condamnent et en fassent l'objet de leur raillerie ou de leur colère! Cette prison est pour moi l'asile de la liberté si je la compare à la tienne dont mes pieds ne toucheront jamais le seuil.

DALILA.

Let me approach at least, and touch thy hand.

SAMSON.

Not for thy life, lest fierce remembrance wake
My sudden rage to tear thee joint by joint.
At distance I forgive thee; go with that;
Bewail thy falsehood, and the pious works
It hath brought forth to make thee memorable
Among illustrious women, faithful wives!
Cherish thy hasten'd widowhood with the gold
Of matrimonial treason! so farewell.

DALILA.

I see thou art implacable, more deaf
To prayers than winds and seas, yet winds to seas
Are reconcil'd at length, and sea to shore:
Thy anger, unappeasable, still rages,
Eternal tempest, never to be calm'd,
Why do I humble thus myself, and suing
For peace, reap nothing but repulse and hate?
Bid go with evil omen, and the brand
Of infamy upon my name denounc'd?
To mix with thy concernments I desist
Henceforth, nor too much disapprove my own.
Fame, if not double-fac'd is double-mouth'd,
And with contrary blast proclaims most deeds;
On both his wings, one black, the other white,

LA LUTTE DE SAMSON.

DALILA.

Laisse-moi au moins m'approcher et toucher ta main.

SAMSON.

Non, si tu tiens à la vie, car un cruel souvenir réveillant ma rage soudaine, elle pourrait te déchirer membre par membre. De loin, je puis te pardonner, cela doit te suffire. Pleure ta perfidie et les actions pieuses qu'elle a produites, et qui feront conserver ta mémoire parmi les femmes illustres et les épouses fidèles! Bénis ton veuvage hâté par l'or de la trahison conjugale! Tels sont mes adieux.

DALILA.

Je vois que tu es implacable et plus sourd aux prières que les vents et les flots; car on voit s'apaiser les vents qui agitent les mers et les flots qui battent le rivage. Ta colère inexorable est encore dans toute sa force, tempête éternelle qui ne doit jamais se calmer. Pourquoi venais-je m'humilier ainsi et chercher la paix pour ne recueillir que ton dédain et ta haine, pour être repoussée avec des imprécations funestes et les flétrissures de l'infamie, promises à mon nom? Je ne veux plus dès ce moment m'occuper de ta conduite, ni aller trop loin en condamnant la mienne. La Renommée, si elle n'a deux visages, a deux bouches, et proclame presque toutes les

Bears greatest names in his wild aery flight.
My name perhaps among the circumcis'd
In Dan, in Judah, and the bordering tribes,
To all posterity may stand defam'd,
With malediction mention'd, and the blot
Of falsehood most unconjugal traduc'd,
But in my country, where I most desire,
In Ecron, Gaza, Asdod, and in Gath,
I shall be nam'd among the famousest
Of women, sung at solemn festivals,
Living and dead recorded, who, to save
Her country from a fierce destroyer, chose
Above the faith of wedlock bands; my tomb
With odours visited and annual flowers;
Not less renown'd than in Mount Ephraim
Jael, who with inhospitable guile
Smote Sisera sleeping, through the temples nail'd,
Nor shall I count it heinous to enjoy
The public marks of honour and reward
Conferr'd upon me for the piety
Which to my country I was judg'd to have shown.
At this who ever envies or repines,
I leave him to his lot, and like my own.
          Exit.

LA LUTTE DE SAMSON.

actions avec des rumeurs contraires. Sur ses deux ailes, l'une blanche, l'autre noire, elle porte les plus grands noms dans sa course rapide à travers les airs. Peut-être parmi les circoncis, dans le pays de Dan et de Juda, et chez les peuples voisins, mon nom sera honni jusqu'à la dernière postérité, accompagné de malédictions, et considéré comme l'expression de la perfidie la plus contraire à la foi conjugale; mais dans ma patrie dont j'ambitionne le plus le suffrage, à Ecron, à Gaza, à Asdod, dans Gad, je serai nommée parmi les femmes les plus illustres; je serai célébrée dans les fêtes solennelles. Je ne serai oubliée ni pendant ma vie ni après ma mort, moi qui, pour délivrer ma patrie d'un ennemi farouche, ai su m'élever au-dessus de la fidélité du bandeau nuptial; ma tombe sera couverte de parfums et de fleurs nouvelles: je ne serai pas moins célèbre que ne l'est, sur le mont Éphraïm, Jaël qui, par une ruse contraire à l'hospitalité, immola Sisara endormi, en enfonçant un clou dans son front, et je ne croirai pas que c'est une action infâme que d'avoir mérité ces marques du culte et de la reconnaissance publique, accordées au dévouement que je serai jugée avoir montré à mon pays. Si quelqu'un s'en montre jaloux ou en ressent de l'envie, je l'abandonne à son sort et me contente du mien [22].

CHORUS.

She's gone, a manifest serpent by her sting,
Discover'd in the end, till now conceal'd.

SAMSON.

So let her go; God sent her to debase me,
And aggravate my folly, who committed
To such a viper his most sacred trust
Of secrecy, my safety, and my life.

CHORUS.

Yet beauty, though injurious, hath strange power,
After offence returning, to regain
Love once possess'd, nor can be easily
Repuls'd, without much inward passion felt,
And secret sting of amorous remorse.

SAMSON.

Love quarrels oft in pleasing concord end,
Not wedlock-treachery endang'ring life.

CHORUS.

It is not virtue, wisdom, valour, wit,
Strength, comeliness of shape, or amplest merit,
That woman's love can win or long inherit;
But what it is, hard is to say,
Harder to hit,

SAMSON, LE CHOEUR.

LE CHOEUR.

Elle est partie ! le serpent longtemps caché, mais enfin découvert, s'est révélé par son dard.

SAMSON.

Laissez-la se retirer : Dieu l'a envoyée ici pour me faire sentir ma honte et combien je fus insensé quand je confiai à une telle vipère le dépôt sacré de mon secret, mon salut et ma vie.

LE CHOEUR.

Cependant la beauté, alors même qu'elle nous perd, a un pouvoir étrange quand elle reparaît après sa faute, pour reconquérir l'amour qu'elle a possédé autrefois, et il n'est pas facile de la repousser sans ressentir en soi beaucoup de trouble et les aiguillons secrets d'un remords amoureux.

SAMSON.

Une heureuse réconciliation efface souvent des querelles d'amour [23]; mais jamais la trahison conjugale qui attente à la vie.

LE CHOEUR.

Ni la vertu, ni la sagesse, ni le courage, ni l'esprit, ni la force, ni la grâce des traits, ni le plus vaste mérite ne peuvent captiver l'amour d'une femme, ni le retenir longtemps. Mais quelle que soit la manière dont les hommes l'expliquent, il

(Which way soever men refer it)
Much like thy riddle, Samson, in one day
Or sev'n, though one should musing sit.

If any of these, or all, the Timnian bride
Had not so soon preferr'd
Thy paranymph, worthless to thee compar'd,
Successor in thy bed,
Nor both so loosely disally'd
Their nuptials, nor this last so treacherously
Had shorn the fatal harvest of thy head.
Is it for that such outward ornament
Was lavish'd on their sex, that inward gifts
Were left for haste unfinish'd, judgement scant,
Capacity not rais'd to apprehend
Or value what is best
In choice, but oftest to affect the wrong?
Or was too much of self-love mix'd,
Of constancy no root enfix'd,
That either they love nothing, or not long?

Whate'er it be, to wisest men and best
Seeming at first all heav'nly under virgin veil,
Soft, modest, meek, demure,
Once join'd, the contrary she proves, a thorn,
Intestine, far within defensive arms
A cleaving mischief, in his way to virtue
Adverse and turbulent, or by her charms

est difficile de dire ce que c'est, il est plus difficile de le rencontrer. Il ressemble, ô Samson, à ton énigme, aussi inexplicable le septième jour que le premier, quoique méditée en silence.

Si ce pouvoir appartenait à quelqu'une de ces qualités ou même à toutes ces qualités réunies, la fiancée de Timna ne t'aurait pas si promptement préféré ton rival indigne de t'être comparé qui te succéda dans ta couche; toutes deux n'auraient pas déshonoré si honteusement la foi nuptiale, et la dernière n'aurait pas privé si perfidement ta tête de sa fatale parure. Est-ce à cause des grâces extérieures prodiguées à leur sexe que les dons de l'âme restèrent incomplets par précipitation, et que leur jugement fut faible, incapable de comprendre ou d'apprécier ce qui vaut mieux, et porté à choisir le plus souvent le mal? Trop d'amour-propre fut-il mêlé à leur nature ou ne reçurent-elles aucun genre de constance, de sorte qu'elles n'aiment rien ou n'aiment pas longtemps?

Quelle qu'en soit la cause, la femme paraît d'abord à l'homme le plus sage et le meilleur, douce, modeste, réservée et toute céleste sous le voile virginal. Une fois l'union accomplie, elle se montre toute différente; c'est une épine intestine, un fléau qui consume en s'attachant profondément sans qu'on puisse s'en défendre : elle combat et

Draws him awry enslav'd
With dotage, and his sense deprav'd
To folly and shameful deeds which ruin ends.
What pilot so expert but needs must wreck
Imbark'd with such a steers-mate at the helm?

Favour'd of Heav'n, who finds
One virtuous, rarely found
That in domestic good combines:
Happy that house! his way to peace is smooth:
But virtue, which breaks through all opposition,
And all temptation can remove,
Most shines and most is acceptable above.

Therefore God's universal law
Gave to the man despotic power
Over his female in due awe,
Nor from that right to part an hour,
Smile she or lour:
So shall he least confusion draw
On his whole life, not sway'd
By female usurpation, or dismay'd.

But had we best retire? I see a storm.

arrête sans cesse l'homme dans sa route vers la vertu; ou bien par le pouvoir de ses charmes, elle le tient soumis à un abject esclavage où sa raison qui s'égare et son intelligence dépravée par sa faiblesse et ses honteuses actions achèvent bientôt de le perdre. Quelque expérimenté que soit le pilote, peut-il éviter le naufrage, obligé de partager ainsi les soins du gouvernail?

Favorisé du ciel est celui qui trouve (ce qu'on trouve trop rarement) une femme vertueuse qui concourt à assurer le bonheur domestique. Heureuse est cette maison! Sa voie vers la paix est douce; mais la vertu qui triomphe de tous les obstacles et sait repousser toutes les tentations, brille d'un plus grand éclat et mérite le plus la faveur du ciel.

C'est pourquoi la loi universelle de Dieu a donné à l'homme un plein pouvoir sur la femme, qui lui est unie par une légitime obéissance, sans que jamais il doive un instant oublier ses droits, soit qu'elle sourie, soit qu'elle s'attriste. C'est ainsi qu'il répandra le moins de honte sur sa vie, et il ne sera pas soumis au pouvoir usurpé de la femme, ni égaré par elle.

Mais ne vaudrait-il pas mieux s'éloigner? Un orage nous menace.

SAMSON.
Fair days have oft contracted wind and rain.

CHORUS.
But this another kind of tempest brings.

SAMSON.
Be less abstruse; my riddling days are past.

CHORUS.
Look now for no enchanting voice, nor fear
The bait of honied words; a rougher tongue
Draws hitherward; I know him by his stride,
The giant Harapha of Gath, his look
Haughty as is his pile high-built and proud.
Comes he in peace? What wind hath blown him hither
I less conjecture than when first I saw
The sumptuous Dalila floating this way:
His habit carries peace, his brow defiance.

SAMSON.
Or peace or not, alike to me he comes.

CHORUS.
His fraught we soon shall know, he now arrives.

SAMSON.

Les plus beaux jours ont souvent appelé le vent et la pluie.

LE CHOEUR.

Celui-ci nous apporte un autre genre de tempêtes.

SAMSON.

Soyez moins obscurs; mes jours d'énigme sont passés.

LE CHOEUR.

Ne t'attends pas à une voix séduisante, et ne redoute plus le charme des paroles emmiellées; plus rude est la voix de celui qui se dirige vers ces lieux. Je le reconnais à sa marche; c'est le géant de Gad, Harapha; son regard est hautain, de même que sa taille pyramidale s'élève pleine d'orgueil dans les airs. Porte-t-il ici des intentions pacifiques? Il nous est plus difficile de deviner le motif qui l'amène que lorsque nous aperçûmes la brillante Dalila suivant ce chemin. Son costume annonce la paix, mais la colère se lit sur son front.

SAMSON.

Que ce soit la paix ou la colère qui le guide, peu m'importe.

LE CHOEUR.

Nous connaîtrons bientôt ses desseins, car voici qu'il s'approche.

Enter Harapha.

HARAPHA.

I come not, Samson, to condole thy chance,
As these perhaps, yet wish it had not been,
Though for no friendly intent. I am of Gath;
Men call me Harapha, of stock renown'd
As Og or Anak, and the Emims old,
That Kiriathaim held; thou know'st me now,
If thou at all art known. Much I have heard
Of thy prodigious might and feats perform'd,
Incredible to me, in this displeas'd,
That I was never present on the place
Of those encounters, where we might have try'd
Each other's force in camp or listed field;
And now am come te see of whom such noise
Hath walk'd about, and each limb to survey,
If thy appearance answer loud report.

SAMSON.

The way to know were not to see, but taste.

HARAPHA.

Dost thou already single me? I thought

SAMSON, HARAPHA, LE CHOEUR.

HARAPHA.

Je ne viens pas, ô Samson, pour plaindre ton sort comme ceux-là peut-être qui t'entourent; cependant, je souhaiterais qu'il n'en eût pas été ainsi, quoique ce ne soit pas par des motifs d'amitié. Je suis de Gad, les hommes me nomment Harapha [24], j'appartiens à une race aussi illustre que celles d'Og et d'Enacim et des vieux Emiens qui occupèrent Karvathaim. Maintenant tu me connais, si toi-même tu es quelque peu connu. J'ai entendu raconter beaucoup de choses touchant ta force prodigieuse et tes exploits que je ne puis croire, et j'ai regretté de ne m'être jamais trouvé à la place de ceux que tu combattis, afin que nous eussions pu essayer notre force mutuelle, soit en champ clos, soit dans un lieu convenu, et je suis venu aujourd'hui pour voir cet homme dont la réputation s'est étendue si loin, et afin d'examiner chacun de tes membres pour juger si ton aspect répond à ta grande renommée.

SAMSON.

Le moyen de t'en assurer ne serait pas de les voir, mais de les éprouver.

HARAPHA.

Oses-tu déjà me défier? Je croyais que les chai-

Gyves and the mill had tam'd thee. O that fortune
Had brought me to the field, where thou art fam'd
To have wrought such wonders with an ass's jaw!
I should have forc'd thee soon with other arms,
Or left thy carcase where the ass lay thrown:
So had the glory of prowess been recover'd
To Palestine won by a Philistine,
From the unforeskinn'd race, of whom thou bear'st
The highest name for valiant acts; that honour,
Certain to have won by mortal duel from thee,
I lose, prevented by thy eyes put out.

SAMSON.

Boast not of what thou would'st have done, but do
What then thou would'st, thou seest in thy hand.

HARAPHA.

To combat with a blind man I disdain,
And thou hast need much washing to be touch'd.

SAMSON.

Such usage as your honourable lords
Afford me, assassinated and betray'd,
Who durst not with their whole united powers
In fight withstand me single and unarm'd,
Nor in the house with chamber-ambushes
Close-banded durst attack me, no, not sleeping,

nes et les travaux publics t'avaient radouci. Oh! que le hasard ne m'a-t-il conduit dans ces lieux où l'on raconte que tu accomplis tant de prodiges avec la mâchoire d'un âne! J'aurais bientôt triomphé de toi avec d'autres armes, ou j'aurais laissé ton cadavre là où l'âne avait été jeté. La palme du courage eût été ainsi enlevée à la Palestine, elle eût été arrachée par un Philistin à la nation circoncise dont tu as porté la gloire si haut en ce qui concerne les actions courageuses. J'ai perdu cet honneur que j'étais sûr de recueillir par un combat à mort contre toi, car on te priva de la vue.

SAMSON.

Ne te vante pas des exploits que tu aurais accomplis, mais conduis-toi comme tu l'aurais fait alors; ton bras peut te l'apprendre.

HARAPHA.

Je dédaigne de combattre un homme aveugle, et tu as besoin de plus d'une purification pour que je consentisse à te toucher.

SAMSON.

Tel est le traitement que, surpris et trahi, m'ont fait éprouver vos honorables maîtres; ils n'ont pas osé avec toutes leurs forces réunies me combattre seul et désarmé, ils n'ont pas osé m'attaquer sous mon toit, enlacé dans les replis de leurs embûches intérieures, non pas même pendant

Till they had hir'd a woman with their gold
Breaking her marriage faith to circumvent me.
Therefore without feign'd shifts let be assign'd
Some narrow place inclos'd, where sight may give thee,
Or rather flight, no great advantage on me;
Then put on all thy gorgeous arms, thy helmet
And brigandine of brass, thy broad habergeon,
Vaunt-brass and greves, and gauntlet; add thy spear,
A weaver's beam, and sev'n-times-folded shield;
I only with an oaken staff will meet thee,
And raise such outcries on thy clatter'd iron,
Which long shall not withhold me from thy head,
That in a little time, while breath remains thee,
Thou oft shalt wish thyself at Gath to boast
Again in safety what thou would'st have done
To Samson, but shalt never see Gath more.

HARAPHA.

Thou durst not thus disparage glorious arms,
Which greatest heroes have in battle worn,
Their ornament and safety, had not spells
And black enchantments, some magician's art,
Arm'd thee or charm'd thee strong, which thou from
             Heav'n
Feign'dst at thy birth was giv'n thee in thy hair,
Where strength can least abide, though all thy hairs
Were bristles rang'd like those that ridge the back

mon sommeil, jusqu'à ce qu'ils eurent corrompu de leur or une femme qui viola la foi nuptiale pour me tromper. Choisis donc sans ruses et sans détours quelque endroit resserré et clos, où la vue ou plutôt la fuite ne te donne pas un grand avantage sur moi. Puis revêts toutes tes armes resplendissantes, ton casque et ta cuirasse d'airain, ta large cotte d'armes, tes brassards, tes cuissards et tes gantelets; ajoutes-y l'instrument de tisserand qui te sert de lance [25] et ton bouclier couvert de sept replis; pour moi, je viendrai au-devant de toi, n'ayant qu'un bâton de chêne et je ferai résonner sous mes coups ton armure retentissante qui ne protégera pas longtemps ta vie, de telle sorte, que tu souhaiteras bientôt à ta dernière heure, d'être à Gad pour t'y vanter encore sans péril de ce que tu aurais fait souffrir à Samson, mais Gad ne te verra plus.

HARAPHA.

Tu n'oserais pas mépriser à ce point les armes glorieuses que les plus nobles héros ont portées dans leurs batailles, leur gloire et leur protection, si tu n'étais armé ou du moins fortifié par quelques charmes et quelques noirs enchantements, l'ouvrage de quelque magicien, tandis que tu feins devoir tout au ciel, qui lors de ta naissance aurait confié ses dons à ta chevelure, où la force peut le moins se cacher, lors même que ce seraient des

Oh chaf'd wild boars, or ruffled porcupines.

SAMSON.

I know no spells, use no forbidden arts:
My trust is in the living God, who gave me
At my nativity this strength, diffus'd
No less through all my sinews, joints, and bones,
Than thine, while I preserv'd these locks unshorn,
The pledge of my unviolated vow.
For proof hereof, if Dagon be thy god,
Go to his temple, invocate his aid
With solemnest devotion, spread before him
How highly it concerns his glory now
To frustrate and dissolve these magic spells,
Which I to be the power of Israel's God
Avow, and challenge Dagon to the test,
Offering to combat thee his champion bold,
With th' utmost of his godhead seconded:
Then thou shalt see, or, rather to thy sorrow,
Soon feel, whose God is strongest, thine or mine.

HARAPHA.

Presume not on thy God, whate'er he be;
Thee he regards not, owns not, hath cut off
Quite from his people, and deliver'd up
Into thy enemies' hand, permitted them

poils hérissés comme ceux qui surmontent le dos des ours sauvages irrités ou celui de l'inabordable porc-épic.

SAMSON.

Je ne connais point de charmes, je n'emploie aucun art défendu, ma confiance repose dans le Dieu vivant qui m'a donné à ma naissance cette force qui résidait aussi bien que la tienne dans les nerfs, dans les os et dans les muscles, aussi longtemps que je conservais ces cheveux à l'abri du rasoir, comme le gage d'un vœu inviolable. Pour que tu n'en puisses douter, si Dagon est ton Dieu, dirige-toi vers son temple, invoque son assistance par les plus solennelles cérémonies. Que ta parole explique en sa présence combien il importe à sa gloire de rompre et de rendre vains en ce jour ces charmes coupables que j'appelle la puissance du Dieu d'Israël. Je propose cette épreuve à Dagon et je lui offre de te combattre, toi, son hardi champion, aidé de tout ce que peut sa divinité. Alors tu ne tarderas pas à voir ou plutôt à sentir quel Dieu est le plus puissant, ou le tien ou le mien.

HARAPHA.

Ne te confie pas présomptueusement en ton Dieu, quel qu'il soit; il ne te protège pas; il ne t'avoue pas; il t'a complètement retranché de son peuple, et, t'abandonnant entre les mains de tes ennemis,

1160 To put out both thine eyes, and fetter'd send thee
Into the common prison, there to grind
Among the slaves and asses thy comrades,
As good for nothing else, no better service
With those thy boist'rous locks; no worthy match
For valour to assail, nor by the sword
Of noble warrior, so to stain his honour,
But by the barber's razor best subdu'd.

SAMSON.

All these indignities, for such they are
From thine, these evils I deserve, and more,
Acknowledge them from God inflicted on me
Justly, yet despair not his final pardon,
Whose ear is ever open, and is eye
Gracious to re-admit the suppliant :
In confidence whereof I once again
Defy thee to the trial of mortal fight,
By combat to decide whose god is God,
Thine or whom I with Israel's sons adore.

HARAPHA.

Fair honour that thou dost thy God, in trusting
He will accept thee to defend his cause,
A murderer, a revolter, and a robber!

SAMSON.

Tongue-doughty giant, how dost thou prove me these?

leur a permis de t'arracher tes deux yeux et de t'envoyer enchaîné dans la prison commune où tu travailles entre les esclaves et les stupides animaux, tes compagnons, comme n'étant bon à aucun autre usage. Voilà à quoi t'a servi ton orgueilleuse chevelure. Le courage trouvait au-dessous de lui de te combattre, et tu ne méritais pas qu'une noble épée flétrît ainsi sa gloire : les ciseaux d'un barbier triomphèrent mieux de toi.

SAMSON.

J'ai mérité toutes ces injures, car telles sont tes paroles, et tous ces maux et même plus que cela ; je reconnais que Dieu me les a justement infligés. Cependant je ne désespère point d'obtenir enfin son pardon, car son oreille ne se ferme jamais et son regard est doux pour celui qui le supplie. C'est plein de cet espoir que je te défie de nouveau à l'épreuve d'une lutte à mort. Le combat décidera quel Dieu est véritablement Dieu, ou le tien, ou celui que j'adore avec les fils d'Israël.

HARAPHA.

Grand honneur que tu fais à ton Dieu en croyant qu'il acceptera pour défendre sa cause, un meurtier, un rebelle, un voleur !

SAMSON.

Géant à la parole téméraire, comment expliqueras-tu ceci ?

HARAPHA.

Is not thy nation subject to our lords?
Their magistrates confess'd it, when they took thee
As a league-breaker, and deliver'd bound
Into our hands: for hadst thou not committed
Notorious murder on those thirty men
At Ascalon, who never did thee harm,
Then like a robber stripp'dst them of their robes?
The Philistines, when thou hadst broke the league,
Went up with armed powers thee only seeking,
To others did no violence, nor spoil.

SAMSON.

Among the daughters of the Philistines
I chose a wife, which argued me no foe;
And in your city held my nuptial feast:
But your ill-meaning politician lords,
Under pretence of bridal friends and guests,
Appointed to await me thirty spies,
Who, threatning cruel death, constrain'd the bride
To wring from me and tell to them my secret,
That solv'd the riddle which I had propos'd.
When I perceiv'd all set on enmity,
As on my enemies, wherever chanced,
I us'd hostility, and took their spoil
To pay my underminers in their coin.
My nation was subjected to your lords,
It was the force of conquest; force with force

LA LUTTE DE SAMSON.

HARAPHA.

Ta nation n'est-elle pas soumise à nos maîtres? Ses magistrats le reconnurent quand ils se saisirent de toi parce que tu avais enfreint le traité et te livrèrent lié entre nos mains; car n'as-tu pas notoirement, à Ascalon, commis le meurtre de trente hommes qui ne t'avaient jamais nui, et ne les as-tu pas ensuite, tel qu'un voleur, dépouillés de leurs vêtements? Quand tu violas la paix, les Philistins vinrent avec des troupes armées, ne cherchant que toi, et n'exercèrent vis-à-vis de personne aucun acte de pillage ou de violence.

SAMSON.

Je choisis une épouse parmi les filles des Philistins, ce qui prouve que je n'étais point leur ennemi; les fêtes nuptiales eurent lieu dans votre cité; mais vos chefs politiques, pleins de mauvais vouloir, chargèrent trente espions d'assister à mes noces, comme des hôtes ou des amis : menaçant ma fiancée d'une mort cruelle, ils la contraignirent de s'éloigner de moi et de leur révéler mon secret qui expliqua l'énigme que je leur avais proposée [26]. Quand je les vis dirigés en tout par des sentiments hostiles, je leur fis la guerre comme à mes ennemis, toutes les fois que j'en trouvai l'occasion, et je m'emparai de leurs dépouilles afin de les traiter comme ils voulaient me traiter moi-même. Ma nation a été soumise à tes maî-

Is well ejected when the conquer'd can.
But I, a private person, whom my country
As a league-breaker gave up bound, presum'd
Single rebellion, and did hostile acts.
I was no private, but a person rais'd
With strength sufficient and command from Heav'n
To free my country; if their servile minds
Me, their deliverer sent, would not receive,
But to their masters gave me up for nought,
Th' unworthier they; whence to this day, they serve.
I was to do my part from Heav'n assign'd,
And had perform'd it, if my known offence
Had not disabled me, not all your force:
These shifts refuted, answer thy appellant,
Though by his blindness maim'd for high attempts,
Who now defies thee thrice to single fight,
As a petty enterprize of small enforce.

HARAPHA.

With thee? a man condemn'd, a slave inroll'd,
Due by the law to capital punishment?
To fight with thee no man of arms will deign.

SAMSON.

Cam'st thou for this, vain boaster, to survey me,

tres : ce fut par droit de conquête. Quand le vaincu le peut, il repousse la force par la force. Mais j'étais, dis-tu, un simple citoyen que mon pays a remis enchaîné comme ayant enfreint le traité; j'avais osé tenter seul la rebellion et je m'étais livré à des actes hostiles. Je n'étais pas un simple citoyen, mais un libérateur suscité avec un pouvoir suffisant et l'ordre du ciel d'affranchir mon pays. Si leurs esprits serviles ne voulurent point me recevoir, moi, le libérateur qui leur étais envoyé, et s'ils me livrèrent à leurs maîtres, ils n'en furent que plus infâmes : leur servitude dure encore aujourd'hui. J'avais à remplir la tâche que le ciel m'avait assignée, et je l'aurais accomplie, si ma faute connue et non pas toute votre puissance, ne m'en avait rendu indigne. Maintenant que j'ai réfuté toutes ces accusations pleines de malice, réponds à mon défi. Quoique ma cécité me rende incapable de grands desseins, je t'appelle trois fois en combat singulier, entreprise facile qui n'exige qu'un faible effort.

HARAPHA.

Un combat singulier avec toi! avec un homme condamné! avec un esclave public voué par la loi à une punition capitale! Aucun guerrier ne daignera te combattre.

SAMSON.

Vain fanfaron, est-ce pour cela que tu es venu

To descant on my strength, and give thy verdict?
Come nearer; part not hence so slight inform'd;
But take good heed my hand survey not thee.

HARAPHA.

O Baal-zebub! can my ears unus'd
Hear these dishonours, and not render death?

SAMSON.

No man withholds thee, nothing from thy hand
Fear I incurable; bring up thy van:
My heels are fetter'd, but my fist is free.

HARAPHA.

This insolence other kind of answer fits.

SAMSON.

Go, baffled coward, lest I run upon thee,
Though in these chains, bulk without spirit vast,
And with one buffet lay thy structure low,
Or swing thee in the air, then dash thee down
To th' hazard of thy brains and shatter'd sides.

HARAPHA.

By Astaroth, ere long thou shalt lament
These braveries in irons loaden on thee.

Exit.

me voir, désirant considérer ma force et la juger? Viens plus près et ne quitte pas ces lieux sans t'éclairer davantage; mais prends bien garde que ma main ne puisse t'atteindre.

HARAPHA.

O Béelzebut! mes oreilles peuvent-elles entendre ces injures nouvelles pour elles, sans que je rende la mort?

SAMSON.

Personne ne t'arrête, je n'ai rien à redouter de toi. Approche, mes pieds sont enchaînés, mais mon bras est libre.

HARAPHA.

Cette insolence mérite un autre genre de réponse.

SAMSON.

Va, méprisable poltron, de peur que malgré mes chaînes je ne m'élance sur toi, masse énorme que l'intelligence n'anime pas, et que d'un seul coup je ne te renverse ou que je ne te fasse tournoyer dans les airs, et que, te précipitant à terre, je ne te brise et la tête et les membres.

HARAPHA.

Par Astaroth, tu ne tarderas pas à regretter, sous le poids des chaînes, tes paroles imprudentes.

CHORUS.

His giantship is gone somewhat crest-fall'n,
Stalking with less unconscionable strides,
And lower looks, but in a sultry chafe.

SAMSON.

I dread him not, nor all his giant-brood,
Though Fame divulge him father of five sons,
All of gigantic size, Goliath chief.

CHORUS.

He will directly to the lords, I fear,
And with malicious counsel stir them up
Some way or other yet further to afflict thee.

SAMSON.

He must allege some cause, and offer'd fight
Will not dare mention, lest a question rise
Whether he durst accept the offer or not,
And that he durst not, plain enough appear'd.
Much more affliction than already felt
They cannot well impose, nor I sustain;
If they intend advantage of my labours,
The work of many hands, which earns my keeping
With no small profit daily to my owners.

SAMSON, LE CHOEUR.

LE CHOEUR.

Le géant s'est retiré quelque peu humilié, ses pas sont moins fiers et moins précipités, il élève moins ses regards; mais une violente colère le dévore.

SAMSON.

Je ne redoute ni Harapha ni toute sa race semblable à lui, quoique la renommée raconte qu'il est père de cinq fils tous d'une taille gigantesque, surtout Goliath.

LE CHOEUR.

Je crains qu'il n'aille directement trouver les chefs pour les exciter par des conseils pleins de malice à te tourmenter davantage.

SAMSON.

Il devra alléguer quelque motif, et sans doute il ne dira pas que je l'ai défié au combat de peur qu'on ne lui demande s'il osa l'accepter ou non; et il parut assez clairement qu'il ne l'osa pas. Les Philistins ne pourraient pas aisément m'imposer ni me faire supporter plus de maux que je n'en ai déjà soufferts, s'ils veulent retirer quelque avantage de mes travaux, qui, non moins considérables que ceux d'un grand nombre d'hommes,

But come what will, my deadliest foe will prove
My speediest friend, by death to rid me hence;
The worst that he can give, to me the best.
Yet so it may fall out, because their end
Is hate, not help to me, it may with mine
Draw their own ruin who attempt the deed.

CHORUS.

Oh, how comely it is, and how reviving
To the spirits of just men long oppress'd,
When God into the hands of their deliverer
Puts invincible might
To quell the mighty of the earth, th' oppressor,
The brute and boist'rous force of violent men
Hardy and industrious to support
Tyrannic power, but raging to pursue
The righteous and all such as honour truth;
He all their ammunition
And feats of war defeats
With plain heroic magnitude of mind
And celestial vigour arm'd,
Their armories and magazines contemns,
Renders them useless, while
With winged expedition,
Swift as the lightning glance, he executes

valent à mes maîtres le prix de ma captivité avec un gain immense chaque jour. Mais quelque chose qui puisse arriver, mon ennemi le plus furieux se montrera mon ami le plus zélé en me délivrant d'ici par la mort. Ce qu'il pourra inventer de pire sera le meilleur pour moi. C'est ainsi que cela peut se terminer, car ils sont guidés par leur haine et non point par le désir de m'aider; cependant ma chute peut entraîner celle de ceux qui machinent ma perte.

LE CHOEUR.

Oh! qu'il est doux, qu'il est consolant pour l'esprit des justes longtemps opprimés, de voir Dieu mettre aux mains de leur libérateur un pouvoir invincible pour renverser les puissants de la terre, et les oppresseurs et la force brutale et furieuse des hommes violents, intrépides et zélés à défendre le pouvoir tyrannique, mais pleins de rage à poursuivre les hommes vertueux et ceux qui honorent la vérité. Armé de l'insurmontable grandeur de son génie et d'une céleste vigueur, il détruit leurs remparts et leurs armées, méprise leurs arsenaux et leurs magasins et les rend inutiles, tandis que, précipitant son attaque rapide comme l'étincelle de l'éclair, il accomplit sa mission contre les peuples maudits qui, surpris, frappés de terreur et d'étonnement, cèdent sans oser se défendre.

His errand on the wicked, who surpris'd
Lose their defence distracted and amaz'd.

But patience is more oft the exercise
Of saints, the trial of their fortitude,
Making them each his own deliverer
And victor over all
That Tyranny or Fortune can inflict.
Either of these is in thy lot,
Samson, with might indu'd,
Above the sons of men; but sight bereav'd
May chance to number thee with those
Whom patience finally must crown.

This idol's day hath been to thee no day of rest,
Labouring thy mind
More than the working day thy hands.
And yet perhaps more trouble is behind,
For I descry this way
Some other tending; in his hand
A sceptre or quaint staff he bears,
Comes on amain, speed in his look.
By his habit I discern him now
A public officer, and now at hand;
His message will be short and voluble.

Mais la patience est le plus souvent la vertu des hommes saints, l'épreuve de leur courage qui rend chacun d'eux son libérateur et le fait triompher de tous les maux auxquels la tyrannie ou la fortune peut le soumettre. Ta destinée comprend l'une et l'autre de ces positions, ô Samson, car tu fus revêtu d'une force au-dessus de celle des hommes ; mais la perte de ta vue te fera peut-être compter parmi ceux que la patience doit enfin couronner.

Ce jour où l'on fête l'idole, loin de te permettre quelque repos, a été plus accablant pour ton esprit que les jours de travail ne le sont pour tes mains, et cependant l'avenir nous prépare peut-être encore plus d'inquiétudes, car j'aperçois un autre homme qui suit cette route. Il porte un sceptre ou une baguette ; il accourt plein de hâte ; sa démarche est précipitée. A son costume je le reconnais maintenant pour un officier public, et déjà il est près d'ici. Son message sera court et rapide.

Enter Officer.

OFFICER.

Hebrews, the pris'ner Samson here I seek.

CHORUS.

His manacles remark him, there he sits.

OFFICER.

1345 · Samson, to thee our lords thus bid me say:
This day to Dagon is a solemn feast,
With sacrifices, triumph, pomp and games:
Thy strength they know surpassing human rate,
And now some public proof thereof require
To honour this great feast, and great assembly:
Rise therefore with all speed, and come along,
Where I will see thee hearten'd, and fresh clad,
To appear as fits before th'illustrious lords.

SAMSON.

Thou know'st I am an Hebrew, therefore tell them
Our law forbids at their religious rites
My presence : for that cause I cannot come.

SAMSON, L'OFFICIER PUBLIC, LE CHOEUR.

L'OFFICIER.

Hébreux, je cherche en ces lieux le captif Samson.

LE CHOEUR.

Ses chaînes le désignent ; c'est là qu'il est assis.

L'OFFICIER.

Samson, voici ce que nos maîtres m'ont chargé de te dire : En ce jour a lieu la fête solennelle de Dagon qu'accompagnent des sacrifices, des réjouissances et une pompe triomphale. Ils connaissent ta force, qui surpasse les proportions humaines, et ils en réclament aujourd'hui quelque preuve publique pour honorer cette grande fête et cette grande assemblée. Lève-toi donc sans attendre et viens avec moi pour prendre de nouvelles forces et revêtir d'autres habits afin de paraître comme il le convient devant nos illustres maîtres.

SAMSON.

Tu sais que je suis un Hébreu, tu peux donc leur répondre que notre loi nous défend d'assister à leurs cérémonies religieuses. Ce motif ne me permet pas de m'y rendre.

OFFICER.

This answer, be assur'd, will not content them.

SAMSON.

Have they not sword-players, and every sort
Of gymnic artists, wrestlers, riders, runners,
Juglers and dancers, antics, mummers, mimics,
But they must pick me out, with shackles tir'd,
And over-labour'd at their public mill,
To make them sport with blind activity?
Do they not seek occasion of new quarrels
On my refusal to distress me more,
Or make a game of my calamities?
Return the way thou cam'st; I will not come.

OFFICER.

Regard thyself; this will offend them highly.

SAMSON.

Myself? my conscience and internal peace.
Can they think me so broken, so debas'd
With corporal servitude, that my mind ever
Will condescend to such absurd commands;
Although their drudge, to be their fool or jester,
And in my midst of sorrow and heart-grief
To show them feats, and play before their god,
The worst of all indignities, yet on me
Join'd with extreme contempt? I will not come.

L'OFFICIER.

Cette réponse, soyez-en assuré, ne pourra pas les satisfaire.

SAMSON.

N'ont-ils pas des gladiateurs et toute espèce d'athlètes, de lutteurs, de cavaliers, de coureurs, de jongleurs et de danseurs, de bouffons, de masques et de comédiens, et doivent-ils venir me chercher, accablé du poids de mes chaînes et épuisé de fatigue dans leurs travaux publics, afin que je les divertisse de ma robuste cécité? Ne cherchent-ils pas dans mon refus l'occasion de nouveaux reproches pour me faire souffrir davantage ou pour se faire un jeu de mes maux ? Retourne aux lieux dont tu viens; je n'y irai point.

L'OFFICIER.

Songe à toi; cela les offensera profondément.

SAMSON.

Songer à moi? plutôt à ma conscience et à ma paix intérieure. Peuvent-ils me croire assez abattu, assez ravalé par ma servitude corporelle pour que mon âme puisse jamais condescendre à des ordres si absurdes? Quoique je sois déjà leur esclave, je deviendrais leur bouffon ou leur bateleur? Au milieu de mes douleurs et des peines de mon cœur, je leur montrerais mes exploits et je jouerais devant leur dieu, déshonoré par la

OFFICER.

My message was impos'd on me with speed,
Brooks no delay : is this thy resolution?

SAMSON.

So take it with what speed thy message needs.

OFFICER.

I am sorry what this stoutness will produce.

Exit.

SAMSON.

Perhaps thou shalt have cause to sorrow indeed.

CHORUS.

Consider, Samson, matters now are strain'd
Up to the highth, whether to hold or break :
He's gone, and who knows how he may report
Thy words by adding fuel to the flame?
Expect another message more imperious,
More lordly thund'ring than thou well wilt bear.

SAMSON.

Shall I abuse this consecrated gift

dernière des infamies en même temps que par l'excès de leur mépris? Je n'y irai point.

L'OFFICIER.

Le message qu'on m'a chargé de te porter précipitamment ne souffre pas de retard. Est-ce là ta résolution?

SAMSON.

Telle que tu viens de l'entendre, hâte-toi de la saisir avec la célérité qu'exige ton message.

L'OFFICIER.

Je déplore les résultats que cette témérité va produire.

SAMSON, LE CHOEUR.

SAMSON.

Tu auras peut-être en effet des motifs de t'affliger.

LE CHOEUR.

Réfléchis à ce que tu vas faire, Samson, les choses en sont venues maintenant aux dernières extrémités, soit qu'elles doivent demeurer ainsi, soit qu'elles doivent conduire à une explosion violente. Il est parti, et qui sait comment il rapportera tes paroles, attisant l'incendie d'une flamme nouvelle? Attends-toi à un autre message plus impérieux, plus absolu et plus menaçant que tu ne pourras le souffrir.

SAMSON.

Abuserai-je ainsi de ce don sacré de ma force

Of strength, again returning with my hair
After my great transgression, so requite
Favour renew'd, and add a greater sin
By prostituting holy things to idols;
A Nazarite in place abominable
Vaunting my strength in honour to their Dagon?
Besides, how vile, contemptible, ridiculous!
What act more execrably unclean, profane?

CHORUS.

Yet with this strength thou serv'st the Philistines,
Idolatrous, uncircumcis'd, unclean.

SAMSON.

Not in their idol-worship, but by labour
Honest and lawful, to deserve my food
Of those who have me in their civil power.

CHORUS.

Where the heart joins not, outwards acts defile not.

SAMSON.

Where outward force constrains, the sentence holds.
But who constrains me to the temple of Dagon,
Not dragging? The Philistian lords command:
Commands are no constraints. If I obey them,
I do it freely, vent'ring to displease
God for the fear of man, and man prefer,
Set God behind: which in his jealousy

qui revient avec mes cheveux depuis ma grande faute? Reconnaîtrai-je ainsi un bienfait renouvelé et commettrai-je un nouveau crime, plus coupable en prostituant des choses saintes à des idoles? Nazaréen, je me plairais à étaler ma force dans un lieu maudit et en l'honneur de Dagon! De plus, que je me montrerais vil et digne de mépris dans ma faiblesse, et quel acte serait plus exécrablement impur et sacrilége?

LE CHOEUR.

Cependant tu as employé cette force à servir les Philistins idolâtres, incirconcis et impurs.

SAMSON.

Ce n'était pas dans les cérémonies du culte de leur idole, mais dans un travail honnête et légitime pour gagner ma nourriture auprès de ceux qui me tiennent sous leur pouvoir politique.

LE CHOEUR.

Les actes extérieurs ne déshonorent pas quand le cœur y reste étranger.

SAMSON.

Quand la force extérieure nous y contraint, ce que vous dites est vrai; mais qui me force d'aller au temple de Dagon, tant qu'on ne m'y traîne pas? les chefs Philistins l'ordonnent; mais un ordre n'équivaut pas à la contrainte. Si je leur obéis, je le fais librement, m'exposant à offenser Dieu par crainte des hommes, et à oublier Dieu

Shall never unrepented find forgiveness.
Yet that he may dispense with me or thee
Present in temples, at idolatrous rites,
For some important cause, thou need'st not doubt.

CHORUS.

How thou wilt here come off surmounts my reach.

SAMSON.

Be of good courage; I begin to feel
Some rousing motions in me, which dispose
To something extraordinary my thoughts.
I with this messenger will go along,
Nothing to do, be sure, that may dishonour
Our law, or stain my vow of Nazarite.
If there be ought of presage in the mind,
This day will be remarkable in my life
By some great act, or of my days the last.

CHORUS.

In time thou hast resolv'd, the man returns.

Enter Officer.

OFFICER.

Samson, this second message from our lords
To thee I am bid say. Art thou our slave,
Our captive, at the public mill our drudge,

pour n'écouter que les hommes; crime qui à ses yeux jaloux ne dut jamais le pardon qu'au repentir. Cependant il est hors de doute qu'il puisse nous permettre pour quelque grand motif, d'assister dans le temple à des cérémonies idolâtres.

LE CHOEUR.

Connaître comment tout ceci se terminera pour toi, est au-dessus de notre intelligence.

SAMSON.

Ayez bon courage; je commence à ressentir en moi quelques grands mouvements qui m'agitent et préparent mes pensées à quelque événement extraordinaire. Je veux suivre ce messager; mais soyez assurés que je ne ferai rien qui puisse offenser notre loi ou souiller mon vœu de Nazaréen. Si jamais quelque instinct prophétique anima l'esprit de l'homme, ce jour de ma vie sera marqué par quelque événement mémorable, ou de mes jours ce sera le dernier.

LE CHOEUR.

Tu t'es décidé à temps; le messager revient.

SAMSON, L'OFFICIER PUBLIC, LE CHOEUR.

L'OFFICIER.

Samson, nos maîtres m'ont chargé de ce second message pour toi. Es-tu notre esclave, notre ouvrier au moulin public, et oses-tu refuser de

And dar'st thou at our sending and command
Dispute thy coming? come without delay;
Or we shall find such engines to assail
And hamper thee, as thou shall come of force,
Though thou wert firmlier fasten'd than a rock.

SAMSON.

I could be well content to try their art,
Which to no few of them would prove pernicious.
Yet knowing their advantages too many,
Because they shall not trail me through their streets
Like a wild beast, I am content to go.
Master's commands come with a power resistless
To such as owe them absolute subjection;
And for a life who will not change his purpose?
(So mutable are all the ways of men!)
Yet this be sure, in nothing to comply
Scandalous or forbidden in our law.

OFFICER.

I praise thy resolution: doff these links:
By this compliance thou wilt win the lords
To favour, and perhaps to set thee free.

SAMSON.

Brethren, farewell; your company along
I will not wish, lest it perhaps offend them
To see me girt with friends; and how the sight
Of me, as of a common enemy,

venir quand on te fait chercher et quand on te l'ordonne? Viens sans tarder, ou nous trouverons des instruments propres à t'attaquer et à se saisir de toi de telle sorte que tu seras obligé de venir lors même que tu serais plus solide et plus ferme qu'un rocher.

SAMSON.

Je ferais volontiers l'essai de leur pouvoir qui deviendrait fatal à plus d'un d'entre eux. Cependant je sais qu'ils ont trop d'avantages, et puisqu'ils ne me chasseront pas à travers les rues, comme un animal farouche, je consens à vous accompagner. Les ordres de nos maîtres ont un pouvoir absolu sur ceux qui leur doivent une entière soumission; et, qui ne changerait de résolution pour sauver sa vie? (Telle est l'incertitude des desseins de l'homme.) Vous, ô mes amis, ne craignez pas que je m'associe à rien qui soit infâme ou défendu par notre loi.

L'OFFICIER.

J'approuve ta résolution; qu'on te délivre de ces chaînes. Tu obtiendras par ta soumission la faveur de nos maîtres et peut-être la liberté.

SAMSON.

Adieu, mes frères; je ne vous engage point à me suivre, car ils s'offenseraient peut-être de me voir entouré de mes amis; je ne sais si mon aspect si redouté autrefois comme celui d'un en-

So dreaded once, may now exasperate them,
I know not : lords are lordliest in their wine;
And the well-feasted priest then soonest fir'd
With zeal, if ought religion seem concern'd;
No less the people on their holy-days
Impetuous, insolent, unquenchable :
Happen what may, of me expect to hear
Nothing dishonourable, impure, unworthy
Our God, our law, my nation, or myself.
The last of me or no I cannot warrant.

Exit with the Officer.

CHORUS.

Go, and the Holy One
Of Israel be thy guide
To what may serve his glory best, and spread his name
Great among the heathen round;
Send thee the angel of thy birth, to stand
Fast by thy side, who from thy father's field
Rode up in flames after his message told
Of thy conception, and be now a shield
Of fire; that Spirit that first rush'd on thee
In the camp of Dan
Be efficacious in thee now at need!

nemi commun ne les irritera pas aujourd'hui. Les chefs ne sont jamais plus absolus qu'au milieu des banquets, et le zèle du prêtre de Dagon gorgé de vin est plus prompt à s'enflammer, s'il croit les intérêts de son culte compromis. Le peuple se montre aussi dans ces jours de fête, impétueux, insolent, enclin à la colère; mais quelque chose qui puisse arriver, soyez sûrs que vous n'apprendrez de moi rien qui soit déshonorant, impur, indigne de notre Dieu, de notre loi, de ma nation ou de moi-même; sera-ce ma dernière épreuve? C'est ce que je ne puis vous assurer.

LE CHOEUR SEUL.

LE CHOEUR.

Va, et que le Dieu unique d'Israël soit ton guide vers ce qui peut être le plus utile à sa gloire, et répandre au loin parmi les païens, la puissance de son nom. Qu'il t'envoie l'ange de ta naissance, qui, après s'être acquitté du message annonçant ta conception, s'éleva du champ de ton père au milieu des flammes, pour qu'il se tienne auprès de toi et te soit en ce jour un bouclier de feu! Que cet esprit qui, pour la première fois, s'empara de toi sous les tentes de Dan, te soit secourable dans ton besoin actuel! Car jamais le ciel

For never was from Heav'n imparted
Measure of strength so great to mortal seed,
As in thy wondrous actions hath been seen.
But wherefore comes old Manoah in such haste
With youthful steps? much livelier than ere while
He seems: supposing here to find his son,
Or of him bringing to us some glad news?

Enter Manoah.

MANOAH.

Peace with you, brethren; my inducement hither
Was not at present here to find my son,
By order of the lords new parted hence
To come and play before them at their feast.
I heard all as I came, the city rings,
And numbers thither flock. I had no will,
Lest I should see him forc'd to things unseemly.
But that which mov'd my coming now was chiefly
To give ye part with me what hope I have
With good success to work his liberty.

CHORUS.

That hope would much rejoice us to partake

n'avait accordé à la race humaine un degré de force aussi considérable que celui que tu as fait paraître dans tes merveilleuses actions. Mais pourquoi le vieux Manué accourt-il si précipitamment avec le pas rapide d'un jeune homme? Il paraît de beaucoup plus joyeux que naguère. Croyait-il trouver ici son fils, ou bien nous apporte-t-il quelque heureuse nouvelle qui le concerne?

MANUÉ, LE CHOEUR.

MANUÉ.

Que la paix soit avec vous, mes frères; ce qui m'amenait ici n'était point en ce moment la pensée d'y trouver mon fils qui vient de quitter ces lieux par ordre des chefs, pour aller à leur fête montrer sa force devant eux. J'ai tout appris en venant ici: la ville s'agite et la foule se presse de ce côté. Pour moi, je m'en éloignai de peur de le voir réduit à des actions indignes de lui. Ce qui en ce moment conduisait ici mes pas, c'était surtout le désir de vous faire part de l'espoir que j'ai de réussir dans mes efforts pour le rendre à la liberté.

LE CHOEUR.

Nous nous réjouirons beaucoup de partager

With thee : say, reverend sire, we thirst to hear.

MANOAH.

I have attempted one by one the lords,
Either at home, or through the highest street passing,
With supplication prone and father's tears,
To accept of ransom for my son their pris'ner.
Some much averse I found and wondrous harsh,
Contemptuous, proud, set on revenge and spite;
That part most reverenc'd Dagon and his priests :
Others more moderate seeming, but their aim
Private reward, for which both God and state
They easily would set to sale : a third
More generous far and civil, who confess'd
They had enough reveng'd : having reduc'd
Their foe to misery beneath their fears,
The rest was magnanimity to remit,
If some convenient ransom were propos'd.
What noise or shout was that? it tore the sky.

CHORUS.

Doubtless the people shouting to behold
Their once great dread, captive and blind before them,
Or at some proof of strength before them shown.

cette espérance avec toi ; parle, vénérable vieillard, nous sommes impatients de t'entendre.

MANUÉ.

J'ai abordé les chefs l'un après l'autre, soit dans leurs maisons, soit comme ils traversaient les principales rues, essayant de les toucher par mes humbles supplications et mes larmes paternelles, afin qu'ils acceptassent une rançon pour mon fils, leur prisonnier. J'en trouvai quelques-uns contraires à mes vœux, étonnamment sévères, méprisants, orgueilleux, guidés par la vengeance et le ressentiment. Ceux-là honoraient surtout Dagon et ses prêtres ; d'autres paraissaient plus modérés, mais leur seul but était leur avantage personnel pour lequel ils auraient aisément mis à prix Dieu et la patrie. D'autres enfin, de beaucoup plus généreux et plus bienveillants, reconnaissaient qu'ils avaient été suffisamment vengés, et qu'ayant réduit leur ennemi à une misère égale à leurs terreurs, il était magnanime de lui remettre le surplus de sa peine, si quelque rançon convenable était proposée. Quel est ce bruit ou cette clameur ? Le ciel en est déchiré.

LE CHOEUR.

C'est sans doute l'acclamation du peuple : Il salue celui qui, jadis son grand effroi, est maintenant captif et aveugle devant lui, ou bien il

MANOAH.

His ransom, if my whole inheritance
May compass it, shall willingly be paid
And number'd down : much rather I shall choose
To live the poorest in my tribe, than richest,
And he in that calamitous prison left.
No, I am fix'd, not to part hence without him.
For his redemption all my patrimony,
If need be, I am ready to forego
And quit : not wanting him, I shall want nothing.

CHORUS.

Fathers are wont to lay up for their sons,
Thou for thy son are bent to lay out all :
Sons wont to nurse their parents in old age ;
Thou in old age car'st how to nurse thy son,
Made older than thy age through eye-sight lost.

MANOAH.

It shall be my delight to tend his eyes,
And view him sitting in the house, ennobled
With all those high exploits by him achiev'd,
And on his shoulders waving down those locks
That of a nation arm'd the strength contain'd :
And I persuade me, God had not permitted
His strength again to grow up with his hair,

s'étonne de quelque preuve admirable de force dont il vient d'être le témoin.

MANUÉ.

Je payerai et compterai volontiers sa rançon, si tout ce que je possède peut y suffire; je préfère de beaucoup vivre le plus pauvre de ma tribu que d'être le plus riche, tandis qu'il resterait dans cette triste prison. Non, je ne veux point partir d'ici sans lui. Je suis prêt, s'il le faut, à céder et à abandonner mon patrimoine pour le délivrer; réuni à lui, je n'aurai rien à regretter.

LE CHOEUR.

Les pères sont accoutumés à amasser pour leurs fils; tu es prêt à tout donner pour le tien : les fils sont accoutumés à nourrir leurs parents dans leur vieillesse; toi au contraire, dans ta vieillesse, tu prends soin de nourrir ton fils, plus décrépit par la perte de sa vue que toi par les années.

MANUÉ.

Mes délices seront de guider ses pas et de le voir assis à mes foyers, illustré par tous ces nobles exploits qu'il a accomplis et étalant sur ses épaules ces boucles qui renfermèrent toute la force d'une nation en armes; et je me persuade que Dieu n'aurait pas permis que sa force revînt avec sa chevelure qui le protège, comme un camp

Garrison'd round about him like a camp
Of faithful soldiery, were not his purpose
To use him further yet in some great service,
Not to sit idle with so great a gift
Useless, and thence ridiculous about him.
And since his strength with eye-sight was not lost,
God will restore him eye-sight to his strength.

CHORUS.

Thy hopes are not ill founded, nor seem vain
Of his delivery, and thy joy thereon
Conceiv'd, agreeable to a father's love,
In both which we, as next, participate.

MANOAH.

I know your friendly minds and—O, what noise!
Mercy of Heav'n! what hideous noise was that?
Horribly loud, unlike the former shout,

CHORUS.

Noise call you it, or universal groan,
As if the whole inhabitation perish'd!
Blood, death, and deathful deeds are in that noise;
Ruin, destruction at the utmost point.

MANOAH.

Of ruin indeed methought I heard the noise;
O! it continues, they have slain my son.

de soldats fidèles, s'il n'avait pas le dessein de l'employer de nouveau à quelque grand service, et de ne pas le laisser oisif et inutile avec un don si admirable et par suite voué au mépris, car puisque sa force n'a pas succombé avec sa vue, Dieu rendra sa vue à sa force.

LE CHOEUR.

Ton espoir de le voir délivré n'est pas sans fondement et ne paraît pas illusoire, et la joie que tu en conçois est douce à l'amour d'un père; nous prenons part après toi à l'un et l'autre de ces sentiments.

MANUÉ.

Je connais vos dispositions bienveillantes et... Mais quel bruit! grand Dieu! quel était cet horrible bruit? c'était un son épouvantable qui ne ressemblait en rien à la première acclamation.

LE CHOEUR.

Ce bruit n'est-il pas plutôt un gémissement universel, comme si le peuple entier avait péri! Ce bruit comprend le carnage, la mort et les coups mortels, la ruine et la destruction dans toutes leurs horreurs.

MANUÉ.

Je crois en effet avoir entendu un bruit de destruction: oh! il continue: ils ont tué mon fils.

CHORUS.

Thy son is rather slaying them; that outcry
From slaughter of one foe could not ascend.

MANOAH.

Some dismal accident it needs must be;
What shall we do, stay here or run and see?

CHORUS.

Best keep together here, lest running thither,
We unawares run into danger's mouth.
This evil on the Philistines is fall'n;
From whom could hence a general cry be heard?
The sufferers then will scarce molest us here;
From other hands we need not much to fear.
What if his eye-sight (for to Israel's God
Nothing is hard) by miracle restor'd,
He now be dealing dole among his foes,
And over heaps of slaughter'd walk his way?

MANOAH.

That were a joy presumptuous to be thought.

CHORUS.

Yet God hath wrought things as incredible
For his people of old; what hinders now?

LE CHOEUR.

Ce sont eux plutôt que ton fils immole; ces gémissements ne peuvent point naître de la mort d'un seul ennemi.

MANUÉ.

Ce doit être quelque événement extraordinaire. Que faire? rester ici ou se hâter d'aller voir ce qui est arrivé?

LE CHOEUR.

Le mieux est de rester ici ensemble, de peur qu'en nous précipitant vers ces lieux, nous ne nous jetions imprécautionément au milieu du danger. Ce malheur est tombé sur les Philistins. A qui appartiendrait, s'il en était autrement, ce cri général? Ils ne pourront guères nous inquiéter ici, et d'eux seuls viennent toutes nos craintes. Que serait-ce, si, ayant miraculeusement recouvré sa vue (car tout est facile au Dieu d'Israël), il semait la mort parmi ses ennemis et foulait à ses pieds leurs cadavres amoncelés?

MANUÉ.

Il serait trop présomptueux de s'arrêter à la pensée de ce triomphe.

LE CHOEUR.

Cependant Dieu a jadis accompli des choses aussi merveilleuses pour son peuple: qu'est-ce qui l'en empêche maintenant?

MANOAH.

He can I know, but doubt to think he will;
Yet hope would fain subscribe, and tempts belief.
A little stay will bring some notice hither.

CHORUS.

Of good or bad so great, of bad the sooner;
For evil news rides post, while good news baits;
And to our wish I see one hither speeding,
An Hebrew, as I guess, and of our tribe.

Enter Messenger.

MESSENGER.

O whither shall I run, or which way fly
The sight of this so horrid spectacle,
Which erst my eyes beheld, and yet behold?
For dire imagination still pursues me;
But Providence or instinct of nature seems,
Or reason, though disturb'd, and scarce consulted,
To have guided me aright, I know not how,
To thee first, reverend Manoah, and to these
My countrymen, whom here I knew remaining,
As at some distance from the place of horror,

LA LUTTE DE SAMSON. 277

MANUÉ.

Je sais qu'il le peut, mais je doute qu'il le veuille. Du reste, il serait doux de l'espérer et je le croirais volontiers, mais nous ne tarderons pas à recevoir ici quelques éclaircissements.

LE CHOEUR.

Ces grands événements sont favorables ou funestes; s'ils sont funestes, nous les connaîtrons le plus promptement, car les mauvaises nouvelles arrivent rapidement, tandis que les bonnes sont en retard. Mais, selon nos désirs, nous apercevons quelqu'un qui se hâte vers ces lieux. Il paraît un Hébreu et semble appartenir à notre tribu.

MANUÉ, LE CHOEUR.

L'ISRAÉLITE.

Où porterai-je mes pas, en quels lieux fuirai-je l'aspect de cet horrible spectacle que mes yeux ont contemplé et croient contempler encore? car d'affreuses images me poursuivent. La Providence ou l'instinct de la nature, ou la raison même, quoique troublée et à peine consultée, semble m'avoir conduit; j'ignore comment cela s'est fait, vers toi, d'abord, vénérable Manué, et vers ceux-ci, mes concitoyens, que je savais être restés ici à quelque distance de ce théâtre

So in the sad event too much concern'd.

MANOAH.

The accident was loud, and here before thee
With rueful cry, yet what it was we hear not;
No preface needs, thou seest we long to know.

MESSENGER.

It would burst forth, but I recover breath
And sense distract, to know well what I utter.

MANOAH.

Tell us the sum, the circumstance defer.

MESSENGER.

Gaza yet stands, but all her sons are fall'n;
All in a moment overwhelm'd and fall'n.

MANOAH.

Sad, but thou know'st to Israelites not saddest,
The desolation of a hostile city.

MESSENGER.

Feed on that first; there may in grief be surfeit.

MANOAH.

Relate by whom.

d'horreur, et qui, par cela même, prendront plus de part à ce triste événement.

MANUÉ.

L'accident a été épouvantable, et un cri terrible nous l'a annoncé avant toi; cependant tu ne nous apprends pas ce qui s'est passé; hâte-toi de t'expliquer. Vous voyez que nous sommes impatients de le savoir.

L'ISRAÉLITE.

Ma bouche allait tout révéler; mais je commence à retrouver mon haleine et mes sens égarés, et à me rendre compte de ce que je vais dire.

MANUÉ.

Résume brièvement les faits et ajourne les détails.

L'ISRAÉLITE.

Gaza est encore debout, mais tous ses fils sont immolés, tous en un instant écrasés et immolés.

MANUÉ.

L'événement est triste; mais tu sais que pour les Israélites, il en est de plus tristes que la désolation d'une ville ennemie.

L'ISRAÉLITE.

Contente-toi d'abord de cette nouvelle; une trop forte douleur pourrait t'accabler.

MANUÉ.

Immolés! et par qui?

MESSENGER.

By Samson.

MANOAH.

That still lessens
The sorrow, and converts it nigh to joy.

MESSENGER.

Ah! Manoah, I refrain too suddenly
To utter what will come at last too soon;
Lest evil tidings with too rude irruption
Hitting thy aged ear should pierce too deep.

MANOAH.

Suspense in news is torture, speak them out.

MESSENGER.

Take then the worst in brief; Samson is dead.

MANOAH.

The worst indeed! O all my hope's defeated
To free him hence! but death, who sets all free,
Hath paid his ransom now and full discharge.
What windy joy this day had I conceiv'd
Hopeful of his delivery, which now proves
Abortive as the first-born bloom of spring
Nipt with the lagging rear of winter's frost!
Yet ere I give the reins to grief, say first
How dy'd he: death to life is crown or shame.
All by him fell thou say'st; by whom fell he?

LA LUTTE DE SAMSON.

L'ISRAÉLITE.

Par Samson.

MANUÉ.

Ceci diminue encore nos regrets et les change presque en joie.

L'ISRAÉLITE.

Ah! Manué, je crains de t'annoncer trop soudainement ce que tu n'apprendras que trop tôt, de peur que de funestes nouvelles, frappant ta vieillesse d'un coup trop rude et trop subit, ne te causent une affliction trop profonde.

MANUÉ.

Cette incertitude est pleine d'angoisses; explique-toi.

L'ISRAÉLITE.

Apprends donc en peu de mots le plus terrible événement : Samson n'est plus.

MANUÉ.

Le plus terrible, en vérité! Oh! tout mon espoir de le délivrer de ces lieux est anéanti. Mais la mort qui donne à tous la liberté, a payé sa rançon et assuré sa complète délivrance. Quelle vaine joie j'avais conçue en ce jour de sa délivrance! Mes espérances ont disparu comme les premières fleurs du printemps que flétrit l'influence tardive des gelées de l'hiver [27]. Cependant avant que je m'abandonne à ma douleur, raconte-moi comment il est mort. La mort est une cou-

What glorious hand gave Samson his death's wound?

MESSENGER.

Unwounded of his enemies he fell.

MANOAH.

Wearied with slaughter then, or how? explain.

MESSENGER.

By his own hands.

MANOAH.

Self-violence? what cause
Brought him so soon at variance with himself
Among his foes?

MESSENGER.

Inevitable cause,
At once both to destroy and be destroy'd;
The edifice, where all were met to see him,
Upon their heads and on his own he pull'd.

MANOAH.

O lastly over-strong against thyself!
A dreadful way thou took'st to thy revenge.
More than enough we know; but while things yet
Are in confusion, give us, if thou canst,
Eye-witness of what first or last was done,
Relation more particular and distinct.

ronne ou une flétrissure pour la vie. Tous sont tombés sous ses coups, m'as-tu dit; mais lui, devant qui est-il tombé? Quel bras glorieux a porté à Samson une mortelle blessure?

L'ISRAÉLITE.

Il est tombé sans qu'aucun de ses ennemis l'ait frappé.

MANUÉ.

Il était donc las de carnage? Dis-nous comment il est tombé.

L'ISRAÉLITE.

Sous son propre effort.

MANUÉ.

Il s'est donc donné la mort? Quelle est la cause qui l'anima si subitement contre lui-même au milieu de ses ennemis?

L'ISRAÉLITE.

Une cause inévitable : il devait à la fois perdre les Philistins et se perdre lui-même. Il renversa sur leurs têtes et sur la sienne, l'édifice où nous nous étions tous assemblés pour le voir.

MANUÉ.

Oh! tu as montré à ton dernier jour ta force merveilleuse contre toi-même; tu as pris une voie terrible pour te venger. Nous n'en avons que trop appris; mais tandis que tout est encore plein de confusion, fais-nous, si tu le peux, d'après ce que tu as vu, un récit plus clair et plus

MESSENGER.

1600 Occasions drew me early to this city,
And as the gates I enter'd with sun-rise,
The morning trumpets festival proclaim'd
Through each high street: little I had dispatch'd,
When all abroad was rumour'd that this day
Samson should be brought forth to show the people
Proof of his mighty strength in feats and games;
I sorrow'd at his captive state, but minded
Not to be absent at that spectacle.
The building was a spacious theatre
Half-round, on two main pillars vaulted high,
With seats where all the lords and each degree
Of sort might sit in order to behold;
The other side was open, where the throng
On banks and scaffolds under sky might stand;
I among these aloof obscurely stood.
The feast and noon grew high, and sacrifice
Had fill'd their hearts with mirth, high cheer, and wine,
When to their sports they turn'd.   Immediately
Was Samson as a public servant brought,
In their state livery clad; before him pipes
And timbrels; on each side went armed guards,
Both horse and foot; before him and behind
Archers, and slingers, cataphracts and spears.
At sight of him the people with a shout

circonstancié de ce qui s'est passé, soit au commencement, soit à la fin.

L'ISRAÉLITE.

Je me trouvai de bonne heure dans cette ville, et quand je traversai ses portes, les trompettes matinales annoncèrent la fête dans toutes les principales rues; peu de temps s'était passé, quand le bruit se répandit de toutes parts qu'on devait faire paraître en ce jour Samson, pour qu'il donnât au peuple dans des luttes et dans des jeux, la preuve de sa force admirable. Je plaignais sa captivité, mais je résolus d'assister à ce spectacle. L'édifice était un vaste théâtre mi-circulaire, dont deux gros piliers soutenaient la voûte élevée; des siéges étaient réservés aux chefs et à chaque classe du peuple pour qu'on pût s'y asseoir selon son rang pour le considérer; l'autre côté était resté ouvert, afin que la multitude pût se grouper en plein air sur des bancs et des tréteaux. Je restai éloigné, obscurément mêlé à ceux-ci. La fête et le jour étaient à demi écoulés et le sacrifice avait rempli le cœur des Philistins de plaisir, de joie bruyante et des transports du vin quand les jeux commencèrent. Aussitôt Samson fut amené, tel qu'un esclave public, revêtu d'un costume éclatant. Des flûtes et des tambourins le précédaient : on voyait à ses côtés des gardes armés, les uns à pied, les autres à cheval,

Rifted the air, clamouring their god with praise,
Who had made their dreadful enemy their thrall.
He patient, but undaunted, where they led him,
Came tho the place; and what was set before him,
Which without help of eye might be assay'd
To heave, pull, draw, or break, he still perform'd
All with incredible, stupendous force,
None daring to appear antagonist.
At length for intermission sake they led him
Between the pillars; he his guide requested
(For so from such as nearer stood we heard)
As over-tir'd to let him lean a while
With both his arms on those two massy pillars
That tho the arched roof gave main support.
He, unsuspicious led him; which when Samson
Felt in his arms, with head a while inclin'd,
And eyes fast fix'd he stood, as one who pray'd,
Or some great matter in his mind revolv'd:
At last with head erected thus cry'd aloud:—
Hitherto, lords, what your commands impos'd
I have perform'd, as reason was, obeying,
Not without wonder or delight beheld:
Now of my own accord such other trial
I mean to show you of my strength, yet greater,
As with amaze shall strike all who behold.
This utter'd, straining all his nerves he bow'd,
As with the force of winds and waters pent
When mountains tremble, those two massy pillars

et devant et derrière lui, des archers, des frondeurs, des cuirassiers et des lanciers. A sa vue, le peuple fit retentir les airs de ses acclamations, célébrant par ses cris le Dieu qui lui avait livré son redoutable ennemi. Samson soumis, mais fier, les suivit là où ils le conduisirent et quels que fussent les objets placés devant lui pour qu'il les soulevât, les tirât à lui, les traînât ou les rompît sans que le secours de la vue fût nécessaire, il montra en tout une force prodigieuse et personne n'osa lutter avec lui. Enfin on le mena entre les deux piliers pour qu'il pût se reposer, et il pria son guide (comme nous l'apprîmes de ceux qui se trouvaient plus près) de le laisser, accablé de fatigue, s'appuyer un instant de ses deux bras sur les épais piliers qui soutenaient de leur masse la voûte inclinée. Le guide ne soupçonnant rien l'y conduisit. Quand Samson sentit qu'il les entourait de ses bras, il resta un instant la tête baissée et l'œil fixe, comme quelqu'un qui prie ou médite en lui-même quelque grande résolution. Enfin, levant la tête, il s'écria à haute voix : Jusqu'ici, seigneurs, j'ai accompli tout ce que vos ordres m'imposaient, obéissant comme je le devais, tandis que vous ne me considériez pas sans quelque plaisir ni quelque admiration. Maintenant je veux, de mon propre mouvement, vous rendre témoin d'une nouvelle épreuve de ma force, bien

With horrible convulsions to and fro
He tugg'd, he shook, till down they came, and drew
The whole roof after them, with burst of thunder
Upon the heads of all who sat beneath,
Lords, ladies, captains, counsellors, or priests,
Their choice nobility and flower, not only
Of this but each Philistine city round,
Met from all parts to solemnize this feast.
Samson with these immix'd, inevitably
Pull'd down the same destruction on himself:
The vulgar only scap'd who stood without.

CHORUS.

O dearly-bought revenge, yet glorious!
Living or dying thou hast fulfill'd
The work for which thou wast foretold
To Israel, and now ly'st victorious
Among thy slain, self-kill'd;
Not willingly, but tangled in the fold
Of dire necessity, whose law in death conjoin'd
Thee with thy slaughter'd foes, in number more
Than all thy life had slain before.

plus merveilleuse, qui frappera d'étonnement tous ceux qui me considèrent. A ces mots, il s'inclina en tendant tous ses muscles; et avec une force semblable à celle des vents et des eaux qui agite les montagnes sur leur base, il secoua, il ébranla avec une horrible commotion ces deux lourds piliers jusqu'à ce qu'ils s'écroulèrent et entraînèrent à leur suite, avec un bruit de tonnerre, toute la voûte sur ceux qui étaient assis au-dessous, seigneurs, dames, capitaines, magistrats ou prêtres, la fleur de leur noblesse et l'élite non-seulement de cette ville, mais de toutes les cités environnantes des Philistins, accourue de toutes parts pour célébrer cette fête. Samson mêlé à ceux-là, appela inévitablement la même destruction sur lui-même. Le peuple qui se trouvait au dehors fut seul sauvé.

LE CHOEUR.

O vengeance achetée trop cher, mais glorieuse! Vivant ou mourant, tu as rempli la tâche pour laquelle tu avais été annoncé à Israël, et maintenant tu reposes victorieux parmi ceux que tu as frappés, succombant sous ton propre effort, non par ta volonté, mais enveloppé dans les réseaux de la cruelle nécessité dont la loi te réunit dans la mort à tes ennemis immolés, plus nombreux que ceux que tu avais frappés dans toute ta vie.

1 SEMICHORUS.

While their hearts were jocund and sublime,
Drunk with idolatry, drunk with wine,
And fat regorg'd of bulls and goats,
Chanting their idol, and preferring
Before our Living Dread who dwells
In Silo, his bright sanctuary:
Among them he a spirit of phrenzy sent,
Wh hurt their minds,
And urg'd them on with mad desire
To call in haste for their destroyer;
They only set on sport and play,
Unweetingly importun'd
Their own destruction to come speedy upon them.
So fond are mortal men,
Fall'n into wrath divine,
As their own ruin on themselves to invite,
Insensate left, or to sense reprobate,
And with blindness internal struck.

2 SEMICHORUS.

But he, though blind of sight,
Despis'd and thought extinguish'd quite,
With inward eyes illuminated,
His fiery virtue rous'd
From under ashes into sudden flame,
And as an evening dragon came,
Assailant on the perched roosts,
And nests in order rang'd

PREMIER DEMI-CHOEUR.

Leurs cœurs étaient joyeux et pleins d'orgueil ; ivres d'idolâtrie, ivres de vin, rassasiés du sang des chèvres et des taureaux, ils célébraient leur idole et la mettaient au-dessus de notre Dieu, la Terreur Vivante qui habite dans Silo, son brillant sanctuaire [28]. Il a envoyé parmi eux un esprit d'égarement qui frappa leurs intelligences et les poussa par un désir insensé à s'empresser d'appeler celui qui devait les perdre. Ne pensant qu'aux réjouissances et aux jeux, ils hâtaient sans le savoir le moment de leur destruction. Tels sont les mortels poursuivis par la colère divine ; abandonnés à des sentiments insensés ou à des mœurs reprouvées et frappés d'un aveuglement intérieur, ils appellent eux-mêmes leur propre perte.

SECOND DEMI-CHOEUR.

Loin de là, Samson quoique privé de la vue, méprisé et considéré comme entièrement éteint, était éclairé par la vue intérieure. Son altière vertu cachée sous la cendre, se réveilla et fit jaillir une flamme soudaine. Il parut tel qu'un serpent qui attaque pendant la nuit les demeures élevées et les nids réguliers des oiseaux familiers d'une ferme ; tel qu'un aigle, il fit éclater sur leurs têtes

Of tame villatic fowl: but as an eagle
His cloudless thunder bolted on their heads.
So Virtue giv'n for lost,
Depress'd, and overthrown, as seem'd,
Like that self-begotten bird
In the Arabian woods imbost,
That no second knows nor third,
And lay ere while a holocaust,
From out her ashy womb now teem'd,
Revives, reflourishes, then vigorous most
When most unactive deem'd;
And though her body die, her fame survives,
A secular bird, ages of lives.

MANOAH.

Come, come; no time for lamentation now,
Nor much more cause; Samson hath quit himself
Like Samson, and heroically hath finish'd
A life heroic; on his enemies
Fully reveng'd, hath left them years of mourning,
And lamentation to the sons of Caphtor
Through all Philistian bounds; to Israel
Honour hath left, and freedom, let but them
Find courage to lay hold on this occasion;
To himself and father's house eternal fame;
And, which is best and happiest yet, all this
With God not parted from him, as was fear'd,
But favouring and assisting to the end.
Nothing is here for tears, nothing to wail

son redoutable tonnerre. C'est ainsi que la Vertu, alors même qu'elle paraît vaincue, opprimée et anéantie, pareille à cet oiseau né de lui-même, caché dans les bois de l'Arabie, qui ne connaît ni un second, ni un troisième semblable à lui-même et s'élève un holocauste, féconde ses propres cendres, revit et refleurit tandis qu'on la juge le plus affaiblie, et quoiqu'elle meure à la matière, sa renommée survit, oiseau immortel, des siècles de vies.

MANUÉ.

Venez, venez; nous n'avons pas le temps de nous livrer à des lamentations et nous n'en avons guères plus de motifs. Samson s'est conduit comme il convenait à Samson et a fini héroïquement une vie héroïque. Pleinement vengé de ses ennemis, il a laissé des années de deuil et des gémissements aux fils de Caphtor [29], dans toute l'étendue du pays des Philistins; à Israël la gloire et la liberté, si Israël ose profiter de cette occasion; à lui-même et à la maison de son père, une éternelle renommée; et ce qui est le meilleur et le plus heureux, il a fait tout cela, aidé et assisté jusqu'à la fin par Dieu qui ne le délaissa pas comme nous l'avions craint. Nous n'avons nul

Or knock the breast, no weakness, no contempt,
Dispraise, or blame, nothing but well and fair,
And what may quiet us in a death so noble.
Let us go find the body where it lies
Soak'd in his enemies' blood, and from the stream
With lavers pure and cleansing herbs wash off
The clotted gore. I, with what speed the while
(Gaza is not in plight to say us nay)
Will send for all my kindred, all my friends,
To fetch him hence, and solemnly attend
With silent obsequy and funeral train
Home to his father's house: there will I build him
A monument, and plant it round with shade
Of laurel ever green, and branching palm,
With all his trophies hung, and acts inroll'd
In copious legend, or sweet lyric song.
Thither shall all the valiant youth resort,
And from his memory inflame their breasts
To matchless valour, and adventures high:
The virgins also shall on feastful days
Visit his tomb with flow'rs, only bewailing
His lot infortunate in nuptial choice,
From whence captivity and loss of eyes.

CHORUS.

All his best, though we oft doubt

motif de pleurer, nul motif de gémir, ni de nous battre la poitrine. Il est mort sans faiblesse, sans bassesse, sans déshonneur, sans honte. Tout est honorable et glorieux, tout est fait pour nous consoler dans une fin si noble. Allons chercher son corps dans le lieu où il repose inondé du sang de ses ennemis et laver ses plaies avec des flots limpides mêlés à des herbes purifiantes. Pour moi, je vais précipitamment (Gaza ne saurait nous en empêcher) chercher tous mes parents et tous mes amis, afin que nous l'emportions d'ici et l'accompagnions solennellement, lui rendant en silence un dernier hommage et formant un cortége funèbre, jusqu'à la maison de son père; là, je veux lui élever un monument auquel j'unirai l'ombrage du laurier toujours vert et des palmes épaisses. Ses trophées y seront suspendus et ses exploits y seront racontés dans de longues inscriptions ou bien dans un doux chant lyrique; là, s'assemblera toute l'héroïque jeunesse, et le souvenir de Samson excitera son cœur à un noble courage et à d'éclatants exploits. Les vierges aussi viendront dans leurs jours de fête semer des fleurs sur sa tombe; elles pleureront son sort infortuné dans le choix de ses compagnes, cause de sa captivité et de la perte de sa vue.

LE CHOEUR.

Quoique l'esprit humain se livre souvent au

What th'unsearchable dispose
Of Highest Wisdom brings about,
And ever best found in the close.
Oft he seems to hide his face,
But unexpectedly returns,
And to his faithful champion hath in place
Bore witness gloriously; whence Gaza mourns;
And all that band them to resist
His incontrollable intent;
His servants he, with new acquist
Of true experience from this great event,
With peace and consolation hath dismiss'd,
And calm of mind, all passion spent.

doute, tout ce qu'établit la volonté impénétrable de la sagesse suprême est le mieux, et on finit par le reconnaître. Souvent Dieu semble se cacher, mais il reparaît inopinément, et quand il l'a fallu, il a rendu un glorieux témoignage à son fidèle champion ; de là, le deuil de Gaza et de tous ceux qui osèrent résister à ses desseins souverains. Il a congédié ses serviteurs instruits par la leçon salutaire qu'ils trouvent dans ce grand événement, pleins de paix et de consolations avec un esprit tranquille et libres de toutes passions.

NOTES.

(1) « Or, il y avait un homme de Saraa, de la tribu de Dan,
« nommé Manué, dont la femme était stérile.

« Et l'ange du Seigneur apparut à sa femme, et lui dit : Tu
« es stérile et sans enfants, mais tu concevras et enfanteras un
« fils ;

« Prends donc bien garde de ne point boire de vin, ni rien de
« ce qui peut enivrer, et de ne manger rien d'impur,

« Parce que tu concevras et enfanteras un fils dont le rasoir
« ne touchera point la tête : car il sera Nazaréen, consacré à
« Dieu dès son enfance et dès le sein de sa mère ; et c'est lui
« qui commencera à délivrer Israël de la main des Philistins.

« Et l'ange de Dieu apparut encore à sa femme quand elle était
« assise dans les champs ;

« Et Manué dit à l'ange du Seigneur : Je vous prie de con-
« sentir à ma prière et que nous vous préparions un chevreau.

« L'ange lui répondit : Si tu veux faire un holocauste, offre-le
« au Seigneur.

« Lorsque le feu montait vers le ciel, l'ange du Seigneur y
« monta aussi au milieu des flammes. » (Juges, XIII.)

(2) Les Chalybes habitaient les rivages de la mer Noire, non
loin de la Colchide. « Le lendemain les Argonautes côtoyèrent
« le pays des Chalybes, dont l'unique soin est de tirer le fer d'un
« sol âpre et sauvage. » (Apollonius de Rhodes, ch. II.)

(3) « Ayant trouvé une mâchoire d'âne qui était à terre, il
« la prit et en tua trois mille hommes ;

« Et il appela ce lieu-là Ramathlechi, c'est-à-dire l'élévation
« de la mâchoire. » (Juges, XV, 15, 17.)

(4) « Samson alla à Gaza.

« Les Philistins l'ayant appris mirent des gardes aux portes
« de la ville ;

« Samson dormit jusqu'à minuit, et, s'étant levé alors, il
« prit les deux portes de la ville avec leurs barreaux et leurs
« serrures, et les porta sur le haut de la montagne qui regarde
« Hébron. » (Juges, XVI.)

(5) Josué XV, 13, et Nombres XIII, 34.

(6) S. Matthieu, VI, 23 : « Si ergo lumen quod in te est tene-
« bræ sunt, ipsæ tenebræ quantæ erunt ! »

(7) Josué XIX, 41, « La terre de la tribu de Dan contenait
« Saraa, Esthaol... »

(8) « Samson revint vers son père et sa mère, disant : J'ai vu
« dans Thamnatha une femme d'entre les filles des Philistins : je
« vous prie de me la donner pour femme.

« Son père et sa mère lui dirent : N'y a-t-il point de femmes
« parmi toutes les filles de vos frères, pour vouloir épouser une
« femme d'entre les Philistins ?

« Or, son père et sa mère ne savaient pas que ceci se faisait
« par l'ordre de Dieu, et qu'il cherchait une occasion contre les
« Philistins. » (Juges, XIV.)

(9) La captivité et la cécité de Samson ne furent qu'une punition divine infligée à sa faiblesse pour une femme étrangère :
« Quia ille vir justus credidit mulieri infideli lumen oculorum
« amisit et ducatum Israeliticæ gentis perdidit. » C'est en ces
mots qu'Agobard, archevêque de Lyon, menaçait, au neu-
vième siècle, de la colère du ciel, l'union de Louis-le-Débonnaire
et de Judith de Bavière.

« Dalila fit dormir Samson sur ses genoux et posa sa tête sur
« son sein.

« Les Philistins l'ayant donc pris lui crevèrent les yeux et l'en-
« fermèrent dans une prison où ils lui firent tourner la meule
« d'un moulin. » (Juges, XVI.)

(10) « Samson demeura dans la caverne d'Étham ;

« Trois mille hommes de la tribu de Juda vinrent à la caverne
« du rocher d'Étham ;

« Nous sommes venus, lui dirent-ils, pour vous lier et vous
« livrer entre les mains des Philistins. Jurez-moi, leur dit Sam-
« son, et promettez-moi que vous ne me tuerez point.

« Et ils le lièrent avec deux cordes neuves.

« Mais l'esprit du Seigneur s'empara de Samson, et comme
« le lin se consume à l'ardeur du feu, ainsi les liens dont il était
« serré furent rompus. » (Juges, xv.)

(11) Juges, VIII, 5, 6, 7, 8, 9, 15, 16, 17.

(12) Juges, XII, 1, 2, 3, 4, 5, 6.

(13) S. Luc, XI, 12 : « Aut si petierit ovum, numquid por-
« riget illi scorpionem ? »

(14) Juges, XVI, 23, 24, 25.

(15) Tantale, selon Ovide, fut relégué aux enfers parce qu'il
n'avait pas su taire les secrets des dieux.

    Discite justitiam moniti et non temnere divos. (VIRG.)

(16) Deut. II, 11, Nombres XIII, 34.

(17) Milton paraît ici avoir voulu imiter le Tasse :

> O liquidi cristalli onde s'estingua
> L'ardente sete a miseri mortalli :
> Ma più salubre è, se tra vive pietre
> Rompendo l'argentate, e fredde corna
> Incontra il nuovo sol, che il puro argento
> Co' raggi indora. —
>   MONDO CREATO. GIORN. 3, st. 8.

(18) Thyer cite, comme offrant le développement d'une
pensée semblable, un des plus beaux chœurs de Sénèque, *Hyp-
polyte*, IV, 971.

(19) Ces vers sont pleins d'allusions aux divers événements
qui accompagnèrent ou suivirent la restauration de Charles II.

(20) Plaute. (Pæn, 1, II, 1) :

> Negotii sibi qui volet vim parare,
> Navem et mulierem hæc duo comparato.

Ce passage de Milton paraît imité d'un poëme de Gilles Fletcher; peut-être faut-il y chercher une satire dirigée contre les modes du temps : « 'T is a world of wonders to see a woman so « deformed with her foolish fashions that he who made her « shall hardly know her with her plumes, her fans, and her « silken visard, with a ruffe like a saile; yea, a ruffe like a rain- « bow, with a feather in her cap, like a flag in her top to tell « (I thinke), which way the wind will blow. » Sermon prêché à White-Hall en 1607.

(21) Psaume LVIII, 4, 5.

(22) Ce fut sur le mont Éphraïm que Débora entonna son sublime cantique. (Juges, IV, 5 et V.)—Les derniers vers que prononce Dalila paraissent imités de Sophocle. *Ajax*, v. 1060.

(23) Térence, *Andr.*, III, 3, 23.

Amantium iræ amoris integratio est.

(24) Harapha. Rois, II, XXI, 19-22. Og. Deut. III, 11. Émiens, Deut. II, 10, 11, Kariathaïm. Gen. XIV, 5.

(25) Milton attribue à Harapha la taille et les armes de son fils Goliath. (Rois I, XVII, 4-7.)

(26) « Les habitants de cette ville donnèrent à Samson trente « jeunes gens pour l'accompagner;

« Samson leur dit : Je vous proposerai une énigme, et si vous « pouvez me l'expliquer pendant les sept jours du festin, je vous « donnerai trente robes.

« Mais le septième jour ils dirent à la femme de Samson : Per- « suadez à votre mari de vous découvrir ce que son énigme si- « gnifie, sinon nous vous brûlerons.

« Le septième jour il lui découvrit l'énigme, et elle le dit aux « Philistins ;

« Samson descendit à Ascalon, et il tua trente hommes dont « il prit les vêtements, et il les donna à ceux qui avaient expliqué « son énigme.

« Or sa femme épousa un des jeunes gens amis de Samson. » (Juges, XIV.)

(27) Warburton observe que ces vers sont imités de Shaskspeare. *Henry VIII*, III, 2.

(28) Josué, XVIII, 1 : « Tous les enfants d'Israël s'assem-
« blèrent à Silo et y dressèrent le tabernacle du témoignage. »

(29) Caphtor fut le premier nom de la Crète dont une colonie alla peupler le pays des Philistins.

(30) Juges, XVI, 31.

LYCIDAS,

POËME ÉLÉGIAQUE.

LYCIDAS.

    Yet once more, o ye laurels, and once more
Ye myrtles brown, with ivy never sere,
I come to pluck your berries harsh and crude;
And with forc'd fingers rude
Shatter your leaves before the mellowing year.
Bitter constraint, and sad occasion dear,
Compels me to disturb your season due:
For Lycidas is dead, dead ere his prime,
Young Lycidas, and hath not left his peer:
Who would not sing for Lycidas? he knew
Himself to sing, and build the lofty rhyme.
He must not float upon his watery bier
Unwept, and welter to the parching wind,
Without the meed of some melodious tear.
    Begin then, Sisters of the sacred well
That from beneath the seat of Jove doth spring,

LYCIDAS.

Lauriers et myrtes sombres unis au lierre qui ne se flétrit jamais, il faut que je vienne de nouveau ravir vos fruits âpres et verts, et que, d'une main sévère, je disperse vos feuilles avant l'automne. Une cruelle nécessité et le triste devoir de l'amitié m'obligent à troubler l'ordre régulier de vos saisons, car Lycidas est mort; le jeune Lycidas est mort à la fleur de l'âge et n'a point laissé d'égal. Qui n'aurait des chants pour Lycidas[1]? Lui-même, il savait chanter et construire le vers altier. Il ne doit point flotter oublié sur sa tombe humide ni être le jouet des vents arides sans l'honneur d'une larme harmonieuse.

Commencez donc, déesses de la source sacrée qui jaillit du pied du trône de Jupiter. Commencez

Begin, and somewhat loudly sweep the string!
Hence with denial vain, and coy excuse:
So may some gentle Muse
With lucky words favour my destin'd urn,
And as he passes, turn,
And bid fair peace be to my sable shroud;

For we were nurs'd upon the self-same hill,
Fed the same flock by fountain, shade, and rill.
   Together both, ere the high lawns appear'd
Under the opening eye-lids of the morn,
We drove afield, and both together heard
What time the gray-fly winds her sultry horn,
Batt'ning our flocks with the fresh dews of night,
Oft till the star that rose, at evening, bright,
Tow'rd heaven's descent had slop'd his west'ring wheel.
Meanwhile the rural ditties were not mute,
Temper'd to th' oaten flute,
Rough Satyrs danc'd, and Fauns with cloven heel
From the glad sound would not be absent long,
And old Damœtas lov'd to hear our song.

But oh! the heavy change! Now thou art gone,
Now thou art gone, and never must return!

et que vos accords soient pleins d'une grave harmonie. Loin d'ici les vains refus et les excuses modestes! Puisse ainsi quelque aimable poëte charmer un jour l'urne qui recevra ma cendre, de quelques paroles propices, se retourner en passant près d'elle et souhaiter un doux repos à mon sombre linceul.

Car nous avons été nourris tous les deux sur la même colline; nous menions paître le même troupeau près de la fontaine, sous l'ombrage, au bord du ruisseau. Tous les deux ensemble, avant qu'on vît les clairières élevées se dessiner sous les paupières entr'ouvertes du matin, nous le conduisions dans les champs; nous écoutions ensemble l'insecte ailé qui agitait sa trompe brûlante, et souvent nous abreuvions nos troupeaux des fraîches rosées de la nuit, jusqu'à ce que l'étoile qui s'élevait brillante vers le soir, s'inclinât vers l'ouest et s'abaissât aux limites des cieux. Cependant les divinités champêtres unissaient leurs voix aux sons de la flûte pastorale. Les Satyres grossiers dansaient; les Faunes au pied difforme ne pouvaient s'éloigner de ces doux concerts, et le vieux Damète aimait à entendre nos chants.

Mais, ô changement cruel! voilà que tu n'es plus, voilà que tu n'es plus et tu ne dois jamais

Thee, shepherd, thee the woods, and desert caves
With wild thyme and the gadding vine o'ergrown,
And all their echoes mourn :
The willows, and the hazel copses green,
Shall now no more be seen
Fanning their joyous leaves to thy soft lays.
As killing as the canker to the rose,
Or taint-worm to the weanling herds that graze,
Or frost to flowers that their gay wardrobe wear
When first the white-thorn blows,
Such, Lycidas, thy loss to shepherds' ear.

   Where were ye, Nymphs, when the remorseless deep
Clos'd o'er the head of your lov'd Lycidas?
For neither were ye playing on the steep
Where your old bards, the famous Druids, lie,
Nor on the shaggy top of Mona high,
Nor yet where Deva spreads her wizard stream :
Ay me! I fondly dream!
Had ye been there — for what could that have done?
What could the Muse herself that Orpheus bore
The Muse herself for her enchanting son,
Whom universal Nature did lament,
When by the rout that made the hideous roar,
His gory visage down the stream was sent,
Down the swift Hebrus to the Lesbian shore?

   Alas! what boots it with incessant care
To tend the homely, slighted, shepherd's trade,

nous être rendu! C'est toi, ô berger, c'est toi que pleurent les bois et les antres déserts que tapissent le thym sauvage et la vigne qui s'étend au hasard, et tous leurs échos; nous ne verrons plus les saules et les haies de verts coudriers balancer leurs feuilles charmées par tes douces chansons. Aussi terrible que le ver pour la rose, que l'insecte venimeux pour les agneaux à peine sevrés qui paissent, que la gelée pour les fleurs qui étalent leurs riantes couleurs quand l'aubépine fleurit la première, telle parut ta perte, ô Lycidas, à l'oreille de nos bergers.

Où étiez-vous, ô Nymphes, quand l'abîme impitoyable se referma sur la tête de votre cher Lycidas? car vous ne jouiez ni sur les rochers où reposent vos anciens bardes, les fameux druides, ni sur les cimes sauvages de l'altière Mona, ni aux lieux où la Deva déroule ses flots enchantés [2]. Ah! que fais-je! une vaine illusion m'égare. Si vous aviez été là, qu'est-ce que cela aurait pu faire? Que put elle-même la Muse qui donna le jour à Orphée, que put la Muse elle-même pour son divin fils que toute la nature pleura quand la troupe aux hideuses clameurs profana sa tête sanglante, entraînée par le courant, entraînée par l'Hèbre rapide jusqu'aux rivages de Lesbos?

Ah! que sert-il de s'attacher avec des soins continuels au métier vulgaire et dédaigné de

And strictly meditate the thankless Muse?
Were it not better done, as others use,
To sport with Amaryllis in the shade,
Or with the tangles of Neæra's hair?
Fame is the spur that the clear spirit doth raise
(That last infirmity of noble mind)
To scorn delights, and live laborious days;
But the fair guerdon when we hope to find,
And think to burst out into sudden blaze,
Comes the blind Fury with th' abhorred shears,
And slits the thin-spun life. But not the praise,
Phœbus reply'd, and touch'd my trembling ears;
Fame is no plant that grows on mortal soil,
Nor in the glistering foil
Set off to the world, nor in broad rumour lies;
But lives and spreads aloft by those pure eyes,
And perfect witness of all-judging Jove;
As he pronounces lastly on each deed,
Of so much fame in heaven expect thy meed.

O fountain Arethuse, and thou honour'd flood,
Smooth-sliding Mincius, crown'd with vocal reeds,
That strain I heard was of a higher mood:
But now my oat proceeds,
And listens to the herald of the sea
That came in Neptune's plea;
He ask'd the waves, and ask'd the felon winds,
What hard mishap hath doom'd this gentle swain?

berger, et de consacrer ses graves méditations à la muse ingrate? Ne vaudrait-il pas mieux aller, comme d'autres, folâtrer à l'ombre avec Amaryllis ou jouer avec les tresses de la chevelure de Néère? La gloire est l'aiguillon qui excite un esprit intelligent (dernière faiblesse d'un noble cœur) à mépriser les plaisirs et à vivre des jours laborieux. Mais quand nous espérons recueillir la douce récompense et voir soudain briller sa lumière, la Parque aveugle paraît avec ses ciseaux abhorrés et tranche le fil fragile de la vie : Sans toucher à sa réputation, interrompt Phébus dont la main touche mon oreille tremblante[3]. La gloire n'est pas un fruit qu'on recueille ici-bas; elle ne se trouve ni dans les brillants ornements qui égarent le monde, ni dans les vagues rumeurs; mais elle habite dans les cieux et n'émane que des yeux purs et du parfait témoignage de Jupiter qui juge tout; il prononce en dernier sur chaque action; attends de lui ta glorieuse récompense.

O fontaine Aréthuse et toi fleuve vénéré, Mincius aux eaux lentes, couronné de roseaux harmonieux[4]! les accents que j'ai entendus appartenaient à un rhythme plus élevé; mais je reprends mon chalumeau et j'écoute le héraut des mers qui est accouru au nom de Neptune. Il demandait aux vagues, il demandait aux vents perfides quel affreux malheur avait frappé ce doux berger.

And question'd every gust of rugged wings
That blows from off each beaked promontory:
They knew not of his story,
And sage Hippotades their answer brings,
That not a blast was from his dungeon stray'd,
The air was calm, and on the level brine
Sleek Panope with all her sisters play'd.
It was that fatal and perfidious bark
Built in th' eclipse, and rigg'd with curses dark,
That sunk so low that sacred head of thine.

 Next Camus, reverend sire, went footing slow,
His mantle hairy, and his bonnet sedge,
Inwrought with figures dim, and to the edge
Like to that sanguine flower inscrib'd with woe.
Ah! who hath reft (quoth he) my dearest pledge?
Last came, and last did go,
The pilot of the Galilean lake;
Two massy keys he bore of metals twain
(The golden opes, the iron shuts amain)
He shook his mitred locks, and stern bespake:
How well could I have spar'd for thee, young swain,
Enow of such as for their bellies' sake
Creep, and intrude, and climb into the fold!
Of other care they little reck'ning make
Than how to scramble at the shearers' feast,
And shove away the worthy bidden guest!
Blind mouths! that scarce themselves know how to hold
A sheep-hook, or have learn'd ought else the least

Il interrogeait l'haleine furieuse de tous les tourbillons qui s'élèvent des flancs de l'un et l'autre promontoire. Ils ignoraient son sort, et le sage Eole répond pour eux qu'aucun souffle ne s'échappait de ses cavernes. L'air était calme et la gracieuse Panopée jouait avec toutes ses sœurs sur le flot tranquille. Ce fut cette barque fatale et perfide, construite pendant une éclipse et équipée avec de noires malédictions qui précipita au fond du gouffre ta tête sacrée.

Le Cam, vénérable vieillard à la démarche lente, parut ensuite, caché sous sa chevelure et couronné de roseaux où s'entrelacent mille figures confuses et semblables à leur extrémité à cette fleur sanglante, vouée à la douleur [5]. Ah! s'écria-t-il, qui m'a enlevé le plus cher de mes enfants? Le pilote du lac Galiléen [6] vint le dernier et le dernier se retira. Il portait deux lourdes clefs de métaux différents (celle d'or sert à ouvrir, celle de fer ferme à jamais). Il secoua ses boucles sous sa tiare et triste s'écria : Combien j'eusse désiré te conserver, jeune berger, plutôt que ceux-là, qui, guidés par leur avidité, viennent en rampant, se mêler et se confondre au troupeau! Il n'est guère d'autre soin qui les préoccupe que celui de chercher comment ils pourront arriver à la fête des pasteurs et en écarter les convives vertueux. Aveugle insatiabilité! A peine savent-ils eux-

That to the faithful herdsman's art belongs!
What recks it them? what need they? They are sped;
And when they list, their lean and flashy songs
Grate on their scrannel pipes of wretched straw:
The hungry sheep look up, and are not fed,
But swoln with wind and the rank mist, they draw
Rot inwardly, and foul contagion spread:
Besides what the grim wolf with privy paw
Daily devours apace, and nothing sed,
But that two-handed engine at the door
Stands ready to smite once, and smite no more.

Return, Alpheus; the dread voice is past
That shrunk thy streams; return, Sicilian Muse,
And call the vales, and bid them hither cast
Their bells, and flow'rets of a thousand hues.
Ye valleys low, where the mild whispers use
Of shades, and wanton winds, and gushing brooks,
On whose fresh lap the swart star sparely looks,
Throw hither all your quaint enamel'd eyes,
That on the green turf suck the honied showers,
And purple all the ground with vernal flowers.
Bring the rathe primrose that forsaken dies,
The tufted crow-toe, and pale jessamine,
The white pink, and the pansy freakt with jet,
The glowing violet,

mêmes comment tenir leur houlette et ont-ils appris la moindre partie de ce qui concerne l'art d'un fidèle pasteur. Que leur importe? qu'en ont-ils besoin? Ils ont réussi, et quand ils l'essaient, leurs accords faibles et mous font gémir leurs pipeaux agrestes de construction grossière. Les brebis affamées les regardent et ne sont pas nourries. Gonflées d'air, elles respirent les vapeurs malfaisantes. La corruption intérieure et la contagion funeste les consument, sans compter celles que le loup artificieux vient dévorer chaque jour, et ils ne disent rien; mais la pesante hache d'armes reste sur le seuil, prête à frapper encore une fois pour ne plus frapper désormais[7].

Alphée, rappelle tes ondes; la formidable voix qui les fit fuir s'est tue; reviens, muse de la Sicile; appelle les vallons et dis-leur d'apporter ici leurs bouquets et leurs guirlandes de couleurs variées. O vous, vallées profondes où se plaisent les brises légères qui murmurent sous les ombrages, les zéphirs folâtres et les rapides ruisseaux dont la brûlante canicule ne flétrit jamais le cours limpide; versez ici tous les bouquets émaillés que, sur les verts gazons, nourrissent les fraîches ondées et qui colorent la terre de leurs fleurs printanières. Portez-nous la précoce primevère qui meurt oubliée et l'épaisse renoncule et le pâle jasmin, le blanc œillet, la pensée

The musk-rose, and the well-attir'd woodbine,
With cowslips wan that hang the pensive head,
And every flower that sad embroidery wears;
Bid amaranthus all his beauty shed,
And daffadillies fill their cups with tears,
To strew the laureate herse where Lycid lies.
For so to interpose a little ease
Let our frail throughts dally with false surmise.
Ay me! whilst thee the shores, and sounding seas
Wash far away, where'er thy bones are hurl'd,
Whether beyond the stormy Hebrides,
Where thou perhaps under the whelming tide
Visit'st the bottom of the monstrous world,
Or whether thou, to our moist vows denied,
Sleep'st by the fable of Bellerus old,
Where the great vision of the guarded mount
Looks tow'rd Namancos and Bayona's hold;
Look homeward, angel, now, and melt with ruth:
And, O ye dolphins, waft the hapless youth!

Weep no more, woful shepherds, weep no more,
For Lycidas, your sorrow, is not dead,
Sunk though he be beneath the watery floor;
So sinks the day-star in the oceanbed,
And yet anon repairs his drooping head,

nuancée de jais et la brillante violette, la rose odorante et l'élégant chèvre-feuille, unis aux primeroles qui laissent retomber leurs têtes mélancoliques, et toutes les fleurs qui conviennent à une parure de deuil. Ordonnez à l'amaranthe d'étaler tout son éclat et aux asphodèles de remplir leurs calices de pleurs, pour orner la couche glorieuse où repose Lycidas. C'est ainsi que, pour nous créer un court repos, nous laissons nos pensées abattues s'égarer aujourd'hui dans ces vaines suppositions. Malheur à moi! tandis que tu te trouves emporté au loin sur les rivages et sur les mers retentissantes, là, où tes restes ont été entraînés, soit que tu aies dépassé les Hébrides orageuses, soit que, devenu le jouet du flot destructeur, tu visites peut-être le fond d'un monde peuplé de monstres, soit que, refusé à nos tristes vœux, tu reposes près des lieux illustrés par le vieux Bellerus, là, où la grande vision du mont fortifié, fixe ses yeux sur Namancos et les remparts de Bayonne [8] ; ô génie, hâte-toi de tourner vers ces rivages un regard que la pitié attendrit, et vous, ô dauphins, soutenez cet infortuné jeune homme.

Ne pleurez plus, tristes bergers, ne pleurez plus, car Lycidas, l'objet de vos regrets n'est pas mort, quoiqu'il ait disparu sous la plaine azurée; tel l'astre du jour descend dans sa couche au sein de l'Océan et ne tarde pas à montrer de nouveau

And tricks his beams, and with new-spangled ore
Flames in the forehead of the morning sky:
So Lycidas sunk low, but mounted high,
Thro' the dear might of Him that walk'd the waves;
Where other groves, and other streams along,
With nectar pure his oozy locks he laves,
And hears the unexpressive nuptial song
In the bless'd kingdoms meek of joy and love.
There entertain him all the saints above,
In solemn troops, and sweet societies,
That sing, and singing, in their glory move,
And wipe the tears for ever from his eyes.
Now, Lycidas, the shepherds weep no more;
Henceforth thou art the genius of the shore,
In thy large recompense, and shalt be good,
To all that wander in that perilous flood.

Thus sang the uncouth swain to th' oaks and rills,
While the still morn went out with sandals gray;
He touch'd the tender stops of various quills,
With eager thought warbling his doric lay.
And now the sun had stretch'd out all the hills,
And now was dropt into the western bay;
At last he rose, and twitch'd his mantle blue:
To-morrow to fresh woods and pastures new.

sa tête languissante, étale ses rayons et renouvelant sa splendeur, éclaire le front du ciel de ses flammes naissantes ; tel Lycidas descendit dans l'abîme pour remonter plus haut, grâce à la puissance vénérée de Celui qui marcha sur les vagues ; là, dans d'autres prairies et près d'autres ruisseaux, il arrose d'un pur nectar sa chevelure limoneuse et écoute les accents mystérieux de l'hymne nuptial dans ces fortunés royaumes soumis au doux empire de la joie et de l'amour. Là, il s'entretient avec tous les vénérables habitants du ciel qui, réunis dans des troupes solennelles et dans de douces assemblées, chantent et se meuvent, en chantant, dans leur gloire et effacent à jamais les larmes de ses yeux. Les bergers, ô Lycidas, ne te pleurent plus ; tu seras désormais le génie du rivage (récompense fortunée) et tu seras favorable à tous ceux qui s'égarent sur les flots périlleux 9.

C'est ainsi que ce rude berger adressait ses chants aux chênes et aux ruisseaux, tandis que le matin s'avançait lentement sur ses sandales grises ; il pressait les touches harmonieuses de ses chalumeaux, réglant au gré de ses pensées inquiètes son hymne dorien, et déjà le soleil avait éclairé toutes les collines, et déjà il s'était précipité dans les gouffres du couchant : enfin il se leva et saisit son manteau bleu ; demain, autres bocages et nouvelles prairies.

NOTES.

(1) Virgile, Égl. x, 3.
>Neget quis carmina Gallo?

(2) Virgile, Égl. x, 9; Théocrite, *Id.*, i, 66 : « Où étiez-vous, « ô Nymphes ! lorsque l'amour consumait Daphnis ? car vous « ne jouiez ni sur les bords du majestueux Anapus, ni sur la « cime de l'Etna, ni dans les ondes sacrées de l'Acis. »

(3) Callimaque, *Hymne à Apollon*, Virgile, Égl. vi, 3 :
>Cynthius aurem
>Vellit et admonuit.

(4) Virgile, Égl. vii et Georg. iii, 14 :
>Tardis ingens ubi flexibus errat
>Mincius et tenera prætexit arundine ripas.

(5) Le dieu du fleuve qui baigne les murs de Cambridge où King habitait avec Milton, paraît couronné d'hyacinthe, parce que cette fleur fut jadis consacrée par la douleur d'Apollon. *Voyez* Moschus, Épitaphe de Bion, et Ovide, Méth. x, 210 :
>Hosque novus scripto gemitus imitabere nostros.

(6) Saint Pierre (saint Marc, i, 16 et 17).

(7) Allusions dirigées contre les chefs du clergé.

(8) Le géant Bellerus donna son nom à un promontoire. Le mont fortifié n'est autre que le mont Saint-Michel, situé à l'extrémité du Cornwall. Vers le dixième siècle, saint Michel y apparut à des ermites. Le monastère qu'ils fondèrent fut entouré de retranchements par Henri IV en 1403.

(9) *Voyez* Virgile, Égl. v, 64, et Spenser, Astrophel :
>There liveth he in everlasting bliss
>Sweet spirit, never fearing more to dye, etc.

SONNETS.

SONNETS.

I. ON HIS BEING ARRIV'D AT THE AGE OF TWENTY-THREE.

How soon hath Time, the subtle thief of youth,
Stol'n on his wing my three and twentieth year!
  My hasting days fly on with full career,
But my late spring no but or blossom shew'th.
Perhaps my semblance might deceive the truth,
  That I to manhood am arriv'd so near;
  And inward ripeness doth much less appear,
That some more timely-happy spirits endu'th.
  Yet be it less or more, or soon or slow,
It shall be still in strictest measure even
  To that same lot, however mean or high,
Toward which Time leads me, and the will of Heav'n;

SONNETS.

I. LORSQUE LE POËTE VENAIT D'ATTEINDRE L'AGE DE VINGT-TROIS ANS.

Comme le Temps si adroit à nous dérober nos jeunes ans, a promptement emporté sur ses ailes ma vingt-troisième année! Mes jours rapides fuient en pleine carrière, mais mon printemps tardif n'a étalé ni bourgeons, ni boutons. Peut-être ne me juge-t-on pas à mon aspect aussi près de l'âge viril que je le suis réellement; peut-être la maturité intérieure qu'on remarque chez quelques esprits favorisés plus tôt, paraît-elle encore moins Mais qu'elle soit plus ou moins vaste, qu'elle arrive plus tôt ou plus tard, cela ne peut changer en rien le destin humble ou glorieux vers lequel me conduisent le Temps et la volonté du Ciel,

All is, if I have grace to use it so,
As ever in my great Task-Master's eye.

II. ON THE RELIGIOUS MEMORY OF MRS. CATHARINE THOMSON, MY CHRISTIAN FRIEND.

When Faith and Love, which parted from thee never,
  Had ripen'd thy just soul to dwell with God
  Meekly thou didst resign this earthly load
Of death, call'd life; which us from life doth sever.
Thy works and alms and all thy good endeavour
  Stay'd not behind, nor in the grave were trod;
  But as Faith, pointed with her golden rod,
Follow'd thee up to joy and bliss for ever.
Love led them on, and Faith who knew them best
Thy handmaids, clad them o'er with purple beams
  And azure wings, that up they flew so drest
And spake the truth of thee on glorious themes
Before the Judge, who thenceforth bid thee rest,
And drink thy fill of pure immortal streams.

III. ON HIS BLINDNESS.

When I consider how my light is spent

pourvu qu'il me soit donné de l'accomplir comme sous les yeux de Celui qui me traça ma tâche.

II. A LA MÉMOIRE DE CATHERINE THOMSON, DÉCÉDÉE LE 16 DÉCEMBRE 1646.

Quand la Foi et l'Amour qui ne te quittèrent jamais, eurent mûri ton âme juste pour qu'elle pût habiter avec Dieu, tu renonças avec douceur à ce fardeau terrestre de la mort, qu'on nomme la vie tandis qu'il nous éloigne de la vie. Tes bonnes œuvres et tes aumônes, et toutes tes vertus, ne restèrent point ici-bas et ne furent pas foulées aux pieds dans le tombeau; mais la Foi les dirigea de sa verge d'or et elles te suivirent vers la joie et la félicité éternelles. L'Amour les conduisit et la Foi qui savait qu'elles furent tes compagnes, les revêtit de rayons éclatants et d'ailes azurées, afin qu'elles prissent leur essor vers le ciel et te rendissent un glorieux témoignage devant le Juge qui te permet de te reposer désormais et de t'abreuver aux purs ruisseaux de l'immortalité.

III. SUR SA CÉCITÉ.

Quand je considère comment la lumière a dis-

Ere half my days, in this dark world and wide,
  And that one talent which is death to hide,
Lodg'd with me useless, though my soul more bent
To serve therewith my Maker, and present
  My true account, lest He returning chide;
  Doth God exact day-labour, light denied?
I fondly ask: but Patience to prevent
  That murmur, soon replies, God doth not need
Either man's work or his own gifts; who best
    Bear his mild yoke, they serve him best; his state
  Is kingly; thousands at his bidding speed,
And post o'er land and ocean without rest:
  They also serve who only stand and wait.

IV. TO CYRIAC SKINNER.

Cyriac, this three years day these eyes, tho' clear,
  To outward view, of blemish or of spot,
  Bereft of light, their seeing have forgot,
Nor to their idle orbs doth sight appear,
Of sun, or moon, or star throughout the year,
  Or man, or woman. Yet I argue not

paru pour moi avant la moitié de mes jours dans ce monde vaste et obscur et que le talent qu'on ne peut cacher sans être puni de mort m'a été donné sans utilité [1], quoique mon âme se dévoue à servir mon créateur et à lui rendre un compte fidèle, de peur que, se retournant vers moi, il ne me condamne, je demande avec amour : « Dieu réclame-t-il le travail du jour en l'absence de la lumière? » Mais la Patience, arrêtant mon murmure, me répond aussitôt : « Dieu n'a besoin ni du travail de l'homme ni de ses propres bienfaits. Ceux-là le servent le plus saintement, qui portent le mieux son joug pacifique; sa position est pareille à celle d'un monarque; des milliers d'hommes s'empressent à ses ordres et traversent sans cesse la terre et l'Océan; mais ceux-là qui restent immobiles et attendent, le servent aussi.

IV. A CYRIACK SKINNER.

Skinner, il y a trois ans que mes yeux ternis ou obscurcis, quoiqu'ils semblent transparents dans leur aspect extérieur et par suite privés de la lumière, ont perdu le sens de la vue. Dans le cours de l'année, leurs globes inutiles ne perçoivent plus l'image du soleil, de la lune ou de l'étoile,

Against Heav'n's hand or will, nor bate a jot
Of heart or hope; but still bear up and steer
   Right onward. What supports me? dost thou ask:
The consciense, friend, to have fost them overply'd
   In liberty's defence, my noble task,
Of which all Europe rings from side to side. [mask
   This thought might lead me thro' the world's vain
Content, though blind, had I no better guide.

V. ON HIS DECEASED WIFE.

Methought I saw my late espoused saint
Brought to me, like Alcestis, from the grave,
   Whom Jove's great son to her glad husband gave,
Rescu'd from death by force, though pale and faint.
Mine, as whom wash'd from spot of child-bed taint
   Purification in the old Law did save,
   And such, as yet once more I trust to have
Full sight of her in Heav'n without restraint,
   Came vested all in white, pure as her mind:
Her face was veil'd, yet to my fancied sight
   Love, sweetness, goodness, in her person shin'd,

ni celle de l'homme ou de la femme. Cependant je ne murmure pas contre la main de Dieu, ni contre sa volonté, et je conserve tout mon zèle et toutes mes espérances. Mais je reste ferme et ne me détourne pas de ma voie. Tu me demandes ce qui me soutient? Ami, ma conscience qui me dit que je les ai perdus, sacrifiés à la défense de la liberté, ma noble tâche, qui agite toute l'Europe d'une extrémité à l'autre. Cette pensée pourrait me conduire à travers le vain tumulte du monde, content, quoique aveugle, si je n'avais pas d'autre guide.

V. SUR SA FEMME QU'IL AVAIT PERDUE.

J'ai cru apercevoir ma dernière épouse si vénérable, délivrée de la tombe comme Alceste que le fils puissant de Jupiter rendit à son heureux époux, violemment arrachée à la mort, quoique pâle et languissante. Semblable à celle que, dans l'ancienne loi, la purification préservait et affranchissait des souillures de l'enfantement et telle que j'espère un jour pouvoir sans obstacle la contempler pleinement dans le ciel, elle m'est apparue sous des vêtements blancs aussi purs que son âme; ses traits étaient voilés et cependant mes

So clear, as in no face with more delight.
   But, O, as to embrace me she inclin'd,
I wak'd; she fled; and day brought back my night.

regards dans leur illusion voyaient l'amour, la douceur, la bonté, briller dans sa personne avec plus d'éclat que jamais aucune figure n'en reçut tant de charmes. Mais, hélas! comme elle s'inclina pour m'embrasser, je m'éveillai; elle disparut, et le jour me plongea de nouveau dans la nuit.

NOTE.

(1) Allusion à la parabole des talents. Saint Mathieu, xxv.

POÉSIES LATINES.

ELEGIA.

AD CAROLUM DEODATUM.

Tandem, care, tuæ mihi pervenere tabellæ,
    Pertulit et voces nuncia charta tuas;
Pertulit, occidua Devæ Cestrensis ab ora
    Vergivium prono qua petit amne salum.
Multum, crede, juvat terras aluisse remotas
    Pectus amans nostri, tamque fidele caput,
Quodque mihi lepidum tellus longinqua sodalem
    Debet, at unde brevi reddere jussa velit.
Me tenet urbs reflua quam Thamesis alluit unda,
    Meque nec invitum patria dulcis habet.
Jam nec arundiferum mihi cura revisere Camum,
    Nec dudum vetiti me laris angit amor.
Nuda nec arva placent, umbrasque negantia molles:
    Quam male Phœbicolis convenit ille locus!
Nec duri libet usque minas perferre magistri,
    Cæteraque ingenio non subeunda meo.
Si sit hoc exilium patrios adiisse penates,
    Et vacuum curis otia grata sequi,
Non ego vel profugi nomen sortemve recuso,

ÉLÉGIE.

A CHARLES DEODATI.

———

Cher ami, tes lettres me sont enfin parvenues, et le parchemin m'a porté les paroles que tu lui avais confiées; il me les a portées de la rive occidentale de la Deva, qui roule dans le Chester ses eaux rapides vers la mer d'Irlande. Je suis heureux, crois-moi, de songer que dans ces pays éloignés, je trouve un cœur plein d'affection pour moi, et une tête si chère, et que, sur cette terre lointaine, je possède un aimable ami. Puisse-t-elle bientôt me le rendre! J'habite la cité que la Tamise baigne de ses ondes soumises au reflux et je me réjouis de retrouver ma douce patrie. Je ne me soucie plus de revoir le Cam couronné de roseaux et je ne ressens point l'attrait de ces foyers qui m'ont été défendus. Je n'aime point des champs arides qui me refusent un doux ombrage. Que ces lieux conviennent peu aux disciples de Phébus! Il ne me plaît plus de supporter les menaces d'un maître cruel, ni d'autres traite-

Lætus et exilii conditione fruor.
O, utinam vates numquam graviora tulisset
 Ille Tominato flebilis exul agro ;
Non tunc Ionio quicquam cessisset Homero,
 Neve foret victo laus tibi prima, Maro.
Tempora nam licet hic placidis dare libera Musis,
 Et totum rapiunt me, mea vita, libri :
Excipit hinc fessum sinuosi pompa theatri,
 Et vocat ad plausus garrula scena suos.
Seu catus auditur senior, seu prodigus hæres,
 Seu procus aut posita casside miles adest,
Sive decennali fœcundus lite patronus
 Detonat inculto barbara verba foro ;
Sæpe vafer gnato succurrit servus amanti,
 Et nasum rigidi fellit ubique patris ;
Sæpe novos virgo mirata calores,
 Quid sit amor nescit ; dum, quoque nescit, amat.
Sive cruentatum furiosa Tragœdia sceptrum
 Quassat et effusis crinibus ora rotat,
Et dolet et specto, juvat et spectasse dolendo ;
 Interdum et lacrymis dulcis amaror inest :
Seu puer infelix indelibata reliquit
 Gaudia, et abrupto flendus amore cadit ;
Seu ferus e tenebris iterat Styga criminis ultor,
 Conscia funereo pectora torre movens :
Seu mœret Pelopeia domus, seu nobilis Ili,
 Aut luit incestos aula Creontis avos.
Sed neque sub tecto semper, nec in urbe latemus ;

ments que mon esprit repousse. Si c'est un exil que d'être rendu à sa patrie et de rechercher, libre de soins, un doux repos, j'accepte et le nom et le sort d'un banni, et plein de joie je jouis de mon exil. Plût au ciel que l'infortuné poëte exilé aux champs de Tomes, n'eut jamais souffert de plus grands maux; il n'aurait cédé en rien au Grec Homère et, vaincu par lui, tu ne serais plus, ô Virgile, le premier des poëtes. Ici je puis consacrer mes paisibles loisirs aux muses, et mes livres, qui sont ma vie, m'occupent tout entier. Les pompes du théâtre me délassent de mes fatigues, et la scène aux nombreux propos m'appelle à ses triomphes, soit qu'on y entende le vieillard rusé, l'héritier prodigue ou l'amant, soit que le soldat y paraisse après avoir déposé sa cuirasse, soit que l'avocat, enrichi par un procès de dix ans, fasse retentir un grossier forum de son rude langage. Là, souvent le valet adroit aide le fils amoureux et trompe sans cesse la méfiance d'un père rigide. Là, souvent la jeune fille, étonnée de sa flamme nouvelle, ignore ce qu'est l'amour et aime, tout en l'ignorant. D'autres fois, la tragédie agite dans ses fureurs son sceptre ensanglanté, et, les cheveux épars, contracte ses traits. Elle gémit et je la suis de mes regards, et j'aime à la voir et à gémir avec elle. Je trouve dans ses larmes une tristesse pleine de charmes, soit qu'un infortuné

Irrita nec nobis tempora veris eunt.
Nos quoque lucus habet vicina consitus ulmo,
 Atque suburbani nobilis umbra loci.
Sæpius hic, blandas spirantia sidera flammas,
 Virgineos videas præteriisse choros.
Ah, quoties dignæ stupui miracula formæ,
 Quæ possit senium vel reparare Jovis!
Ah, quoties vidi superantia lumina gemmas,
 Atque faces, quotquot volvit uterque polus!
Collaque bis vivi Pelopis quæ bracchia vincant,
 Quæque fluit puro nectare tincta via!
Et decus eximium frontis, tremulosque capillos,
 Aurea quæ fallax retia tendit Amor!
Pellacesque genas, ad quas hyacinthina sordet
 Purpura et ipse tui floris, Adoni, rubor!
Cedite laudatæ toties Heroides olim,
 Et quæcunque vagum cepit amica Jovem.
Cedite, Achæmeniæ turrita fronte puellæ,
 Et quot Susa colunt, Memnoniamque Ninon;
Vos etiam, Danaæ fasces submittite nymphæ,
 Et vos, Iliacæ, Romuleæque nurus:
Nec Pompeianas Tarpeïa Musa columnas
 Jactet et Ausoniis plena theatra stolis.
Gloria virginibus debetur prima Britannis;
 Extera, sat tibi sit, fœmina, posse sequi.
Tuque urbs Dardaniis, Londinum, structa colonis
 Turrigerum late conspicienda caput,
Tu nimium felix intra tua mœnia claudis

jeune homme voie s'évanouir des plaisirs dont il n'a pas joui et succombe, digne de pitié, à l'ardeur de son amour, soit que du sein des ténèbres un redoutable vengeur du crime devance le châtiment du Styx et poursuive de sa torche lugubre une âme criminelle, soit que nous voyions gémir la maison de Pélops ou celle du malheureux Ilus, ou la cour de Créonte expier l'inceste de son aïeul. Mais nous ne vivons point toujours retirés près de nos foyers, et dans la ville, et nous ne laissons pas s'écouler inutilement pour nous les jours du printemps. Nous allons retrouver aussi un bosquet où l'orme s'élève et les doux ombrages d'une retraite champêtre. Là, souvent brillent des chœurs de vierges, étoiles qui répandent une douce lumière. Ah! que de fois j'ai salué la merveilleuse splendeur de leur beauté, telle qu'elle eût pu effacer la vieillesse même de Jupiter. Que de fois j'y admirai des regards plus éclatants que les rubis et des attraits au-dessus de ce qu'étalent l'un et l'autre pôle, leur cou dont la blancheur surpasse celle de l'épaule de Pélops qui vécut deux fois et cette voie céleste arrosée d'un pur nectar, et l'éclat remarquable de leur front et leurs cheveux agités, rets charmants que tend le perfide Amour, et leurs joues séduisantes dont les couleurs font oublier les hyacinthes empourprées et ta fleur même, ô Adonis! Cédez, héroïnes tant

Quicquid formosi pendulus orbis habet.
Non tibi tot cœlo scintillant astra sereno,
 Endymioneæ turba ministra deæ,
Quot tibi, conspicuæ formaque auroque, puellæ
 Per medias radiant turba videnda vias.
Creditur huc geminis venisse invecta columbis
 Alma pharetrigero milite cincta Venus;
Huic Cnidon, et riguas Simoentis flumine valles
 Huic Paphon, et roseam posthabitura Cypron.
Ast ego, dum pueri sinit indulgentia cæci,
 Mœnia quam subito linquere fausta paro;
Et vitare procul malefidæ infamia Circes
 Atria, divini Molyos usus ope.
Stat quoque juncosas Cami remeare paludes,
 Atque iterum raucæ murmur adire scholæ.
Interea fidi parvum cape munus amici,
 Paucaque in alternos verba coacta modos.

de fois célébrées jadis, et vous amantes que rechercha l'inconstant Jupiter. Cédez, filles d'Achaïe aux fronts couronnés de tours, vierges qui habitez Suze et Ninive, patrie de Memnon. Vous aussi, nymphes de la Grèce, et vous, matrones d'Ilion et de Rome, abaissez les faisceaux. Que la muse tarpéienne ne vante plus le monument de Pompée et les théâtres pleins de tuniques ausoniennes. Le premier honneur appartient aux vierges de la Bretagne; qu'il vous suffise, femmes étrangères, de marcher après elles. Londres, cité fondée par une colonie dardanienne dont on admire au loin la tête couronnée de tours, tu renfermes, trop fortunée, dans tes murailles, tout ce que le monde incliné contient de beau. Cortége fidèle de la déesse éprise d'Endymion, vos étoiles, qui scintillent dans un ciel serein, sont moins nombreuses que les jeunes filles éclatant d'or et de beauté qui, troupe admirable, brillent au milieu de ses rues. On croit que la grande Vénus, conduite par ses colombes et accompagnée du dieu qui porte un carquois, est venue en ces lieux qu'elle préfère à Gnide, et aux vallées qu'arrose le Simoïs et à Chypre couverte de roses. Et moi, tandis que me le permet l'indulgence de l'aveugle enfant, je veux me hâter de quitter ces heureuses murailles et fuir au loin le seuil criminel de la perfide Circé, grâce au secours du divin Moly. Je

MANSUS.

Hæc quoque, Manse, tuæ meditantur carmina laudi
Pierides, tibi, Manse, choro notissime Phœbi;
Quando quidem ille alium haud æquo est dignatus ho-
Post Galli cineres, et Mecænatis Hetrusci.   [nore,
Tu quoque, si nostræ tantum valet aura Camenæ,
Victrices hederas inter laurosque sedebis.
Te pridem magno felix concordia Tasso
Junxit et æternis inscripsit nomina chartis:
Mox tibi dulciloquum non inscia Musa Marinum
Tradidit; ille tuum dici se gaudet alumnum,
Dum canit Assyrios divum prolixus amores;
Mollis et Ausonias stupefecit carmine nymphas.
Ille itidem moriens tibi soli debita vates

dois traverser de nouveau les marais chargés de roseaux du Cam et aller retrouver le tumulte bruyant de l'école. Cependant reçois ce modeste présent d'un tendre ami et ces courtes paroles soumises aux lois d'un rhythme cadencé.

A MANSO.

Voici, ô Mansus, de nouveaux chants que les déesses Piérides ont médités pour toi qui es cher à la cour d'Apollon; car jamais elles ne couronnèrent aucun mortel d'autant de gloire depuis les jours de Gallus et du Toscan Mécène. Toi aussi, si la voix de notre muse est assez puissante, tu seras assis entre le lierre triomphal et les lauriers. Jadis une glorieuse amitié t'unit à l'illustre Tasse et grava ton nom sur des pages immortelles. La Muse t'amena bientôt après, et non sans dessein, Marini à la douce parole; il se réjouit de se nommer ton élève, tandis qu'il célèbre en vers magnifiques les amours des dieux de l'Assyrie;

Ossa, tibi soli, supremaque vota reliquit:
Nec Manes pietas tua cara fefellit amici:
Vidimus arridentem operoso ex ære poetam.
Nec satis hoc visum est in utrumque et nec pia cessant
Officia in tumulo; cupis integros rapere Orco,
Qua potes, atque avidas Parcarum eludere leges:
Amborum genus, et varia sub sorte peractam
Describis vitam, moresque et dona Minervæ;
Æmulus illius, Mycalen qui natus ad altam
Rettulit Æolii vitam facundus Homeri.
Ergo ego te, Clius et magni nomine Phœbi,
Manse pater, jubeo longum salvere per ævum,
Missus Hyperboreo juvenis peregrinus ab axe.
Nec tu longinquam bonus aspernabere Musam,
Quæ nuper gelido vix enutrita sub Arcto,
Imprudens Italas ausa est volitare per urbes.
Nos etiam in nostros modulantes flumine cygnos
Credimus obscuras noctis sensisse per umbras,
Qua Thamesis late puris argenteus urnis
Oceani glaucos perfundit gurgite crines:
Quin et in has quondam pervenit Tityrus oras.

son chant harmonieux frappa d'admiration les nymphes de l'Ausonie. Le poëte mourant te laissa aussi ses derniers vœux et ne confia ses cendres qu'à toi seul, à toi seul qui les méritais. Ton culte affectueux ne manqua pas aux mânes de ton ami; nous vîmes sur l'airain ciselé le poëte nous sourire; mais tu crus que ce n'était point assez pour l'un et l'autre, et ton zèle pieux ne s'arrête pas à leur tombeau. Tu veux les ravir tout entiers à la mort autant qu'il est en toi et tromper les lois avides des Parques : tu racontes leur origine à tous deux, leur vie écoulée avec des destins divers, leurs mœurs et les dons qu'ils reçurent de Minerve, digne émule de celui qui, né sur les hauteurs de Mycale, retraça dans ses éloquents écrits la vie du Grec Homère. Jeune pèlerin accouru du pôle hyperboréen, je viens, vénérable Mansus, au nom de Clio et du grand Phébus, te souhaiter une longue suite de jours fortunés; Et toi, sois indulgent et n'accueille pas avec dédain une muse étrangère qui, à peine née d'hier, sous l'Ourse glacée, a osé, trop imprudente, prendre son essor vers les villes de l'Italie. Nous aussi nous croyons, à travers les ombres épaisses de la nuit, avoir entendu des cygnes chanter sur notre fleuve [1], là où la Tamise argentée va arroser de ses ondes pures la verte chevelure de l'Océan; et jadis Tityre [2] n'aborda-t-il pas sur ce rivage?

Sed neque nos genus incultum, nec inutile Phœbo,
Qua plaga septeno mundi sulcata Trione
Brumalem patitur longa sub nocte Booten.
Nos etiam colimus Phœbum, nos munera Phœbo
Flaventes spicas, et lutea mala canistris,
Halantemque crocum, perhibet nisi vana vetustas,
Misimus et lectas Druidum de gente choreas.
Gens Druides antiqua, sacris operata deorum,
Heroum laudes, imitandaque gesta, canebant;
Hinc quoties festo cingunt altaria cantu,
Delo in herbosa, Graiæ de more puellæ,
Carminibus lætis memorant Corineida Loxo,
Fatidicamque Upin, cum flavicoma Hecaerge,
Nuda Caledonio variatas pectora fuco.

Fortunate senex, ergo, quacunque per orbem
Torquati decus et nomen celebrabitur ingens,
Claraque perpetui succrescet fama Marini :
Tu quoque in ora frequens venies, plausumque virorum,
Et parili carpes iter immortale volatu.
Dicetur tum sponte tuos habitasse penates
Cynthius et famulas venisse ad limina Musas :
At non sponte domum tamen idem et regis adivit
Rura Pheretiadæ, cœlo fugitivus Apollo ;
Ille licet magnum Alcidem susceperat hospes:

Nous ne formons pas une nation barbare et ennemie de Phébus, dans ces pays relégués vers le nord et soumis pendant leurs longues nuits aux brouillards du Bouvier. Nous aussi nous honorons Phébus; nous aussi, si l'antiquité ne nous trompe point, nous avons envoyé dans des corbeilles, en offrande à Phébus, des épis jaunissants et les pommes dorées et l'odorant safran, avec des chœurs choisis parmi la race des Druides. La race antique des Druides, préposée aux cérémonies des Dieux, chantait les louanges des héros et leurs exploits glorieux. C'est pourquoi les vierges de la Grèce, quand elles entourent l'autel de leurs chants solennels dans la verte Délos, célèbrent dans des vers gracieux Loxo, fille de Corinée, Upis instruite des destins et Hécaërge aux cheveux blonds [3], qui ornent leur sein nu des couleurs de la Calédonie.

Fortuné vieillard, ainsi, dans quelque endroit du monde qu'on vante la gloire et le grand nom du Tasse et qu'on voie s'élever la brillante renommée de l'immortel Marini, nos paroles et nos applaudissements ne t'oublieront pas, et tu prendras d'un même essor ton vol vers l'immortalité. On dira alors que le dieu du Cynthe vint habiter tes pénates, et que les Muses empressées accoururent à tes foyers. Cependant ce ne fut point sans y être forcé qu'Apollon, banni du ciel, visita

Tantum ubi clamosos placuit vitare bubulcos,
Nobile mansueti cessit Cheronis in antrum,
Irriguos inter saltus, frondosaque tecta,
Peneium prope rivum : ibi sæpe sub ilice nigra,
Ad citharæ strepitum, blanda prece victus amici,
Exilii duros lenibat voce labores.
Tum neque ripa suo, barathro nec fixa sub imo
Saxa stetere loco; nutat Trachinia rupes,
Nec sensit solitas, immania pondera, silvas;
Emotæque suis properant de collibus orni,
Mulcenturque novo maculosi carmine lynces.

Dis dilecte senex, te Jupiter æquus oportet
Nascentem et miti lustravit lumine Phœbus,
Atlantisque nepos; neque enim, nisi carus ab ortu
Dis superis, poterit magno favisse poetæ.
Hinc longæva tibi lento sub flore senectus
Vernat et Æsonios lucratur vivida fusos;
Nundum deciduos servans tibi frontis honores,
Ingeniumque vigens, et adultum mentis acumen.
O, mihi si mea sors talem concedat amicum,
Phœbeos decorasse viros quitam bene norit,
Siquando indigenas revocabo in carmina reges,
Arturumque etiam sub terris bella moventem!
Aut dicam invictæ sociali fœdere mensæ
Magnanimos heroas; et, O, modo spiritus adsit,

le palais et les champs du monarque fils de Phérès, quoiqu'il eût été l'hôte du grand Alcide. Enfin, quand il voulut fuir les bergers grossiers, il se retira dans l'antre fameux du doux Chiron, au milieu de ruisseaux sinueux, sous un toit de feuillage près des rives du Pénée. Là, souvent, assis sous un if sombre, cédant aux douces prières de son ami, il calmait, par ses chants unis au son de la lyre, les tristes soucis de l'exil. Aussitôt le rivage et les rochers, enchaînés au fond du gouffre, cessèrent d'être immobiles ; les montagnes de la Thessalie s'ébranlent et ne sentent plus le poids de leurs forêts accoutumées, et les lynx tachetés voient leur rage céder à ces nouveaux accords.

Vieillard chéri des dieux, il faut que l'équitable Jupiter, Phébus et le petit fils d'Atlas t'aient éclairé à ta naissance d'une douce lumière, car celui-là que les dieux supérieurs avaient protégé dès son berceau, pouvait seul être utile à un grand poëte. Ta vieillesse chargée d'années sourit encore sous ses fleurs tardives, et roule la trame de ses jours pleins de vie sur les fuseaux d'Éson. Tu conserves et l'éclat serein de ton visage, et ton esprit plein de vigueur, et la vive pénétration de ton intelligence. Oh ! si mes destins m'accordent un tel ami plein de zèle pour honorer les mortels chers à Phœbus, je rappellerai peut-être dans mes vers

Frangam Saxonicas, Britonum sub Marte phalanges!
Tandem ubi non tacitæ permensus tempora vitæ,
Annorumque satur, cineri sua jura relinquam,
Ille mihi lecto madidis astaret ocellis;
Astanti sat erit si dicam, sim tibi curæ;
Ille meos artus, liventi morte solutos,
Curaret parva componi molliter urna :
Forsitan et nostros ducat de marmore vultus,
Nectens aut Paphia myrti aut Parnasside lauri
Fronde comas; at ego secura pace quiescam.
Tum quoque, si qua fides, si præmia certa bonorum,
Ipse ego cœlicolum semotus in æthera divum,
Quo labor et mens pura vehunt, atque ignea virtus,
Secreti hæc aliqua mundi de parte videbo,
Quantum fata sinunt, et tota mente serenum
Ridens, purpureo suffundar lumine vultus,
Et simul æthereo plaudam mihi lætus Olympo.

les rois de ma patrie et Arthur portant la guerre jusque dans les flancs de la terre, ou bien je dirai les héros magnanimes réunis par les vœux de la Table Invincible, et, si le génie me soutient, je renverserai les phalanges des Saxons sous l'effort des Bretons. Enfin, quand achevant le cours d'une vie non sans gloire et chargé d'années, je laisserai ma cendre à ses soins, il se pressera près de ma couche, les yeux baignés de larmes; il suffira que je lui dise : Ne m'oublie pas. Il aura soin que mes restes dissous par la mort soient déposés avec soin dans une urne modeste. Peut-être même il fera sculpter sur le marbre mon image, couronnant mon front du myrte de Paphos ou des lauriers du Parnasse, tandis que je reposerai dans une paix profonde. Alors aussi, si je ne m'abuse, s'il est quelque récompense promise aux bons, transporté moi-même dans le séjour des divinités célestes, où nous conduisent le travail, un esprit pur et la vertu rayonnante, je verrai de quelque partie de ce monde caché à nos regards, autant que le permettront les destins, ce que l'on fera pour moi ; le cœur rempli d'un bonheur tranquille et les traits brillant d'une éclatante lumière, je m'applaudirai moi-même, plein de joie, au sommet de l'Olympe.

EPITAPHIUM DAMONIS.

Himerides nymphæ (nam vos et Daphnin et Hylan,
Et plorata diu meministis fata Bionis)
Dicite Sicelicum Thamesina per oppida carmen;
Quas miser effudit voces, quæ murmura Thyrsis,
Et quibus assiduis exercuit antra querelis,
Fluminaque, fontesque vagos, nemorumque recessus;
Dum sibi præreptum queritur Damona, neque altam
Luctibus exemit noctem, loca sola pererrans.
Et jam bis viridi surgebat culmus arista,
Et totidem flavas numerabant horrea messes,
Ex quo summa dies tulerat Damona sub umbras,
Necdum aderat Thyrsis : pastorem scilicet illum
Dulcis amor Musæ Tusca retinebat in urbe;
Ast ubi mens expleta domum, pecorisque relicti
Cura vocat, simul assueta seditque sub ulmo;
Tum vero amissum, tum denique sentit amicum,
Cœpit et immensum sic exonerare dolorem :

ÉPITAPHE DE DAMON.

Nymphes Himérides, vous qui n'avez oublié ni Daphnis, ni Hylas, ni les malheureux destins de Bion, faites entendre dans les villes de la Tamise un chant digne de la Sicile. Dites-nous quelles furent les paroles de l'infortuné Thyrsis, quels furent ses gémissements, et quelles sont les plaintes qu'il confia aux grottes et aux fleuves, et aux ruisseaux sinueux, et aux retraites des bois, tandis qu'il pleurait la perte de Damon, et les ténèbres mêmes de la nuit ne suspendaient point son deuil. Déjà deux fois les gerbes s'étaient chargées d'épis verdoyants et les greniers avaient reçu deux fois les moissons jaunissantes depuis que Damon, arrivé à son dernier jour, était descendu chez les ombres, et Thyrsis n'était pas encore de retour, car le doux amour de la muse retenait ce pasteur dans la ville des Toscans. Mais, lorsque son esprit satisfait et le soin du troupeau délaissé l'eurent rappelé dans ses foyers, et qu'il se fut assis sous l'orme accoutumé, alors, alors enfin, il sentit l'absence de son ami et commença à épancher en ces mots sa profonde douleur :

EPITAPHIUM DAMONIS.

Ite domum impasti, domino jam non vocat, agni.
Hei mihi! quæ terris, quæ dicam numina cœlo,
Postquam te immiti rapuerunt funere, Damon!
Siccine nos linquis, tua sic sine nomine virtus
Ibit et obscuris numero sociabitur umbris?
At non ille, animas virga qui dividit aurea,
Ista velit, dignumque tui te ducat in agmen,
Ignavumque procul pecus arceat omne silentum.

Ite domum impasti, domino jam vacat, agni.
Quidquid erit, certe, nisi me lupus ante videbit,
Indeplorato non comminuere sepulcro,
Constabitque tuus tibi honos, longumque vigebit
Inter pastores; illi tibi vota secundo
Solvere post Daphnin, post Daphnin dicere laudes,
Gaudebunt, dum rura Pales, dum Faunus amabit;
Si quid id est, priscamque fidem coluisse, piumque,
Palladiasque artes, sociumque habuisse canorum.

Ite domum impasti, domino jam non vacat, agni.
Hæc tibi certa manent, tibi erunt hæc præmia, Damon;
At mihi quid tandem fiet modo? quis mihi fidus
Hærebit lateri comes, ut tu sæpe solebas
Frigoribus duris, et per loca fœta pruinis,

Retournez affamés au bercail, ô mes agneaux : votre maître ne peut plus vous conduire. Malheur à moi! quelles sont les divinités de la terre et du ciel, puisqu'elles ont pu t'enlever par une mort cruelle. O Damon! est-ce ainsi que tu nous quittes? est-ce ainsi que ta vertu ira sans gloire se confondre aux ombres obscures? Que celui qui sépare les âmes de sa baguette d'or ne le permette pas, et que, te conduisant dans une troupe digne de toi, il chasse au loin le vil troupeau des ombres muettes.

Retournez affamés au bercail, ô mes agneaux : votre maître ne peut plus vous conduire. Quelque chose qui arrive, à moins que le loup ne m'en empêche, nos larmes ne manqueront pas à ton tombeau, et tu recevras la gloire qui t'est due, elle sera longtemps célébrée parmi les pasteurs. Ils se réjouiront de t'offrir leurs vœux, à toi, le second après Daphnis; à chanter tes louanges après celles de Daphnis; tant que Faune et Palès aimeront les champs, si c'est quelque chose que d'avoir conservé la foi antique, d'avoir été pieux, d'avoir cultivé les arts de Pallas et d'avoir possédé un ami à la voix harmonieuse.

Retournez affamés au bercail, ô mes agneaux, votre maître ne peut plus vous conduire. Telle sera sans doute ta récompense, ô Damon! telle est celle qui t'attend. Mais quel sort dois-je espérer pour moi? quel ami fidèle restera près de

Aut rapido sub sole, siti morientibus herbis?
Sive opus in magnos fuit eminus ire leones,
Aut avidos terrere lupos præsepibus altis;
Quis fando sopire diem, cantuque solebit?

Ite domum impasti, domino jam non vacat, agni.
Pectora cui credam? quis me lenire docebit
Mordaces curas, quis longam fallere noctem
Dulcibus alloquiis, grato cum sibilat igni
Molle pyrum et nucibus strepitat focus et malus Auster
Miscet cuncta foris, et desuper detonat ulmo?

Ite domum impasti, domino jam non vacat, agni.
Aut æstate, dies medio dum vertitur axe,
Cum Pan æsculea sumnum capit abditus umbra,
Et repetunt sub aquis sibi nota sedilia nymphæ,
Pastoresque latent, stertit sub sepe colonus;
Quis mihi blanditiasque tuas, quis tum mihi risus
Cecropiosque sales referat, cultosque lepores?

moi comme tu avais coutume de le faire, pendant les froids rigoureux et dans les lieux blanchis par la gelée, ou bien sous un soleil brûlant, tandis que les herbes desséchées se flétrissent? Soit que je doive aller au loin combattre les lions redoutables, soit que je détourne les loups avides de nos vastes bergeries, qui viendra charmer mes journées par ses discours et par ses chants?

Retournez affamés au bercail, ô mes agneaux ; votre maître ne peut plus vous conduire. A qui confierai-je les sentiments de mon cœur? Qui m'apprendra à calmer les soucis dévorants, à tromper les longues nuits par de doux propos, tandis que le mou poirier pétille sous la flamme qui nous réjouit, que le foyer résonne du bruit des noix, et que l'Auster impétueux retentit à travers la cime des ormes?

Retournez affamés au bercail, ô mes agneaux : votre maître ne peut plus vous conduire. Pendant l'été, quand le jour est arrivé au milieu de son cours, lorsque Pan s'endort caché sous l'ombrage d'un chêne, et que les nymphes vont chercher sous les eaux leurs retraites connues, lorsque les pasteurs ne paraissent point et que le laboureur se couche près des haies, qui me rendra ta douce parole? qui me rendra dans ces moments, ta gaieté, le sel attique et les grâces aimables de tes discours?

Ite domum impasti, domino jam non vacat, agni.
At jam solus agros, jam pascua solus oberro.
Sicubi ramosæ densantur vallibus umbræ;
Hic serum expecto; supra caput imber et Eurus
Triste sonant, fractæque agitata crepuscula sylvæ.

Ite domum impasti, domino jam non vacat, agni.
Heu, quam culta mihi prius arva procacibus herbis
Involvuntur, et ipsa situ seges alta fatiscit!
Innuba neglecto marcescit et uva racemo,
Nec myrteta juvant; ovium quoque tædet; at illæ
Mœrent, inque suum convertunt ora magistrum.

Ite domum impasti, domino jam non vacat, agni.
Tityrus ad corylos vocat, Alphesibœus ad ornos,
Ad salices Ægon, ad flumina pulcher Amyntas;
« Hic gelidi fontes, hic illita gramina musco,
Hic Zephiri, hic placidas interstrepit arbutus undas : »
Ista canunt surdo; frutices ego nactus abibam.

Ite domum impasti, domino jam non vacat, agni.
Mopsus ad hæc, nam me redeuntem forte notarat,
(Et callebat avium linguas et sidera Mopsus)

Retournez affamés au bercail, ô mes agneaux : votre maître ne peut plus vous conduire. Seul je parcours les champs et seul je parcours les prairies, tandis que les ombres touffues s'épaississent dans les vallées. C'est là que j'attends la nuit; sur ma tête retentissent tristement les tempêtes et les vents, et les cimes agitées de la forêt ébranlée.

Retournez affamés au bercail, ô mes agneaux : votre maître ne peut plus vous conduire. Hélas! que d'herbes funestes envahissent les champs que je cultivais autrefois, et comme la moisson élevée se dessèche sur sa tige! La vigne, sans appui pour ses grappes négligées, se flétrit, et je n'aime plus les bois de myrtes. Je suis même las de mes brebis; mais elles gémissent et tournent leurs regards vers leur maître.

Retournez affamés au bercail, ô mes agneaux : votre maître ne peut plus vous conduire. Tytire m'appelle vers les coudriers, Alphésibée vers les ormes, Egon vers les saules, le bel Amyntas vers les eaux. « Vois, disent-ils ces fraîches fontaines, ces gazons sans mousse. Ici respirent les Zéphyrs, ici l'arbousier se mêle aux flots paisibles : » je suis sourd à leur voix, et cueillant des herbes grossières, je fuis loin d'eux.

Retournez affamés au bercail, ô mes agneaux : votre maître ne peut plus vous conduire. Qu'est ceci, Thyrsis? s'écria bientôt Mopsus, car il m'a-

« Thyrsi, quid hoc ? » dixit; « quæ te coquit improba
Aut te perdit amor aut te male fascinat astrum : [bilis ?
Saturni grave sæpe fuit pastoribus astrum,
Intimaque obliquo figit præcordia plumbo. »

Ite domum impasti, domino jam non vacat, agni.
Mirantur nymphæ, et « Quid te, Thyrsi, futurum est ?
Quid tibi vis ? » aiunt ; « non hæc solet esse juventæ
Nubila frons, oculique truces, vultusque severi :
Illa choros, lususque leves, et semper amorem
Jure petit : bis ille miser qui serus amavit. »

Ite domum impasti, domino jam non vacat, agni.
Venit Hyas, Dryopeque et filia Baucidis Ægle,
Docta modos, citharæque sciens, sed perdita fastu ;
Venit Idumanii Chloris vicina fluentis :
Nil me blanditiæ, nil me solantia verba,
Nil me, si quid adest, movet, aut spes ulla futuri.

Ite domum impasti, domino jam non vacat, agni.
Hei mihi ! quam similes ludunt per prata juvenci,
Omnes unanimi secum sibi lege sodales !
Nec magis hunc alio quisquam secernit amicum

vait remarqué par hasard tandis que je marchais (et Mopsus connaissait les étoiles et le langage des oiseaux), quelle passion fatale te consume? ou l'amour t'a perdu ou un astre exerce sur toi sa fatale influence. L'astre de Saturne, trop souvent funeste aux pasteurs, enfonce dans leur cœur son dard perfide.

Retournez affamés au bercail, ô mes agneaux : votre maître ne peut plus vous conduire. Les nymphes s'étonnent et me disent : Quel destin t'attend, ô Thyrsis? Quels sont tes vœux? disent-elles. La jeunesse connaît rarement ce front nébuleux, ces regards farouches, cet aspect sévère. Ses goûts la portent à rechercher les danses et les jeux légers et toujours l'amour : deux fois infortuné est celui qui a longtemps tardé d'aimer.

Retournez affamés au bercail, ô mes agneaux : votre maître ne peut plus vous conduire. J'ai vu accourir Hyas et Dryope, et Eglé, fille de Baucis, savante dans la danse et dans l'art de la lyre, mais égarée par son orgueil, et puis Chloris, voisine du fleuve Idumanien. Aucune douce parole, aucune voix consolante, aucune espérance pour l'avenir, rien ne peut me toucher.

Retournez affamés au bercail, ô mes agneaux : votre maître ne peut plus vous conduire. Comme ces jeunes taureaux semblables entre eux jouent sur les prairies sans qu'aucune dissension les sé-

De grege; sic densi veniunt ad pabula thoes,
Inque vicem hirsuti paribus junguntur onagri:
Lex eadem pelagi; deserto in littore Proteus
Agmina phocarum numerat, vilisque volucrum
Passer habet semper qui cum sit, et omnia circum
Farra libens volitat, sero sua tecta revisens;
Quem si sors letho objecit, seu milvus adunco
Fata tulit rostro, seu stravit arundine fossor,
Protinus ille alium socio petit inde volatu.
Nos durum genus, et diris exercita fatis
Gens homines, aliena animis, et pectore discors;
Vix sibi quisque parem de millibus invenit unum.
Aut si sors dederit tandem non aspera votis,
Illum inopina dies, qua non speraveris hora,
Surripit, æternum linquens in sæcula damnum.

Ite domum impasti, domino jam non vacat, agni.
Heu quis me ignotas traxit vagus error in oras,
Ire per aereas rupes, Alpemque nivosam!
Ecquid erat tanti Romam vidisse sepultam,
(Quamvis illa foret, qualem dum viseret olim,

pare, et sans qu'entre tous leurs compagnons, ils aillent se choisir un ami! C'est ainsi que les loups viennent ensemble par troupes vers les prés, et les onagres au poil hérissé se réunissent également aux onagres. Il en est de même sur les eaux : Protée compte sur le rivage désert les troupes des phoques ; le passereau, le plus vil des oiseaux, a toujours quelque autre passereau près de lui ; il se plaît à voltiger sur tous les blés d'alentour et ne regagne son nid que tard. Mais si le sort le livre à la mort, soit que la serre du milan termine ses jours, soit que le laboureur le perce de sa flèche, aussitôt il prend son vol vers quelque autre passereau. Mais nous, nous appartenons à une race cruelle, et le genre humain, poursuivi par de terribles destins, se partage de sentiments et nourrit la discorde dans son cœur. A peine chacun de nous trouve-t-il, entre mille, un ami qui lui ressemble, ou si le sort favorable à vos vœux vous l'accorde enfin, un jour imprévu vous l'enlève à l'heure où vous ne vous y attendiez point, vous laissant à jamais un deuil irréparable.

Retournez affamés au bercail, ô mes agneaux : votre maître ne peut plus vous conduire. Quel funeste égarement m'a poussé sur des rivages inconnus, à gravir les roches aériennes et les Alpes neigeuses? Était-ce donc une si grande chose que

Tityrus ipse suas et oves et rura reliquit)
Ut te tam dulci possem caruisse sodale !
Possem tot maria alta, tot interponere montes,
Tot sylvas, tot saxa tibi, fluviosque sonantes !
Ah, certe extremum licuisset tangere dextram,
Et bene compositos placide morientis ocellos,
Et dixisse, « Vale ; nostri memor ibis ad astra. »

Ite domum impasti, domino jam non vacat, agni.
Quamquam etiam vestri numquam meminisse pigebit,
Pastores Tusci, Musis operata juventus ;
Hic Charis atque Lepos ; et Tuscus, tu quoque, Damon,
Antiqua genus unde petis Lucumonis ab urbe.
O, ego quantus eram, gelidi cum stratus ad Arni
Murmura, populeumque nemus, qua mollior herba,
Carpere nunc violas, nunc summas carpere myrtos,
Et potui Lycidæ certantem audire Menalcam !
Ipse etiam tentare ausus sum ; nec, puto, multum
Displicui ; nam sunt et apud me munera vestra,
Fiscellæ, calathique et cerea vincla cicutæ :
Quin et nostra suas docuerunt nomina fagos
Et Datis, et Francinus : erant et vocibus ambo
Et studiis noti ; Lydorum sanguinis ambo.

de voir Rome au tombeau (alors même qu'elle aurait été telle que lorsque Tityre abandonnait pour la visiter et ses brebis et ses champs), pour que je pusse me priver d'un si doux ami? Comment ai-je pu mettre entre nous deux tant de mers profondes, tant de montagnes, tant de rochers, tant de fleuves impétueux? Ah! j'aurais pu du moins toucher ta main une dernière fois, fermer ton œil serein dans ta fin tranquille et te dire : Adieu, souviens-toi de moi en montant vers les astres.

Retournez affamés au bercail, ô mes agneaux : votre maître ne peut plus vous conduire. Cependant il me sera toujours doux de me souvenir de vous, pasteurs toscans, jeunesse adonnée aux muses; là règnent la grâce et la gaieté : toi aussi, ô Damon, tu es Toscan, puisque tu tires ton origine de l'antique cité de Lucumon. O que mon sort était doux lorsque, couché sur les bords retentissants du frais Arno, sous un bois de peupliers, là où l'herbe était la plus tendre, je pouvais à mon gré cueillir les violettes ou les rameaux du myrte, et écouter Lycidas défiant Ménalque! Moi-même, j'osai prendre part à ces luttes, et ce ne fut pas sans quelque succès; car j'ai conservé vos dons, des corbeilles, des vases et des chalumeaux unis par la cire. Bien plus, Dati et Francini gravèrent notre nom sur le hêtre, et tous

Ite domum impasti, domino jam non vacat, agni.
Hæc mihi dum læto dictabat roscida luna,
Dum solus teneros claudebam cratibus hædos.
Ah, quoties dixi, cum te cinis ater habebat,
Nunc canit aut lepori nunc tendit retia Damon;
Vimina nunc texit, varios sibi quod sit in usus!
Et quæ tum facili sperabam mente futura
Arripui voto levis, et præsentia fixi :
« Heus, bone ! numquid agis? nisi quid te forte retardat,
Imus? et arguta paulum recubamus in umbra,
Aut ad aquas Colni, aut ubi jugera Cassibelauni?
Tu mihi percurres medicos, tua gramina succos, [thi,
Helleborumque, humiles que crocos, foliumque hyacin-
Quasque habet ista palus herbas, artesque medentum. »
Ah, pereant herbæ, pereant artesque medentum,
Gramina, postquam ipsi nil profecere magistro!
Ipse etiam, nam nescio quid mihi grande sonabat
Fistula; ab undecima jam lux est altera nocte,
Et tum forte novis admoram labra cicutis;
Dissiluere tamen rupta compage, nec ultra
Ferre graves potuere sonos : dubito quoque ne sim
Turgidulus, tamen et referam; vos et cedite silvæ.

deux étaient connus par leurs chants et leur science, tous deux étaient d'origine lydienne.

Retournez affamés au bercail, ô mes agneaux : votre maître ne peut plus vous conduire. C'est ainsi que la lune humide de rosée inspirait ma muse heureuse tandis que seul j'enfermai mes tendres béliers dans la bergerie. Ah! que de fois je me disais, lorsque déjà l'urne sombre avait reçu ta dépouille : Sans doute en ce moment Damon chante ou bien il tend ses rets au lièvre, ou bien il entrelace l'osier pour l'employer à différents usages. Je m'abandonnais dans des vœux inutiles à ces espérances que nourrissait mon esprit abusé, et je croyais les voir réalisées. « Ah! mon ami! que fais-tu? Partons-nous si rien ne t'arrête? Irons-nous nous reposer sous l'ombrage frémissant, près des eaux du Colne ou dans les champs de Cassibelan 4? Tu rechercheras pour toi tes herbes et tes sucs salutaires, l'hellébore, le modeste safran et la feuille de l'hyacinthe et toutes les herbes utiles à nos maux que renferment ces marais. » Ah! périssent ces herbes et ces simples utiles à nos maux, puisqu'elles n'ont servi en rien au maître lui-même! Moi-même, car je ne sais quels sons plus nobles s'échappaient de mes chalumeaux, et déjà, depuis lors, s'est levée la onzième aurore, j'avais porté à mes lèvres d'autres pipeaux; ils éclatèrent, brisant leurs entraves et

Ite domum impasti, domino jam non vacat, agni.
Ipse ego Dardanias Rutupina per aequora puppes
Dicam, et Pandrasidos regnum vetus Inogeniae, [num,
Brennumque Arvirgagumque duces, priscumque Beli-
Et tandem Armoricos Britonum sub lege colonos;
Tum gravidam Arturo, fatali fraude, Iogernen,
Mendaces vultus, assumtaque Gorlöis arma,
Merlini dolus. O, mihi tum si vita supersit,
Tu procul annosa pendebis, fistula, pinu,
Multum oblita mihi; aut patriis mutata Camoenis
Brittonicum strides; quid enim? omnia non licet uni,
Non sperasse uni licet omnia : mi satis ampla
Merces, et mihi grande decus (sim ignotus in aevum
Tum licet, externo penitusque inglorius orbi)
Si me flava comas legat Usa, et poter Alauni,
Vorticibusque frequens Abra, et nemus omne Treantae
Et Thamesis meus ante omnes, et fusca-metallis
Tamara, et extremis me discant Orcades undis.

Ite domum impasti, domino jam non vacat, agni.

ne purent supporter un rhythme plus élevé ; je crains de m'abuser, cependant il faut que je parle ; vous, forêts, faites silence.

Retournez affamés au bercail, ô mes agneaux : votre maître ne peut plus vous conduire. Je veux chanter les flottes troyennes sur les mers britanniques, et le règne oublié d'Inogénie, fille de Pandrasus, et les chefs Brennus et Arvigarus, et le vieux Belinus et les habitants de l'Armorique soumis aux lois des Bretons ; puis Iogerne séduite par la ruse fatale d'Artur et l'aspect trompeur et les armes empruntées de Gorlo, protégé par Merlin [5]. Oh ! si ma vie se prolonge jusque-là, je te suspendrai, ô ma flûte, à un vieux pin, presqu'oubliée de moi, ou bien consacrée désormais aux muses de ma patrie, tes chants s'adresseront à la Bretagne ; car il n'est point permis à un seul homme de tout faire, de tout espérer ; ma récompense me suffit et ma gloire est assez grande (et peu m'importe s'il en est ainsi, de rester à jamais ignoré et inconnu des terres éloignées), si mes vers charment l'Use à la blonde chevelure, et les habitants d'Alaunum, et l'Abra aux gouffres nombreux, et le bois de Tréante, et surtout ma Tamise et Tamara obscurcie par ses mines, et s'ils parviennent jusqu'aux Orcades à l'extrémité des flots.

Retournez affamés au bercail, ô mes agneaux :

EPITAPHIUM DAMONIS.

Hæc tibi servabam lenta sub cortice lauri,
Hæc et plura simul; tum quæ mihi pocula Mansus,
Mansus, Chalcidicæ non ultima gloria ripæ,
Bina dedit, mirum artis opus, mirandus et ipse,
Et circum gemino cælaverat argumento:
In medio rubri maris unda, et odoriferum ver,
Littora longa Arabum, et sudantes balsama silvæ:
Has inter phœnix, divina avis, unica terris,
Cœruleum fulgens diversicoloribus alis,
Auroram vitreis surgentem respicit undis:
Parte alia polus omnipatens, et magnus Olympus: [træ,
Quis putet? hic quoque Amor, pictæque in nube phare-
Arma corusca faces, et spicula tincta pyropo;
Nec tenues animas, pectusque ignobile vulgi,
Hinc ferit; at circum flammantia lumina torquens,
Semper in erectum spargit sua tela per orbes
Impiger, et pronos numquam collimat ad ictus:
Hinc mentes ardere sacræ, formæque deorum.

Tu quoque in his, nec me fallit spes lubrica, Damon,
Tu quoque in his certe es; nam quo tua dulcis abiret
Sanctaque simplicitas, nam quo tua candida virtus?

votre maître ne peut plus vous conduire. Voilà ce que je te réservais sous la rude écorce du laurier, cela et beaucoup d'autres chants, et puis deux coupes, ouvrage admirable que lui-même, digne d'admiration, me donna Mansus. Mansus, dont le nom n'était pas sans gloire sur le rivage de Chalcis ; il orna leurs contours de deux tableaux. Au milieu, on remarquait les eaux de la mer Rouge et le printemps odorant et les vastes rivages des Arabes, et leurs forêts d'où coule le baume. Le phénix, oiseau divin, unique sur la terre, dont les ailes aux couleurs variées resplendissent d'azur, voit l'Aurore s'élever sur les ondes cristallines. De l'autre côté paraissaient le pôle immense et le vaste Olympe. Qui le croirait? l'Amour se montre là aussi, et on a représenté dans les nuages, ses flèches, ses armes brillantes, ses flambeaux et ses dards teints de pyrope. Et ce ne sont point les esprits grossiers et le cœur méprisable du vulgaire qu'il frappe de là ; mais, tournant autour de lui ses regards brûlants sans jamais se lasser, il lance toujours ses traits vers le sommet des mondes et ne cherche jamais à frapper au-dessous de lui. De là le feu qui consume les esprits célestes et les divinités.

Toi aussi, ô Damon, et une vaine espérance ne m'abuse pas, toi aussi, tu vis sans doute parmi elles ; car quel autre séjour pouvait attendre ta

Nec te Lethæo fas quæsivisse sub orco,
Nec tibi conveniunt lacrymæ; nec flebimus ultra:
Ite procul lacrymæ; purum colit æthera Damon,
Æthera purus habet, pluvium pede reppulit arcum;
Heroumque animas inter, divosque perennes,
Æthereos haurit latices, et gaudia potat
Ore sacro. Quin tu, cœli post jura recepta,
Dexter ades, placidusque fave quicunque vocaris,
Seu tu noster eris Damon, sive æquior audis
Diodatus; quo te divino nomine cuncti
Cœlicolæ norint, silvisque vocabere Damon.
Quod tibi purpureus pudor, et sine labe juventus
Grata fuit, quod nulla tori libata voluptas;
En etiam tibi virginei servantur honores:
Ipse, caput nitidum cinctus rutilante corona,
Lætaque frondentis gestans umbracula palmæ,
Æternum perages immortales hymenæos;
Cantus ubi, choreisque furit lyra mixta beatis,
Festa Sionæo bacchantur et orgia thyrso.

simplicité tendre et pieuse et ta candide vertu. Nous ne devons plus te redemander aux ténèbres infernales, les larmes ne te conviennent point; nous ne devons plus te pleurer. Cessez, ô nos pleurs; Damon habite le ciel, vivant pur dans des régions pures. Il touche du pied l'arc pluvieux, et là, entre les ombres des héros et les dieux éternels, il s'abreuve aux sources célestes, et de sa bouche sacrée, boit à longs traits la joie. Reçu parmi les habitants du ciel, sois-nous propice et écoute-nous avec douceur, quel que soit le nom sous lequel on t'invoque, soit que l'on te nomme notre Damon, soit que tu comprennes mieux le nom de Deodati; mais, de même que tu seras connu par tous les habitants du ciel sous ton nom céleste, tu seras nommé Damon dans les forêts. Et de plus, comme tu chéris la pudeur aux joues colorées et une jeunesse sans tache; comme tu ne connus jamais les voluptés de la couche nuptiale; les honneurs de la virginité t'attendent : ceignant ta tête innocente d'une éclatante couronne et portant les rameaux fortunés d'une palme verdoyante, tu célébreras à jamais tes immortels hyménées, là où les chants et les sons de la lyre président à des danses fortunées au milieu des fêtes célestes qui t'invitent à leurs divins transports.

AD LEONORAM.

Altera Torquatum cepit Leonora poetam,
    Cujus ab insano cessit amore furens.
Ah! miser ille tuo quanto felicius ævo
    Perditus, et propter te, Leonora, foret!
Et tu Pieria sensisset voce canentem
    Aurea maternæ fila movere lyræ.
Quamvis Dircæo torsisset lumina Pentheo
    Sævior, aut totus desipuisset iners,
Tu tamen errantes cæca vertigine sensus
    Voce eadem poteras composuisse tua;
Et poteras, ægro spirans sub corde, quietem
    Flexanimo cantu restituisse sibi.

A LÉONORE BARONI.

Une autre Léonore charma le Tasse qui devint insensé par l'ardeur de son amour. Ah! avec quelles délices plus grandes, l'infortuné se serait également perdu pour toi, ô Léonore! il aurait entendu les accents de ta voix chère aux Muses s'unir aux accords que rendent sous tes doigts les cordes d'or de la lyre maternelle [6]! Lors même qu'il eût roulé ses yeux d'une manière plus terrible que le Thébain Penthée, ou que sa raison eût été complètement éteinte, ta voix aurait pu calmer ses sens égarés dans d'aveugles transports. Tu aurais pu, ranimant son cœur souffrant, lui rendre le repos par tes chants harmonieux.

NOTES.

(1) Milton imitait peut-être ici Ronsard dont les vers furent admirés par le Tasse et méprisés par Spenser :

> Bientost verra la Tamise superbe,
> Maints cygnes blancs, les hostes de son herbe,
> Chantants en l'air d'un son mélodieux,
> Tourner ses bords et rejoüyr les cieux.
>
> (*Bocage royal.*)

(2) Le poëte désigne par ce nom Chaucer qui visita l'Italie.

(3) Voici ce que rapporte Hérodote au sujet des relations qui existèrent à une époque très reculée entre les Grecs et les peuples du nord :

« Les Déliens racontent que les offrandes des hyperboréens
« leur venaient enveloppées dans de la paille de froment... Ils
« ajoutent que dans les premiers temps les hyperboréens en-
« voyèrent ces offrandes par deux vierges dont l'une, suivant
« eux, se nommait Hyperoché et l'autre Laodice... Les jeunes
« Déliens de l'un et de l'autre sexe se coupent les cheveux en
« l'honneur de ces vierges hyperboréennes qui moururent à
« Délos. Les filles leur rendent ce devoir avant leur mariage.
« Les Déliens disent aussi que deux autres vierges hyperbo-
« réennes, dont l'une s'appelait Argé et l'autre Opis, étaient ve-
« nues à Délos avant Hyperoché et Laodice. Argé et Opis étaient
« arrivées en la compagnie des dieux mêmes. Aussi les Déliens
« leur rendent-ils d'autres honneurs. Leurs femmes quêtent

« pour elles et célèbrent leurs noms dans un hymne qu'Olen de
« Lycie a composé en leur honneur. » (Liv. 4, XXXIII, XXXIV,
XXXV.)

Callimaque, que Milton a plus particulièrement imité, reproduit le récit d'Hérodote :

« Du couchant à l'aurore, du nord au midi, dit-il dans son
« hymne à Délos, tous les peuples, jusqu'à ceux qui, les plus
« antiques de tous, habitent les climats hyperboréens, célè-
« brent des fêtes en ton honneur, ceux-ci même sont les plus
« empressés à t'apporter leurs épis et leurs gerbes sacrées... Les
« filles de Borée, l'heureuse Hécaërge, Upis et Loxo, suivies de
« jeunes hommes choisis sur toute leur nation, t'ont les pre-
« mières apporté ces offrandes de la part des blonds Arimaspes.
« Ni les unes ni les autres n'ont revu leur patrie; mais leur
« destin fut heureux, mais leur gloire ne meurt point, puisque
« les jeunes Déliennes consacrent à ces hôtes du nord les pré-
« mices de leur chevelure, et que les jeunes Déliens leur offrent
« le premier duvet que le rasoir moissonne sur leurs joues. »

Menalopus de Cyme, au rapport de Pausanias, avait aussi, à l'exemple d'Olen de Lycie, composé un hymne en l'honneur d'Opis et d'Hécaërge.

(4) Shakspeare, Cymbeline, III, 1 :

>   The fam'd Cassibelan who was once at point
>   (O, giglot fortune!) to master Cæsar's sword.

(5) *Voyez* l'Histoire d'Angleterre de Milton et les romans de chevalerie.

(6) Léonore Baroni, illustre cantatrice, était la fille d'Adrienne de Mantoue qui n'était pas moins célèbre par l'art avec lequel elle jouait de la lyre. Milton les entendit à Rome aux concerts du cardinal Barberini.

TABLE.

Introduction.	1
Comus.	1
Notes.	96
L'Allegro.	101
Il Penseroso.	114
Notes.	128
Samson Agonistes.	133
Notes.	298
Lycidas.	303
Notes.	320
Sonnets.	321
I. Lorsque le poëte venait d'atteindre l'âge de vingt-trois ans.	323
II. A la mémoire de Catherine Thompson, décédée le 16 décembre 1646.	325
III. Sur sa cécité.	Ib.
IV. A Cyriack Skinner.	327
V. Sur sa femme qu'il avait perdue.	329
Notes.	332
Poésies latines.	333
Élégie. A Charles Deodati.	335
Manso.	342
Épitaphe de Damon.	352
A Léonore Baroni.	374
Notes.	376

FIN.